真野俊和著

日本遊行宗教論

日本歴史民俗叢書

吉川弘文館

緒　言

1　緒　言

社会のなかで宗教という現象が成立する要件は、いくつもあげられなければならない。たとえば教理・教義と呼ばれる、宗教的指導者や聖職者が明示する固有の宗教イデオロギーは不可欠であろうし、そのイデオロギーを独占的に占有する教団にも目を向ける必要がある。ただ宗教現象を考えるに際してもっとも肝要なのは、それら宗教的諸観念をこの社会にたいして開示したり、反対にそれを信奉したりする人々の、人間としてのいわば生身の存在性ではないだろうか。すなわち宗教とは、教祖なり、教団なりによって説かれる教理=宗教思想そのものでも、社会集団一般に還元されてしまうような教団体制でもない。まして設備としての寺院神社でも、造形物や美術品としての仏像や宗教絵画などでもない。むしろ宗教が信じられるというのは、いかなる社会的・文化的脈絡においてなのか、いいかえれば宗教が具体的にいつ、どこで、だれによって、またどのように担われている、もしくは担われてきたのか、が、まず第一に問われなければならないはずである。

このような観点から、宗教においてもっとも重要な機能を果たしてきた構成要素の一つがヒジリ（聖）であると考えられる。ヒジリは教団と信者の中間にあって両者を媒介する立場にある宗教者群である。しかもその役割は、教団が作り出した宗教的意味や価値を、教団末端の司祭者として一方的に伝達するだけにはとどまらない。反対に信者のもつニーズや価値観を、教団なり、自分自身のうちなりへとフィードバックし、新たな宗教的価値や意味を生成する機能をもつところに、ヒジリのヒジリたるゆえんがあった。それゆえに、ヒジリは往々にして教団体制にとっては異端の存在たらざるをえないこともあった。

しかし反対に、彼らのそうした異端的活動こそが、宗教のダイナミクスを支えてきたともいえる。その具体的な例を歴史のなかに探すならば、たとえば平安時代初期の真言・天台や、いわゆる鎌倉新仏教の諸宗派が、教祖たちの、当時としては異端とみなされるヒジリ的活動のなかから生み出されてきた事実を想起してみればよい。

けれども今日の歴史学においては、これらのヒジリの宗教に源を発した思想潮流にたいしても、原初のヒジリ的性格に目が向けられることはほとんどない。むしろそれぞれの時代において、すでに一定の権威なり、権力なりを確立してしまったあとの、社会的勢力としての教団のみを見て、あたかも彼らの宗教的人生が、はじめから教団の結成をめざして船出したかのごとくに語られるのであった。そこでは宗教的諸観念を説くものと説かれるものとの間の、生身の人間同士の交渉の結果としての宗教現象は、ほとんど顧みられることがなかったのである。

これにたいしてヒジリへの関心とは、宗教というものを、最も具体的・客観的な関係を媒介させることによって描き出そうとする欲求から生まれてきた。ある宗教的イデオロギーが社会にたいして一定の意義をもちうるのも、たんにその思想が真理であるからとか、歴史をこえた価値をもっているからというだけでは、ほとんど何の説明にもならないだろう。反対に、今日の宗教教団の在り方から無前提に時間をさかのぼるかたちで、過去の宗教運動なり、思想なりの意義をおしはかるのも無意味である。宗教は常に、それがまさに説かれ、そして信じられている場のまっただなかでしか、意義をはかることはできない。そうした場を作り出すのがヒジリの客観的な役割にほかならなかったのである。

さて、ここまでの論点に関連して、黒田俊雄が自分自身の宗教史的立場を述べた、次のような一文を思い出さないわけにはいかない。

……宗教とくに宗教思想を、その時代の現実の世俗社会を支配する権威あるいは権力との関係という側面において、とりあげたい。われわれは、宗教の歴史を、このような一つの客観的な関係に媒介させることによって、現在の宗派の立場から過去を照し出す主観的な像ではなく、客観的な姿でとらえる手がかりを得ることができる。

（「中世における顕密体制の展開」〔『日本中世の国家と宗教』所収、一九七五年〕）

この文章に続いて、「中世以後の二つの重大な歴史的変化、すなわち近世における仏教諸宗派の分立公認および教学の整備と、近代における神仏分離と『国家神道』的感覚を、認識の前提にせず評価の基準にもせずに、中世に最も適した範疇で把握すること」とあるのを読めば、黒田のより具体的な意図が伝わってくる。われわれはあまりにも安易に、今の宗派の姿を過去に投影しようとしすぎる。その意味で黒田の指摘は、宗教史への視点にかかわる、最も本質をついた主張であると考える。

けれどもそこから先、ではなにが「最も適した範疇」であるのか、という認識で、筆者の関心は黒田のそれと別の道を歩むことになる。たしかに社会を構成する一つの体制・勢力として寺社を捉えようとするならば、支配的権力と宗教集団との関係に目をそむけるわけにはいかない。しかしその場合にもなお、寺社勢力が一つの社会的な勢力たりうるゆえんは、たんに（中世ならば）荘園領主としての経済力だとか、他の権門との密接な人脈に支えられた政治力だとか、にのみよっているのではなく、世俗をこえた領域におけるさまざまな価値や意味の創造者・提供者としての立場が、すなわち宗教者としての本来の在り方がその中心にあるからだと考えなければならないはずであろう。筆者がその「客観的な関係に媒介」される「最も適した範疇」を、ヒジリをめぐる領域に求めようとしているのは、すでに述べてきたとおりである。黒田に続く歴史研究者のなかに、権門や大寺社の研究こそが宗教史研究の中心であるべきだというごとき極論をまま見ることがあるとき、この点について改めて強調しておかないわけにはいかない。

だが、ヒジリの歴史的研究においては、一つの決定的な難点がともなう。というのは、ヒジリとは常に教団にあっても社会一般にあっても、その最下層に属する存在であった。それゆえに彼らの行動を直接物語る史料が残ることは、きわめて稀である。たとえヒジリに出自をもつ宗教者なり、宗教なりが、歴史の表面に浮かびあがったとしても、そのときには、すでにヒジリ的性格の大部分は剝奪されてしまっている。

とすればヒジリを介した歴史的宗教研究はいかにして可能になるだろうか。というのが次の課題として立ち現われてくることになる。ヒジリの諸活動について、ヒジリの描き出した世界像について、また今日ヒジリが果たしているだろう役割について、それらの試みの詳細は本文を参照してもらうことにしたい。また今日の歴史学もしくは歴史研究におけるヒジリ研究の位置についても、諸章のなかでできる限りふれてみたので、それもいま前もって論じることはしない。ただその前提となる筆者自身の歴史にたいする考え方については、あらかじめここで述べておく必要があるだろう。

和歌森太郎はかつて、歴史とは各時代人による問題解決の過程であると規定したうえで、(従来の文献)歴史学と民俗学の相違を、解決過程そのものと取り組むのが歴史学であり、民俗学は時代が解決できずに次の時代に送りこんだ領域の事象を扱う、という意味の主張を開陳したことがある(「民俗資料の歴史学的意味」〔東京教育大学文学部紀要『史学研究』八、一九六三年〕)。この言明のなかで「解決する」という表現がやや意味不明瞭であるために、和歌森の真意がいかなるものかつかみかねるところがあるのだが、筆者は次のように理解したい。

この相違を端的に表現するならば、変革する歴史観と累積する歴史観とでもいえようか。この点をもう少し詳しく論じてみよう。

歴史学において、歴史は基本的に「時代」の連なりとして構成される。「時代」とは言うまでもなく、政治・経済・

文化・社会等の領域において、一定の構造が同一性を維持しつつ持続し、しかも前後の時代や他の時代と区別しうるような時間的まとまりである。したがって、歴史学はある時代から次の時代への転換がいかにして起るのか、そして転換した結果なにがどう変ったのか、といった点、すなわち時代の差異に主たる関心を示すことになる。そして時代の転換それ自体の意義を、たとえば発展段階的に理解しようが、下降史観において捉えるのであろうが、歴史を時代による変革過程として認識する点で、本質的な違いはないといえる。

しかし歴史とは、はたしてそのように変化していくものなのであろうか、という疑問に、実は民俗学の学問的出発点があった。民衆の日常生活のレベルで考えるならば、生活の変化は政治体制など社会の上部構造における変化とはかなり大きくずれるのが普通の在り方である。同時に生活の諸領域の間にも相応のずれが見られるであろうし、そのずれが地域によってかなりの違いになるのも普通のことであろう。すなわち、ふたたび和歌森の言葉をかりるならば、ある課題はその時代のなかで処理され終って、次の時代には必ずしも引き継がれていかない。というよりは、その断絶こそが時代を分けるメルクマールとなる。だが生活上の多くのことは、そうした時代の転換にもかかわらず、次の時代や、ときにはそのさらに後の時代にまでずれこんでいく。となれば、当然そのずれは通常歴史学が考慮する範囲をはるかにこえたスケールをもってしまう。

かくして歴史は、異質な時代の交替という概念ではとうてい捉えきれないものになってしまう。むしろここに見られるのは、次々と累積していく時代相であり、時代としての一体性の欠如でさえある。ある社会をある時点で切り取ってみても、その切り口によってさまざまな時代相が見えてしまう。だから先の「時代としての一体性の欠如」とは、その意味で社会としての一体性の欠如でもある。そうしたあいいれない異質の時代＝社会相が相互に依存と矛盾と緊張をはらみながら一つの風景を作り出していく、という見取図のほうが、筆者などにとってはより説得力のある歴史観に思えてならない。そして歴史の以上のような側面こそが、民俗学独自の対象領域になると考える。歴史研究の一方法論としての民俗学は、一面で従来の歴史学にたいする補完的な学問分野という性格を確かにもってはいるのだが、それにもかかわらず、たんに歴史学がなおざりにしていた諸テーマを発掘するというにとどまらない、歴史認識上の意義をはらんでいるといえるのである。

そしてヒジリの歴史、というより、さらにひろく宗教一般の歴史というものは、単線的な発展系列とはおよそ異なる様相の展開過程を示してきた。行きつ戻りつ、ときには数百年も昔の宗教的指導者の教えが突如として浮かびあがり、あたかもトラック競技で一周遅れのトップランナーが出現したごとき様相を呈してしまうことが、宗教世界では珍しくない。このときききまって聞えてくるのは、「教祖に帰れ」という声高な合唱である。教祖は、そのときその教団の現状にとってはまさにヒジリにほかならないのである。

このように考えてみれば、ヒジリという存在に最初に関心をいだいたのが民俗学であったというのは、単なる偶然でないことが理解できる。ヒジリの研究と従来の歴史的宗教研究との関係は、実は民俗学と歴史学との間にある関係と、相似形をなしてきたのである。

最後にもう一つ、『日本遊行宗教論』という本書の表題、とりわけ「遊行宗教」という言葉の意図するところについても少しばかり述べておきたい。

筆者が「遊行」という回路を通じて、日本の民俗宗教を考えてみようとするのは、主に二つの理由にもとづいている。その第一は、仏教にみられる、もう基礎体質といってよいほどに強烈な遊行漂泊への指向性である。この属性をもっともよく体現するのが、本書でもしきりにとりあげている遊行のヒジリにほかならない。しかし教団の周辺で、ときには異端として排除されることのあった、そのような下級の宗教者たちばかりでなく、一宗派の教祖とか中興などとさえ目されるような高僧たちのほとんどが、宗教的人格の形成期において遍歴放浪時代ともいえる一時期をもっているのは、仏教に特有なそうした面のしからしむるところではないだろうか。また時宗のように、遊行漂泊をいわば宗是とする宗派さえも歴史のなかで生まれてきたのは、よく知られたとおりである。しかもこの宗教はもともと外来の宗教でありながら、やがてしっかりと日本の風土に根をおろし、今日の民俗宗教のもっとも豊かな源泉の一つとなっている事実を想起するならば、たんに仏教史の枠内における議論にとどまらず、日本の宗教の特性を考えるうえで、きわめて重要になってくることが理解できるであろう。

さらにこの方向で遊行の問題を考えていこうとするとき、不可欠な行動としてとりあげなければならないのが、巡礼の習俗である。今日、巡礼といえば西国三十三ヵ所観音巡礼や四国八十八ヵ所のいわゆる四国遍路のように、巡拝する場所とコースが定まっている寺院参詣をさすのが普通だが、かつては必ずしもそうした形態にとらわれず、一所不住的に聖蹟・霊場を転々とする宗教行動一般をこのように呼んでいた。ともあれ近世にはいっての巡礼霊場の成立が、檀家制度の確立とならんで、仏教の民間への普及にはかりしれないほどの意義をもったのは疑う余地がない。しかも巡礼は一般の社寺参詣と異なって特定の寺社とのつながりが希薄であるぶんだけ、教団や寺院自身が関与する側面よりも、遊行のヒジリなり、在家信者なりに、ゆだねられる部分が大きかった。本書の第一部を、まず「巡礼論」と題して巡礼に関する論考を集めたのは、巡礼習俗の民俗宗教としての意義を重視した結果にほかならない。

さて二番目の理由としてあげたいのは、地域社会に形成されている宗教世界のなかで、「遊行」という行動が、常に欠かせない構成要素であり続けてきたのではないかという認識である。これまで民俗学がもっぱら対象としてきた民間信仰という宗教の姿は、基本的には地域社会のなかの宗教・地域に根ざした信仰として、閉ざされた生活空間のなかで自足的に捉えるというのが基本的な方向であった。しかし、現実にはたとえそうした民間信仰であろうと、政治や経済と同様、外部との不断のかかわりのなかで形成され、その具体的な行動面にあっても、外部世界へ積極的に旅立とうとする指向を、地域社会は不可欠の契機として持ち続けてきたはずである。詳しくは本文を参照していただきたいので多言はひかえるが、たとえば、かつて折口信夫によって提唱されたマレビトなる概念を思い出してみよう。一年に一度、時を定めて村を訪れ、祭りの場に臨むとされた神々こそは、共同体を再生させるべき役割を担う、旅する神であった。もう少し本書の内容に即して例をあげるならば、たとえば、成年式としての社寺参詣の習俗などは典型的な姿である。成長というそれ自体は個人に属する人生の一段階、あるいは成人という共同体の再生産にかかわる重要な節目を、地域社会は外部への旅を媒介にして認定するのである。

また、これとはやや異なった観点から、訪れ来る旅人は地域社会の維持には欠かせない。というのは地域住民の宗教心意が表出される主要な場である寺庵や村堂を直接に管理し、あるいはそれらの設備や空間をとおして種々の宗教諸観念や儀礼を住民たちに供給する役割を果たしてきたのは、主には旅の宗教者たちだったからである。総じていえば、歴史上仏教の民間への普及にあたって遊行する旅のヒジリたちが担った役割とは、社寺参詣と葬送追善供養、そして説教唱導に集約されるといって過言ではない。まず最初にヒジリたちによって切り開かれたこれらの領域が、近世の仏教にも大きな影響を及ぼすのである。

このようにみてくると、地域社会の宗教とはつまるところ、観念の領域における「外部」認識の枠組みにほかならないといってよいのではないか。いうなれば「外部」というカテゴリーを鏡の向側におきながら、社会はみずからの位置と姿とを明らかにしていく。共同体の継承・再生産も、こうした意味での「外部」を前提としてはじめて可能になる。その際に宗教は、地域社会を構成する空間や時間にたいしてさまざまな「意味」を付与する体系として機能するのである。

本書第二部におさめた論考が、必ずしも行為としての遊行そのものを直接には考察の対象としていないことがあるのは、以上のような理由による。民俗宗教のさまざまな局面において、共同体の「内」と「外」とを媒介する、ヒジリ（聖）たちの機能と役割を論じてみたものとして読んでいただければ幸いである。

目次

緒　言

序章　日本宗教の遊行性と聖……一
一　はじめに――霊場の時代――……一
二　霊場の発生と成長……三
三　生と死をこえる空間……九
四　民衆と霊場……一六

第一部　巡　礼　論……二一

第一章　近代における旅と宗教……二三
――「まれびと」の変質――
一　旅の喪失……二三
二　近代日本と四国遍路……二四
三　巡礼の規制と保護……三〇

四　結　語……………………………………三三
第二章　講と霊場参詣……………………………三八
一　はじめに――現代社会と講集団――……………三八
二　民俗社会と講集団――その多様性――…………三九
三　成人儀礼と巡礼講…………………………四四
四　大師講と新四国霊場…………………………四九
五　結　語――講・在家の宗教集団――……………六〇
第三章　巡礼行者の宗教的達成……………………六七
一　はじめに…………………………………六七
二　巡礼思想の自覚……………………………六八
三　巡礼の理念と教団の論理………………………七一
四　飛行する行者………………………………七六
五　曼荼羅の旅…………………………………八三
第四章　弘法大師の母
――あこや御前の伝承と四国霊場縁起――……………九一
一　はじめに…………………………………九一

二　あこや御前の伝承……九三
三　「高野の巻」……九六
四　弥谷寺の伝承……一〇三
五　慈尊院の伝承……一〇七
六　結　語――高野山から四国霊場まで――……一一一
第五章　四国遍路の行者とその宗教活動……一一八
――有弁真念『四国徧礼功徳記』を中心に――
一　四国霊場記三部作の成立……一一八
二　有弁真念……一三一
三　『四国徧礼功徳記』と真念および寂本……一三八
四　結　語……一四一
第二部　民俗宗教論……一四五
第一章　室町期における宗教の風流化と寺社参詣……一四七
一　はじめに……一四七
二　参詣講の成立……一四七
三　寺社参詣の諸相……一五三

四　宗教の大衆化——風流と遊楽——……一六七
第二章　山の法師と里の勧進……一七五
一　山の法師の飛鉢法……一七五
二　会津恵日寺のイナバツ……一八六
三　能登石動山の知識米勧進……一九一
四　山の法師の里勧進……二〇二
五　結　語……二一三
第三章　冥界からの救済
——地蔵信仰を題材に——……二二三
一　もう一つの『曾我物語』……二二三
二　『地蔵菩薩霊験記』と地獄冥界譚……二三〇
三　地獄冥界譚と民俗宗教……二四〇
四　結　語……二四七
第四章　たたり・怨霊・異人
——個と社会の葛藤をめぐって——……二五一
一　はじめに——懲罰とたたり——……二五一

二　膨脹する個——崇徳院の怒り——……二五三
三　たたりのパラドクス——異人と民俗社会——……二五八
四　結　語……二六五
補論　民間信仰論から民俗宗教論へ——仏教民俗論の前提として——……二六九
一　はじめに……二六九
二　民間信仰論の意義……二七〇
三　「共同体」からの離陸——ムラの消滅とともに——……二七三
四　ヒジリへの関心……二七九
五　結　語……二八四
あとがき……二九一
成稿一覧……二九四
索　引

序章　日本宗教の遊行性と聖

一　はじめに——霊場の時代——

①聖の住所はどこどこぞ、大峯葛城石の槌、箕面よ勝尾よ、播磨の書写の山、南は熊野の那智新宮
②四方の霊験所は、伊豆の走井、信濃の戸隠、駿河の富士の山、伯耆の大山、丹後の成相とかや、土佐の室生と讃岐の志度の道場とこそ聞け
③大峯聖を舟に乗せ、粉河の聖を舳に立てゝ、聖宮聖に楫取らせて、や、乗せて渡さん常住仏性や、極楽へ
④験仏の尊きは、東の立山美濃なる谷汲の彦根寺、志賀長谷石山清水、都に真近き六角堂

平安時代の末、庶民的な香りのする多くの芸能が堂上貴族の館の奥深くにまではいりこみはじめたころ、一冊の歌謡集がその内容の庶民性とはうらはらに、後白河法皇というやんごとなきことこのうえない人の手によって編纂された。『梁塵秘抄』(1)と名づけられたこの書物は、たんに芸能史の資料としてだけでなく当時のさまざまな文化一般についても実にいろいろのことを教えてくれる。そしてさしあたり私たちが読みとりたいのはこのころの宗教というものの姿である。

こうした目で右の四首を含む『梁塵秘抄』第二巻の歌を読みすすんでいってなによりも印象に残るのは、当時の人

人の諸国の霊場にたいする関心の高さである。もちろんそれはいま残されている『梁塵秘抄』が、さながら神仏にかかわる宗教歌謡集といった趣をみせているせいでもあるからなのだが、それだけではなく、むしろ霊場全般にたいする関心の高さこそがこの時代の宗教のありかたの大きな特色だったからだといったほうがよい。その意味で、私たちはまず、かつて霊場によせられた関心がどのような内容をもっていたのかをみていかなければならないと思うのである。

その点についてはあとでもう一度考えることにして、巻二には全国のどのような霊場が読みこまれているのだろうか。いくつかは引用した歌のなかにすでにあらわれている。このほかの主な霊場をひろいあげてみるならば、西の方から、九州筑紫では四王寺山・太宰府（清水山）観世音寺・武蔵寺、豊前の企救の御堂、そして筑豊の空を制してそびえたつ九州随一の名峰彦（英彦）山があり、四国では先の二つの霊場のほかに「四国の辺地」としてこの島全体が一つの霊場とさえみなされている。また中国地方では出雲の鰐淵寺や日の御碕神社がこれもまた聖の住所として数えられた。反対に東方に目をやればそこには、軍神たる鹿島・香取・諏訪、安房の洲宮神社に小鷹神社がみえる。ちなみに西日本での軍神は安芸の厳島、備中の吉備津宮、播磨の広峰神社・射楯兵主神社などであった。さらに畿内にはいってくれば高野山・比叡山をはじめとして京都の愛宕・祇園・松尾・醍醐・法輪寺等々にいたるまでもう枚挙にいとまがないといってもほとんどさしつかえはない。

さて、これだけの地域的広がりをもちながら各地に簇生したさまざまな霊場は、たんにこの時期に爆発的な流行をみせたというにとどまらない、もっと重要な宗教史上の特色を呈しているように思われる。第一にはこれらの霊場＝「霊験所」は①で歌われるように、なによりもまず「聖の住所」であった。そしてこれら霊場と聖たちに期待されたものとは、③や④にもうかがえるように、ある種の浄土渇仰や神仏の「験」であった。この性格はほかの霊場にも多かれ少なかれ共通したものであったろう。しかもここでみのがすことができないのは、たとえば大峰葛城箕面の役行者（小角）、書写山の性空上人、伊豆走井（走湯）の松葉仙人、戸隠の学門行者、富士の末代上人、等々のように特定の聖と結びつけて説かれる場合が少なくない点である。こうした特定の聖とのつながりの多くは霊場それぞれの歴史のなかでそれぞれの人物名が選びとられた結果にすぎないだろうし、その時期もずいぶん幅があるにちがいない。だがたとえそうだったにしてもこれらの霊場が、そこを拠点とする聖たちの集団、そして彼らの始祖とみなされる太古の聖にまつわる神話（縁起）とともに生き続けてきたのは確かなことであった。というよりはここにあげた各地の霊場の多くが、たんに歴史上の遺跡としてかろうじて名前だけを残したにすぎないのではなく、ずっとのちにいたってもなお信仰の場としての生命を維持しえた事実を思うならば、彼ら虚実両面にわたる聖たちと結びつくことによってはじめて生きのびることができたというべきかもしれない。だとすればそれはまた、中世以降の日本の宗教の基調が聖たちの宗教にほかならなかったことをも意味するにちがいないのである。

二　霊場の発生と成長

しかし仏教史上、聖にしても聖がかかわる霊場にしても、なにも前節でみた平安時代末期のいわゆる院政期になってはじめて登場したわけではない。そのずっと前から聖たちは相当に精力的な活動をくりひろげており、彼らの拠点たる――すなわち「聖の住所」たる――寺院も比蘇山寺・志賀山寺・法器山寺・壺坂山寺・長谷山寺・子嶋山寺・室生山寺・清水山寺などいくつかがすでに成立はしていた(2)。

そのなかで今日に活動の実態が比較的よく知られるものに、大和国吉野郡の比蘇山寺がある。北を高取山、南を吉野川にはさまれた丘陵地帯に位置し、現在世尊寺と称するこの寺の創建は六世紀末までさかのぼるといわれる。『日本書紀』欽明天皇の十四年（五五三）の条によれば、河内国泉郡の海中から引き上げられた放光の樟木（楠）によって二軀の仏像をきざみ、吉野寺（比蘇山寺）におさめた、とある。この放光樟仏にまつわる縁起はもとよりそのまま事実とは認めがたいが、このあと内容が少しずつ変化しながら『日本霊異記』や『今昔物語集』などにも引き継がれ、平安期には現光寺の名も生まれて古代社会における著名度がうかがわれる。しかし当時この寺が有名だったのは霊像の故だけではなかった。

六世紀末から七世紀の初頭にかけて、この寺に二〇年もの間居住して「自然の智」を得たという神叡なる唐僧がいた。神叡は道慈とならんで奈良時代初期の「釈門之秀」とたたえられた俊英の一人であり、その学統は尊応・勝悟とたどって、奈良元興寺の僧であり平安時代初期の法相宗を代表する学匠でもある護命に受け継がれていった。護命は元興寺で万耀法師に師事するかたわら吉野山で山林修行にはげみ、得度のあとも本寺で法相宗の大乗の法を学ぶいっぽうで、あいかわらず月の下半を深山にはいって虚空蔵菩薩の法を修するという生活を続けていたといわれる僧である。また平安時代のはじめ、最澄が大乗戒壇の独立をくわだてたときには、南都の仏教界を代表するかたちで最澄とはげしく対立したこともよく知られている。その最澄が南都との論争において護命をさし、ほかならぬ「比蘇の自然智」であると批判するのである。さらに「自然の智」の聖は神叡や護命だけではない。先の元興寺法相宗の尊応にも吉野への入山が確かめられるという。すなわち比蘇山寺を中心とする山林修行の伝統自体が法相宗の法系と表裏の関係にあったことが理解されよう。

とはいってもこの当時の「宗派」とは一般に後世の排他的な教団としてのそれとは大きく性格が異なり、たんなる学問的伝統もしくは学団といった色彩が強かったから、自然智宗といってもさまざまな法流のなかにある宗教者たちが集まってきていた。たとえば同じ法相宗でも興福寺でそれを学んだとされ、東大寺をへて会津に移った徳一は天台教学の根本をめぐって最澄と論争したが、最澄の言説をとおして徳一もまた比蘇山寺の自然智宗と何らかのかかわりをもっていたらしいことが推測されている。さらに鑑真にさきだって中国から戒律を将来し、禅や華厳にも造詣が深かった大安寺の道璿がまた、律師に叙せられるのを嫌って比蘇山寺にはいった。

このようにみてくると比蘇山寺にはいって山林の修行にいそしんだ行者たちはこの時代の主流を形成していた官大寺の国家仏教の外側にたっていたり、それと対立する存在では必ずしもなかった。それどころかまさに国家仏教の主流派によって担われていたとさえいってよい状況がそこにはあったのである。しかも山林の仏教は比蘇山寺の自然智宗を一つの例として、ここだけにとどまらない広がりをもっていたことはすでに述べたとおりである。

ところで日本の古代社会における仏教は学解の宗教であり、同時に国家によって管理される国家仏教であると一般には理解されてきた。いっぽう山林にまじわりつつ行われる仏教はこれまた一般的な理解によれば、体制もしくは体制的仏教から疎外された、いわゆる聖たちによって担われる宗教であるとされ、二つのイデオロギーは互いにあいいれないカテゴリーであると考えられてきた。たしかに大局的には、日本の仏教史はこの二つの流れの対立的緊張関係のうえに展開してきたといってよい面をもっている。けれども奈良時代もしくはそれ以前の社会にあっては必ずしもそう単純でなかったらしいことが理解されよう。とするならば両者の関係はいかようであったのか、とりわけ、山林の仏教に期待されていたものは果たしてなんだったのかという疑問が次の問として生まれてくるはずである。

ふたたび自然智宗にかえってみよう。薗田香融によれば「自然智宗」という名称は、かつて神叡がこの山で得たという「自然の智」を求めるところに由来する。「自然の智」とは学ぶことによって獲得される「学知」の対極にあって人間に生まれながらに備わっている「知」＝「生知」にほかならないから、これを獲得するためには（より正確には、人間にそれが備わっていることを正しく認識するためには、というべきだろうか）寺院のなかでの研鑽よりも山林にまじわりながらの修行が不可欠とされたのであろう。そしてこの「自然の智」は虚空蔵菩薩にたいして求聞持法を修することによって叶えられると考えられた。虚空蔵菩薩とは無量の法宝によって衆生に福徳をもたらすと信仰される、主に密教の本尊であるが、僧侶の間では記憶力を増進し、いったん耳にしたことはけっして忘れないとする求聞持法が重んじられた。というのは古代仏教において学解とは一面で膨大な量の経典と陀羅尼を暗誦することであり、学僧として真理の蘊奥を極めようとする場合にも、僧官としての栄達を求める場合にも、記憶力は切実な要件だったからである。そして「生知」を獲得せんがための自然智宗がもっぱら修したのもこの虚空蔵求聞持法にほかならなかった。すなわち自然智宗とは宗派の枠をこえてある種の密教修法を学ぶための、いわば当時の仏教社会における一種の基礎教養と位置づけられたのである。

かくして奈良朝以前の社会にも山林修行の聖はごく一般的であり、したがって「聖の住所」たる霊場――もしこれをも霊場と呼べるなら、だが――もひろく存在した。しかし反面、右のようにみるかぎりそれは所詮官大寺のなかの仏教の補完物でしかなかったという理解も成り立つにちがいない。たしかにこの点に平安朝の仏教との大きな相違が求められるといってよいのだが、その平安仏教もまた実は前代の山林修行のなかから出現し、やがて霊場の仏教へと発展するのである。

かつて虚空蔵求聞持法は右の自然智宗のみのものでは必ずしもなかった。たとえばある若き山林修行者は一人の沙門から虚空蔵求聞持法の経典をさずけられる。この経には次のように説かれていた。「もし人が法のおしえるところにしたがって虚空蔵菩薩の真言を百万遍となえるならば、すべての教法の文言と意味を暗記することができるだろう[5]」

と。そこで彼は仏の言葉を信じて諸国の山々を駆けめぐった。あるときは阿波国大滝岳に登り、またあるときは土佐国室戸岬の山頂で虚空蔵菩薩に祈った。すると突然明星が彼のもとにやってきた。菩薩の知恵は彼のものになったのである。(6)

この若い修行者とは日本真言宗の開祖空海である。大学での勉学と官吏としての立身のみちを放棄した空海は、修行者のなかにはいって山林抖藪の生活にあけくれていた。そうしたおり求聞持法を彼に伝えたのがだれだったのか、岩淵寺の勤操とするほかにも今日では諸説あって確定はできない。ただ当時の自然智宗のような実情からみても、彼と求聞持法との出会いはけっしてありえないことではない偶然の結果にすぎなかったといえよう。ただ空海がそこからほかの宗教者たちと違うコースをたどっていったことをきっかけに、宗教界は新しい展開をみせることになった。

空海が唐から招来した密教の体系は、当時の社会にとって実にあざやかな思想だったに相違ない。大日如来が衆生に説く宇宙深奥の秘密は、十分なる訓練をへた真言の行者によってこの世界にあらわにされる。ここで「あらわにされる」とはたんにその哲学を認識するという段階にとどまるのではなく、即身成仏、つまりその身そのままが仏であることを認識した真言の行者をとおして、仏の慈悲と衆生の信心が感応し、衆生の願いがこの世に実現されるということをも意味している。以上のような密教の根本思想は、空海がひらいた真言宗ばかりか比叡山の天台宗にまでおよび、こののち平安時代から中世を通じて真言・天台両宗を中軸とする密教体制がつくりあげられるのであった。

密教はなぜそれだけの発展を遂げることができたのだろうか。ここで私たちは、空海・最澄に代表される宗教的天才もさることながら、密教こそが社会の要請にもっともよくこたええた理論だったという点を見落してはならない。すなわち密教の根底にあったのは右に述べたように現世の肯定であった。もっと有体にいってしまえば、現実世界のなかで、個の欲望を肯定し最大限に保証する宗教装置こそが密教であった。もちろん密教がもともとそうした傾向をもって受け入れられたのは先の虚空蔵求聞持法に一端をみたとおりだが、初期の密教が多くは専門の行者の間の信念にとどまっていたのにたいし、新たに成立した宗としての密教はその確信を社会全体にまで提供しえたといえよう。そしてそれをもっとも必要としたのは、いうまでもなく国家の中枢を構成する大小の貴族たちである。天皇家をはじめとする諸権門間のパワーゲームに勝ち残るために、彼らが頼んだのはまずは自分のうちにある力と才覚であり、そして宗教であった。その期待にこたえようとするなかで、宗教もまた自分自身を鍛えあげていったといえる。平安仏教が実践的な宗教として登場したと後世に評されるのはこのためであるが、前代からその兆はすでにみえはじめていた。

そして霊場は右のような要請にたいしては欠くことのできない舞台であった。というのは、仏の霊威とはたんにそれ自体でこの世界にあらわれるわけではもちろんなく、先に述べたようにもっとも効果的な呪法を駆使しうる行者をとおして、しかももっとも効果的に演出された空間においてはじめて発揮されるものだからである。その意味で平安仏教は聖（行者）の仏教であり、同時に霊場の仏教であったことが理解されよう。このとき、かつて仏の力をわがものにするために多くの聖たちがかけめぐっていた山林のなかの修行の道場は、やがて彼らにみちびかれた一般信者にとっての聖なる空間としても知られるようになってくる。その際、人々が心の奥底にいだいていたであろう山にたいする畏怖と崇拝のいりまじった民俗的な感情は、山林の霊場化を受け入れやすいものにしていたにちがいない。冒頭であげた幾つもの霊場はこうした歴史的背景のもとに成立し、成長してきたのである。

三　生と死をこえる空間

しかしながら聖と信者の共同幻想としての霊場は、たぶんそれらがもった社会的な意義よりもずっと多彩な顔をみせてくれる。

たとえば紀州の熊野、四国の室戸・足摺、そのほか列島の南岸に面した幾つかの土地には、ある種の浄土の観念にかかわる霊場が形成された。これらをくくるのは観音菩薩にたいしての信仰、というよりはもっと具体的に、その浄土をはるか海の彼方にあおいでの信仰である。かつて鎌倉時代、そうした霊場の一つである足摺岬に次のような物語が伝えられた。

この岬の突端にはかつて、観音菩薩を本尊とする一宇の堂があった。ほんの小さな堂で、住職がいるわけでなく、ただ修行者や行きがかりの旅人が、上下のへだてなどもなしに住みついているばかりであった。そのころここで修行していた僧につかわれる小法師のところに、どこからともなくべつの小法師がやってきては食事をねだるようになった。弟子の小法師はこころやさしい少年で、そのたびに自分の分をわけあたえていた。あるときその不思議な小法師は、自分のすみかへ少年をまねきたいとて、つれだって海にむかっていった。師匠はこれをいぶかり、あとをつけていくと、ふたりは岬から舟にのって沖をさしてこぎだして行く。師匠が、自分をすててどこへいくつもりかと声をかけると、これから補陀落世界へむかうのだという。はるかに舟をながめると、ふたりは菩薩になって舟の前後にたっていた。師匠の僧はこれをかなしみ、岬にたって泣く々々足摺りをしたので、以来こ

の岬を足摺岬とよぶようになったという。（『とはずがたり』より）

小法師二人がむかった補陀落世界とは華厳経にとかれる観音菩薩の浄土で、補陀落山・補陀落浄土とも呼ばれる。その呼び名が示すように浄土信仰上の観念ではあるが、それだけにとどまらず、近世にいたるまで、この島にたどりつかんものと小さな舟に乗りこんで海にでていく補陀落渡海の行者があとをたたなかった。(7)往生と同様に一種の自死行にほかならない。そして先に述べたような南の海にむかって分布する、補陀落山をのぞむ霊場のそれぞれに、渡海の行者の伝承が残った。足摺岬の僧というのもたぶん、彼自身補陀落渡海の行者の一人だったのだろう。ちなみに渡海行者の伝承のもっとも濃密なのはなんといっても熊野の海で、『熊野年代記』(8)への記載を中心に三〇度ちかくにのぼり、同行を加えて一〇〇人にちかい行者が舟出していったとされる。また足摺岬はこれに続く渡海の霊場として知られたようである。

とはいってもこの霊場は先に指摘したような聖と信者の間の共同幻想という点からみれば、あくまで修行者自身の神学にたいしてのみ意味づけられる空間にすぎないのであって、それ以上の社会への広がりはあまりもたなかったかのようにみえる。けれどもこれらをとりまく平安・鎌倉期の宗教的環境をいっぽうに考えあわせてみるなら、よく知られた熊野ばかりでなく四国の辺境にある足摺岬さえもが、まさしく霊場の時代にふさわしい霊場であった。

今日、四国にある霊場といってまず指を折らなければならないのは、弘法大師が開いたとされる四国八十八ヵ所霊場であろう。しかし空海の時代から八八の寺々による霊場が成立していたわけではもちろんないし、いま一般につかわれる遍路という言葉があったわけでもない。平安期にそれに相当することばは「辺地」であった。冒頭の『梁塵秘抄』にもこんな歌がある。

われらが修行せしやうは、忍辱袈裟をば肩に掛け、また笈を負ひ、衣はいつとなくしほたれて、四国の辺地をぞ

常に踏む[9]

もう少しさかのぼって『今昔物語集』をひもといてみると、その第三十五巻第十四話は三人の修行僧が四国の山道に踏み迷い、不思議な僧によって馬にされてしまうという怪奇譚であるが、彼らが歩いたのも実は「四国の辺地」であり、しかもそれは「伊予、讃岐、阿波、土佐の海辺の廻り」だったとされている。つまり平安時代には四国の海をのぞんで一周する修行のミチがすでにあり、少なからぬ修行僧たちがここを歩いていたことが推察されるのである。[10]そしてこのミチを構成するのはおそらく空海自身が修行の地として著作にしるしている阿波国大滝岳や土佐国室生戸（室戸）、『梁塵秘抄』にもあった讃岐国志度寺、そして先の足摺岬などであったにちがいない。したがってここには虚空蔵・観音への信仰がいりまじり、さらには室生戸・足摺のようにいささか特殊な修行拠点も含まれていた。またそうした修行地の有様について、『とはずがたり』の記述をとおしてかすかながらうかがえないでもない。『梁塵秘抄』よりも少し早い成立になる『弘法大師御行状集記』[11]は、室戸岬にちかい金剛定（頂）寺について次のようにしるしている。

> 金剛定寺は無縁所であって、一切の食料を支給されることがない。そこでこの寺は官のゆるしを得て、土佐と隣国を往来する船に施物を要求していた。寺に住む僧たちは日に一度食堂にあつまって一座して食事をし、それがすむとまた各自の房にもどっていく。これを金剛定寺の御乞食とよんでいた。

彼ら「金剛定寺の御乞食」のなかにもまた補陀落浄土を目指した者がいたのかもしれない。ともあれこうした「四国の辺地」が弘法大師信仰に帰着していくことにより、やがて今日の四国霊場にあたるものへと移行してくるのである。このとき「遍路」の歴史的用字である「辺路」は先の「辺地」とも多分どこかでつながってくる。いっぽう近畿地方ではほぼ同じころ、熊野の那智を最初の札所とする、いわゆる西国三十三ヵ所観音巡礼が成立した。これが四国遍路とならんで今日有数かつ最大の巡礼霊場であるのはよく知られるとおりである。すなわち全国的に補陀落渡海の最初のピークはまず十二、三世紀に訪れてくるといわれているが、こうしたことからもこの特異な宗教習俗がそこだけにとどまらず、実際には直接に次の時代の舞台を準備していたことが理解されるはずである。

いっぽう、いわば「死」を媒介とした行者たちの霊場のほとんど対極にあるそれももちろん存在する。これもひとつ説話を読んでみよう。

摂州中山に、むかし上宮太子が百済の仏工にきざませたという十一面観音があった。古老の言いつたえによれば、像が光をはなって巌をてらすとき、その岫もまた金色にかがやくという霊像である。その後延喜年間に慈信という僧が像にむかっていのり、日本の地のどこに安置したらよいかをたずねると、仏はかれの夢にあらわれて山城国の山崎をしめした。そこで慈信は尊像をかの地にうつし、堂舎を建立するために鉢を空に飛ばしてあまねく喜捨をあおいだ。勧進に応じようとしないよこしまなものたちはみな病気になってしまったので、かれらもことごとく仏に帰依した。以来その神異のゆえに慈信は空鉢上人とよばれるようになった。(『元亨釈書』より)

信貴山の縁起などでよく知られる飛鉢の法はほかの霊場にもしばしば伝えられていた。たとえば日本海側では加賀の白山をひらいた泰澄、瀬戸内海では法華山の法道仙人——かれもまた空鉢上人と呼ばれていた——、また琵琶湖に面しては比良山の僧某などがこの秘法をよくし、往来する船に空飛ぶ鉢をおくってはなにがしかの米や食料を要求するのが常であったという。瀬戸内海ではいま四国霊場に属する屋島寺にも鑑真に由来するという鉢がかつて伝えられていたという江戸時代の記録もある。この飛鉢法は天台宗の青蓮院から発見された教理書もあって、普遍性をもった教法だったことがわかるのだが、実際には地方の霊場にこそふさわしいものであった。というのは信者たちの期待にそうべく山林で修行する聖たちにとって、食料の調達はまさに死活にかかわる問題だったからである。そのようにみるならば、先の「金剛定寺の御乞食」たちの行為もまた同じ必要性のうえにたっていたことになる。そしてさらに見方をかえるなら、山林や辺地に成立する霊場とは、多かれ少なかれ聖たちにとってのこうした現実的な要求をも仏の不可思議な「験」のなかにとりこむことによってはじめて可能であったといえよう。その意味で、先の慈信による仏の祟り（＝脅迫）までもちだしながらのなりふりかまわぬ仏堂勧進の有様は、古代〜中世社会における霊場信仰の、より生々しい社会性をみせてくれているようでもある(12)。

だからといって民衆の精神史に果たしてきた霊場の役割が損われてしまうものではけっしてない。みたび観音信仰のありかたに即していうならば、観音は今日にいたるまで、もっとも現世に利益ある仏として信仰を集めてきた。『今昔物語集』などをみればその傾向は歴然としている。にもかかわらず南の海で聖たちがそだててきた「死」についてのイメージは、各地の霊場の仏をとおして、民衆の想念のなかの「生」の回路へ確実にフィードバックされてきたのである。

そんな一つの例として紀州粉河寺の観音の場合がある。粉河寺は奈良時代に成立したとされる名刹であるが、国宝『粉河寺縁起(13)』には、猟師大伴孔子古が山中で光を発する奇瑞の地に小堂を建立し、不思議の童男行者が一体の千手観音の尊像をきざんだこと、観音の化身である童男行者は河内国の長者の娘の腫物をいやした縁により長者一家は出家し、孔子古の末裔は代々この寺の別当になったことをその由来として説いている。高野山や日光山などの縁起にも猟師がきわめて重要な役割を与えられていることからも、前半のモティーフはその修験的もしくは山岳信仰的性格をあらわしていると考えられよう。また後半の病気平癒のモティーフは粉河寺の信仰の実態をむしろよくあらわすものでもある。平安時代をとおして粉河寺は歴代の朝廷の御願所となっているほどで、広大な荘園も与えられたりしていた。つまり縁起の内容をそのまま信ずるならば、開創当初こそあるいは草深いいなかの小堂だったかもしれないが、その後は朝廷の尊崇あつく霊験赫赫たる大寺として発展してきた寺院である。

そうした現世的かつ密教的性格は、右の国宝『縁起』とは別の系統に属する三三段の『粉河寺縁起』(『続群書類従』所収)によく反映されている。ことにその前三分の二ほどはもっぱら、観音の加護により宿敵の襲撃を免れたこと、土地や財産を得、寺家をおこして子孫まで繁盛したこと、僧としての立身を遂げたこと、反対に不信不善のむくいとして家を焼失しあるいは不遇のうちに世をさったこと、そしてことには霊薬を得たり、不具・宿痾の身を脱しえたことなどの霊験が次々に語られる。そのかぎりでは粉河寺の縁起も仏や教典の現報を説く『日本霊異記』以来の仏教説話の伝統にのっとっているといえる。また後半三分の一ほどでは主に高僧たちの往生の相が語られてもいるが、これとても古代末期以降の密教への浄土信仰の浸透を考えるなら、とくに異質だというわけでもない。

ただここで注目したいのは、その往生譚も含めてここに観念された「浄土」なるものの描かれ方である。国宝『縁起』のもとになった正本に直接つらなると考えられる別の縁起では、その冒頭でまず「南海ふだらく浄土をわがとよあしはら(豊葦原=日本)のなかにうつし給ひて、かの浄土の化主千手観音みづからあらはれいでたまへり」としている。つまりまず第一に、粉河の地は補陀落浄土の写だということ、第二に、この観音は浄土にいます教主自身が姿をあらわしたものだということ、いいかえれば粉河寺は補陀落浄土そのものだということを主張するのである。こうした考え方はさらに別の三十三段本にも同様に随所で強調される。すなわちこの観音は「生身の観音」であり、寺中の池の中島は最初の出現の場所であった。またこのところは「大聖遊化の霊地」「海岸孤絶の宝崛」にして、「補陀落海の浪御堂の外陣に起つ」ともいわれた。

このようなイメージは、南海のほとりの補陀落渡海の霊場とは少なからず対照的である。渡海にともなう霊場はあくまで海の彼方に真実の補陀落浄土をのぞむかぎりでの霊場にすぎなかったのにたいし、粉河寺ではこの場所こそがそのままに生身の観音の住む真実の浄土であるという。だから往生のために渡海というような非常の手段に頼らずとも、この観音に結縁しさえすれば死にあたっての浄土転生は約束される。往生さえもがもう現世の枠のなかで可能になるのである。まして現世での利益ののぞみがかなえられないはずがない。その場合たとえば『粉河寺縁起』や『長谷寺霊験記』などが三三の説話で構成されているように、観音が三三の姿で衆生を救うという観音経の思想もしばしば効果的に演出された。

だが右の三十三身の思想にちなんでもっと重要なのは、三十三ヵ所観音巡礼とその霊場である。平安時代のおわりに近畿地方周辺の観音霊場をつなぐかたちで成立した観音巡礼の習俗は、中世にはいると関東一円をめぐる坂東霊場や秩父霊場もできて日本百観音なるものも生まれ、さらに各地に大小さまざまの地方巡礼の霊場がつくられていった。これもはじめのうちはかぎられた修行者の歩くミチにとどまっていたのだろうが、室町期にはもう流行といってよいほどの活況を呈するようになる。もちろんこれには社会の発展にともなって旅行が次第に容易になったという事情もあずかっていようが、それに加えてこれまでにない規模の大きさと、みずからの足で三三の聖地を歩きとおしたときはじめてそこに時空をこえた仏の国土が実現されるという、巡礼者自身の主体的なかかわりを前提にした壮大な象徴性が一般の信者に広く受け入れられる要因になったのだろう。(14) このの ち従来のような単独の霊場もさることながら、観音の三十三（秩父霊場の系統のみは三十四）ヵ所巡礼と弘法大師信仰にみちびかれる八十八ヵ所の遍路は、日本の霊場参詣習俗の一つの大きな流れとなっていくのであった。

四　民衆と霊場

中世後期から近世にかけての社会の変動は、霊場のありかたにも新たな変化をもたらした。霊場への需要がますますたかまることにともなってまず参詣者がいちじるしく増加し、しかもより遠方からも訪れてくるようになった。参詣者の質や階層にも大きな変化がみられる。さらに彼らがしばしば、講と呼ばれる一種の宗教結社のメンバーであることも大きな特色としてあげられよう。

西国巡礼に例をとるなら、十五世紀の『竹居清事』は「永享（一四二九〜四一）のころから巡礼の人々が道にあいつぐようになった」とその盛況ぶりをしるし、『天陰語録』ではそれに加えて「関所の役人も彼らにたいしてはとがめだてをすることなく、舟人もこれをあわれんで舟賃をとろうとしない。それどころかある者は食事をすすめ、またある人は衣服を与えようとする」と述べている。明らかにその経済力は、霊場社寺のかつてのパトロンたちに比べれば少なくとも個々には低下していた。にもかかわらず戦国期にはもう東北北部からの西国巡礼者がやってきていたように、全体としての経済力は農村の発展にともなっていちじるしく増大していたといってよい。いっぽう豊かなパトロンとして霊場をそだててきた貴族たちは、社会的な実権の喪失に比例して、経済力の低下も歴然としていた。同時に貴族ばかりでなく、霊場寺社自体も荘園領主としての地位を脅かされてもいた。こうした現実のうえにたって次の時代の霊場と信者の関係はつくられていかなければならなかったのである。

その場合、近畿地方も京都周辺の霊場ならばさまざまな方策が可能だっただろう。ある者は祭礼や開帳でその名をあげようとし、またある者は霊験譚そのもので有名になった。名もない旅の聖が京都にのりこんでなかば見世物的な説教を催すこともたびたびだったし、あるいは有名な桂地蔵のように詐欺まがいの流行神仏が突然出現することも珍しくはなかった。また寺社修復や霊場維持のための勧進もますます盛んになった。しかしこれもかつての荘園の寄進といった大口よりは一紙半銭の合力がおろそかにできなくなってくるなかで、聖と貴族のかかわりにもたとえば勧進帳執筆の依頼というような新たなかたちも生まれてくる。講の結成による信者の組織化もこうしたさまざまな模索の一つである。しかも講はただ霊場にとってばかりでなく、信者にとっても大きな意義をもっていた。そして両者にはさまれて、聖もまたある変質を遂げることになるのであった。

参詣のための講は十五世紀のはじめまでさかのぼることができる。初期のものはいずれも伊勢参宮のための講で、しかも資料上の制約のためか下級貴族によるものが多い。なかでも応永二十四年（一四一七）から約四年半続いて参宮を果たした中原康富らの伊勢（神明）講に、その始終を比較的・具体的にみることができる。彼らの講の特色をここで要約してみるならば次のようである。

①この結社は、伊勢神宮という遠くへだたった地にある霊場（この場合は神社）への信仰に基づく集まりであったこと。

②その集まり（＝講）の最終的な目的は、伊勢神宮に参詣するところにあった（らしい）こと。

③参詣にあたって、神宮側には御師と呼ばれる宗教者が介在していたこと。

ここで御師とは神宮神職団の内部に発生してきた職掌で、信者による参詣や祈禱を神宮にとりつぐ役割を果たしてきたいわば下級の神職集団のことである。康富らのころは講と御師のかかわりも明確でなく、講自体もまだ当座の参詣だけを目的としたあまり永続性のない結社だったようだが、やがて両者の関係は密接かつ固定されたものにかかわっていき、永続的に運営される講があらわれてきた(15)。

とくに農村部で、講は一定の明確な社会的機能をもつ集団として重要な役割を果たすようになる。すなわち講衆はメンバー間にある程度の対等性をたもちつつ定期的・日常的な会合を行い、参詣にともなう費用もあらかじめ積立てたりする。参詣もはじめは全員による総まいりだったろうが、代表者のみをおくる代参という方式もやがて考えだされた。定期的な会合と費用の積立は康富の時代にすでにあらわれていたが、農村の参詣講は頼母子講ともいうべき包括的な経済機能さえもった。またある限界はあったにせよ、メンバー間の対等性はその後の農村社会の発展にとって資するところけっして小さくはなかっただろう。

こうした状況のもとで聖の役割は従来の密教の験力をふりかざした行者的宗教者というよりは、信者と霊場の間をとりもつ仲介者といった役割が主なものにならざるをえなくなってきた。というのは聖や山伏たちが徐々に村落に定着して葬送をはじめとする宗教行為を担い、またいっぽうで講が村落内部の共同体意識の表出機構としても成長するにしたがい、遠隔地にある霊場への期待の程度も相対的に低くなってきたからである。霊場参詣を契機とした講でさえも、実際の講の運営は村落社会にほぼ全面的にゆだねられ、たとえば愛染明王が藍の染物業者の集団に信仰されるといったように、信仰内容の意味づけさえもがもともとの教理を逸脱して民衆の側から生まれてくるといった事態さえも珍しくなくなってくる。同時に中世から近世にかけて勧進聖・山伏・御師といった霊場の聖たちの秩序も急速に再編成され、その役割分担が明確にされてくることも、聖のカリスマ性を否定していく方向に作用しただろう。ただこうしたできごとが霊場そのものの衰退につながっていったわけでは必ずしもない。むしろ霊場信仰の民衆化という文脈で理解しうるような様相がますます進行していったのである。

ではかつてのような山林抖藪の聖の伝統は、近世的宗教秩序のもとでは姿を消してしまったのだろうか。そうではない。伝統的な聖のカリスマ性は、むしろ弾誓・澄禅・徳本・観正などといった近世のいわゆる浄土宗捨世派に属する念仏聖に受け継がれていったともいえる。(16)ただし彼らの場合はあくまで彼ら個々人の周辺にその宗教世界がかたちづくられていったのであって、彼らの修行の地が霊場に発展していったとはいえない。また時代が大幅にくだった現代にも、きわめて小規模ながら、たとえば生駒山の小さな谷々の奥に隠れるようにして行者たちの修行地がつくられ、そこをなかば霊場とみなすような信仰者の集団がつくられつつあるともいう。(17)これは共同体の崩壊の裏側で近世以来の民間信仰のよりどころを失った都市住民の欲求にこたえる機能をもっていると考えられる。聖の宗教はいつの世でも、社会の大掛りな変動の時代に大きな役割を果たそうとするものなのである。

注

（1）以下の引用等は岩波文庫版を使用した。
（2）達日出典「奈良朝山岳寺院の実相」（速水侑編『論集日本仏教史二・奈良時代』一九八六年、雄山閣出版）。
（3）奈良県吉野郡大淀町比曽。現在は曹洞宗に属す。山号は霊鷲山。歴史上、比蘇寺・吉野寺・放光寺・現光寺などとも呼ばれた。この寺の歴史的性格については、堀池春峰「比蘇寺私考」（『奈良県総合文化調査報告書吉野川流域』一九五四年。のち『南都仏教史の研究・下』一九八三年、法蔵館、に再録）、および薗田香融「古代仏教における山林修行とその意義―特に自然智宗をめぐって―」（『南都仏教』四、一九五七年。のち『平安仏教の研究』一九八一年、法蔵館、に再録）などを参照されたい。
（4）前掲注(3)薗田香融。
（5）空海『三教指帰』序。
（6）四国出身の空海のこの体験が、のちに四国八十八ヵ所巡拝の習俗につながっていったのはよく知られたとおりである。
（7）この風習については多くの先行研究があるが、とりわけ尾畑喜一郎「補陀落渡海」（『国学院雑誌』六五―一〇・一一、一九六四年）、宮家準「補陀落渡海考」（『神道宗教』八八、一九七七年）、豊島修「海上他界と補陀落信仰―熊野那智の補陀落渡海を通して―」（桜井徳太郎編『仏教民俗学大系三・聖地と他界観』一九八七年、名著出版）などを参照されたい。
（8）『熊野年代記』一九八九年、熊野三山協議会ほか。
（9）『梁塵秘抄』第二巻。
（10）このミチと四国八十八ヵ所霊場とのかかわりに最初に注目したのは近藤喜博であった。『四国遍路』（一九七一年、桜楓社）参照。
（11）『続群書類従』第八下巻。なお詳しくは、本書第二部第二章「山の法師と里の勧進」を参照。
（12）これら飛鉢説話の宗教的社会的意義については、本書第二部第二章「山の法師と里の勧進」で詳しく論じた。
（13）以下、『日本の絵巻五・粉河寺縁起』、および小松茂美による解説「『粉河寺縁起』―縁起絵の萌芽―」（一九八七年、中央公論社）によるところが大きい。
（14）本書第一部第三章「巡礼行者の宗教的達成」を参照。
（15）本書第二部第一章「室町期における宗教の風流化と寺社参詣」を参照のこと。
（16）包括的には、長谷川匡俊『近世念仏者集団の行動と思想―浄土宗の場合―』（一九八〇年八月、評論社）、および西海賢二「木食僧の系譜―観海・行道・観正」（萩原龍夫・真野俊和編『仏教民俗学大系二・聖と民衆』（一九八六年、名著出版）などを参照されたい。
（17）宗教社会学の会編『生駒の神々―現代都市の民俗宗教―』（一九八五年一〇月、創元社）、および『日本宗教の複合的構造と都市住民の宗教行動に関する実証的研究―生駒宗教調査』（一九八七年三月、科学研究費補助金成果報告書）。

第一部　巡礼論

第一章　近代における旅と宗教

――「まれびと」の変質――

一　旅の喪失

現代から旅はもはや失われた、といわれるようになってからすでに久しい。なるほど国内・海外の別を問わず世をあげての旅行ブームのなかにあって、旅は身のまわりに氾濫しているかのようである。しかしまた、〝旅〟と呼ばれる独特の語感をともなった人々の行動のありようは、今日ではもう、閉ざされた文学の世界か、過去の旅人たちへの現代人からの多少ともひとりよがりなあこがれか、それとも旅行業者の宣伝文句、さもなければ歌謡曲や「股旅もの」といった大衆芸能のなかにしか存在しないかのようにもみえる。

今から約半世紀の昔、柳田国男はすでに、「出来るだけ自宅と同じやうな生活をすることを、交通の便だと解して居る者も稀で無い。寝たり本読んだり知らぬ間に来てしまつたといふことが、如何にも満足に思はれる人ばかりを、沢山に汽車では運んで居る」と述べ、さらに「旅行は少なくとも其目的と効果とに於ては、五十年以前よりもずつと単純になつて居る」と指摘したことがある。(1) ここで「目的と効果」云々というのは、旅行の内実が文化の交流や物資の交易、宗教上の巡礼、あるいは仲間うちの結束の強化等々といったかつて旅が内包していた多様な方向性から、遊覧本位のものに単一化してきてしまったということをさしているのだが、ともかく汽車はもう昔からの旅行機関のかわりではないとさえいいきられてしまう。こうした旅行形態の変化が、さまざまな移動のための発達に多くを負っている以上、その変化の大きさは加速度的でこそあれ、かつての旅の面影をとどめようはずもない。柳田が先の文章をあらわしてから五〇年ののち、岡田喜秋は今日の旅行者たちが、あたかもただたんに移動する荷物であるかのように運ばれ、「声もたてずに、週刊誌に読みふけり、ある時間がたつと、『さあ、着いたぞ』と、いまからやっと旅がはじまったようなセリフを吐いて降りてゆく」と描写し、また紀行文のなかからも「道行」の部分が描かれることがなくなってしまったと述べるのである(2)。

だが、日本人の、というよりは現代人の旅の相貌をここまでかえてしまったのは、強制された旅であろうと、たとえつかの間であれ日常世界のそとに身をなげだそうとしてでかける旅であろうと、旅をする人々の側にばかり責任があるのでは必ずしもなくて、逆に日常世界の彼岸にあって、訪れてくる旅人を受け入れる社会の側の変化にも大きな理由があるはずだろう。たしかに旅を位置づける社会のありかたは、それがいつごろからと一線を引くことはできないにしても、明らかにかわってしまった。

二　近代日本と四国遍路

宗教的色彩を帯びた旅、たとえば巡礼のような宗教行動であってみれば、そうした変化の様相はわずかながらでも小さく見えるかもしれない。しかしそれでもかつて全国津々浦々に見出すことができたはずの巡礼たちは、いつのまにか、各地からほとんど姿を消してしまった。そして一定の教団やそれに類した組織の力によるのでなく、むしろ接待とよばれる民間の習俗に支えられ、旅人自身と道沿いに住む人々との直接の交流を主たる軸に発展してきたかつての巡礼道は、今日では四国遍路の一部にほそぼそと命脈を保つにすぎないといってもけっして過言ではないだろう。

全国各地に張りめぐらされていたこれらの巡礼道を解体した大きな手の一つは、まぎれもなく近代日本そのものである。四国遍路においてさえも、近代黎明期の明治九年（一八七六）、高知県高岡郡日高村で次のような決議のなされたことが知られている。(3)

辺路物乞イ風躰ノ者ハ時態ニ不都合ノ所業ニ而、兼而御布告ニモ云々有之、一旦ン取払之道モ相立居候得共自然等閑ニ押移リ、此頃ハ村端川原或ハ森林堂社等ノ内ニハ数拾人集合、昼ハ家々ヲ廻リ手ノ内ヲ乞イ内部ノ様子ヲ窺ヒ、或ハ病苦ノ床ヲ聞合セ、種々方便ヲ以病家ノ迷ヲ生セ為セ、又ハ夜陰ニ乗シテ野辺ノ作物ヲ始諸物品ヲ竊、賊同様ノ叓業見分仕候。如此ヲ近寄不申トモ、積善ノ余慶ハ可施場所モ候得ハ、五小区内ハ一同申合セ、手内ヲモ与ヘ不申時ハ自然其地ニ用事無之遠ク立退クヘキ理顕然ニ候得ハ、禍ヲ招カサル先キニ安寧取締ノ覚悟肝要タルヘキ衆議希望シ候也

明治九年十月十日　　植田直吉

そして共同体の安寧秩序の維持を名分に遍路排除の論理をあえてうちだしながらも、おそらくは「積善の余慶」、すなわちささやかな善根にみあう期待に心まどうところもなくはなかったであろう日高村民にくらべ、同じ年の五月九日から三日間にわたって『土陽新聞』紙上に掲載された、「遍路拒斥すべし、乞丐逐攘すべし」(4)(5)と題する論説には、こうした迷いすらもない。当時の土佐は自由民権運動の全盛期にあたり、『土陽新聞』主筆は民権論者植木枝盛といわれた。この論説の筆をとったのが植木その人ではないにしても、(6)基調は民権論的色彩に裏打ちされたものと思われ

る。しかし民権派といえども遍路対策に関するかぎり、「近代」の名による、先の決議案と同様の断罪でしかなかった。

論者によれば往時の四国遍路の実態とは、「相応に旅金をも携へ身成も一通り整へて来るもあれども其れにしても真に祈願の為めに来るは少く、つまらぬ事に来るもの多きことなり。其の大半は旅金も携へず穢き身成にて朝より晩まで他人の家に食を乞ふて廻り、巡拝も祈願も何の其の主《もっぱ》ら事とするは四方八方を食ひめぐるに在り」というようであると述べ、さらに三点にわたって遍路の弊害・危険性を列挙する。その第一は他県より遍路が流入してくることにより、コレラのごとき悪病・伝染病の蔓延を媒介すること。第二には、食うにこまった者たちが強盗窃盗に転ずる恐れのあること。そして近年この類があらわれはじめているという。また老体幼弱者の行倒れがあれば戸長場で処理しなければならないが、その「戸長場の厄介は即ち人民の迷惑なり損害なり」と第三の弊害をあげる。

ついで論者は「遍路の侵入し来ることが我県の為めに極めて迷惑となり乞丐繁殖のすることが已に目下の如きの害と為ることとなれば我県たる者ハ今は早や一日も猶予するなく断然として之れを拒斥し之れを逐攘せざる可からざるなり」と主張して、遍路排斥のための具体的な四ヵ条の方策を提唱するのである。すなわちその第一は、国道や県道以外の道路への遍路乞食の立ち入りを禁じ、かつ彼らにいっさい何物をも与えぬよう道筋の町村で申し合せをする。第二には県境に巡査等を配し、入り来たろうとする遍路乞食に右の旨をつげさせる。第三には、県外のことについては策を講ずることもできないので、近県どうし警部長会議などによって以上の問題を協議する。最後に乞食等の行為を禁止する立法を行うと、おおむねこのような論旨である。

『土陽新聞』のこの論説は、巡礼排斥論としては、おそらく巡礼史上類をみないほどに体系的かつ理路整然とし、しかも説得力にとんだものである。先の日高村民による排斥決議も内容のうえでみごとに合致するところから、この論説に直接触発された面をもつということは十分に考えられよう。実際に『土陽新聞』の主張がどこまで広範な影響力をもち、具体的な方策として実現されたかは明らかではないが、同月二十一日および二十六日の同紙には、高知県内の警察が遍路乞食の徒の県外追放にのりだし、実績をあげはじめたとの事実が報ぜられている。(7)

このほか民間でなされた遍路とりしまり論ないし排斥論で、今日知られているものの数は多くはないが、前掲のものよりさらにさかのぼる明治三年（一八七〇）四月、土佐一宮神社から高知藩に出された伺書をあげることもできる。(8)これは、近年一宮神社の境内に他国から侵入した遍路切手をもたない遍路が徘徊し、火の用心も悪く、神前をけがす恐れもあって非常にこまるので、彼らに社内立入りを禁じてもよいかどうかという内容のものである。

また愛媛県今治市近在の県村（現今治市阿方）でも、年月不明であるが、次のような決議をなしている。(9)

定

遍路乞食其他物貰ヘ金穀食物等相与ヘサルハ勿論、宿泊等決テ致サセ申間敷、万々一此約定ヲ犯スモノハ近隣ヨリ直責シ大井分署ヘ引出スモノトス。若シ物貰来タ其場ニ居ル中ハ共ニ引出可申。又強談スル場合ニ至リテハ、近隣或ハ組合ニテモ村内ノモノヘ呼掛、共ニ尽力シ、立退カサルトキハ速ニ警察エ連出スヘシ。其者出頭セサレハ分署ヘ急報シ警官ノ指揮ヲ受クベキモノトス。右両所共約定致候上ハ、自今后堅相守可申、依テ約定証如件。

こうした決議が果たして村民にどこまで忠実に遵守されたかという点になると問題はおのずから別で、遍路に金品を喜捨して善根をつもうとする接待の習俗が、近代以降にも依然として濃厚に引き継がれているところから、右の決議の規制力を文字どおりに受けとるのはむずかしい。むしろ当時の行政当局の意向を背景にして、村落指導者層のイニシアティブのもとに決議がなされたと考えるのがおそらくはより順当であり、したがって、いくつかの遍路排斥決議がその後の村落内で、どのような扱いをうけたかは不明であるというほかはない。それにもかかわらず、以上のような遍路排斥論が民間から声高にさけばれるようになったという事実は、注目すべきことである。

いっぽう、行政当局者による近代初頭の遍路対策をみてくれば、いうまでもなく右に掲げてきたような民間の遍路観と歩調をともにしている。高知県の例をとれば、明治五年（一八七二）二月、「遍路・乞食体ノ者ハ所在村役人ニ於テ之レヲ国境ヨリ追放チ、且ツ人民タルモノ総ヘテ右体ノ者ヘ施物ヲナスモノアルヲ禁ス」として次のような禁令を出した。(10)

令

此節他県管轄遍路・乞食体ノ者入来徘徊致シ候趣ニ付、戸長以下什長ニ至迄精々遂二不審一、印鑑所持不レ致者ハ戸長作配ヲ以、最寄御境目ヨリ道払之首尾有レ之筈。

但捕卒・巡卒共見逢次第取計候時ハ、戸長ヘ引渡右同断作配ノ筈。

窮民札不二願受一者袖乞不二相成一候ニ付、当県・他県ノ無二差別一、縦令遍路体ノ者タリトモ、右札所持不レ致者ヘ食物・米銭等、総テ手ノ内ノ施致シ候議決而不二相成一旨、諸所ヘ掲示可レ致事。

先の日高村民の決議文中にある「兼而御布告ニモ云々有之」という件は、あるいはこの禁令を指しているのかもしれない。

同じ年の秋、香川県でとられた処置はやや趣が異なっている。(11)

仏法に沈溺するの情より、遍路乞食等へ一銭半椀の小恵を施し乞食等も亦甘じて小恵に安んじ、更に改心の期なし。却て害を招く基と相成、甚以宜しからざる儀に付、今後右等小恵を施し候儀堅く不相成、万一右の令にそむく者これあるにおいては、爾後其者厄介に申付儀も有之べく候条、何も心得違ひこれなき様致すべき事。但し其身体不具にして自存する事能はざる者は親族は申すに及ばず、其村町に於て厚く世話方いたし、他村他町間に袖乞致さざる様、戸長村御役人共取計可申事。

托鉢・袖乞に応じて施物を与えた場合、その者の厄介に申しつけるという処置は、この当時各地でとられた方策らしく、新聞記事によれば、京都府や埼玉県でも同様の事例をみつけることができる。すなわち明治五年（一八七二）六月の『広島新聞』六号によれば、埼玉県左和川村の農業某は乞食に施物をあたえ、かつ軒下に止宿せしめたかどにより、その乞食を厄介として申しつけられた。また明治十一年（一八七八）二月十五日の『朝野新聞』は『西京新聞』からの抄録として、京都府下では乞食に金品をあたえた場合にはその者に引き渡し、現場を押えられないときにはその町戸長に引き渡してやしなわせる旨、「総区長衆」よりの達しがだされたことを報じている。埼玉・京都の二例はいずれも乞食対策の一環にとられた方策であり、右の香川県の事例も「遍路乞食等」を対象とするように、托鉢する遍路は為政者によっても乞食と同一視されていたことがわかるのである。

ともあれ近代日本にとっては、たとえ四国遍路といえども門ごとに物乞いをして歩くことが、治安上このましからざる所業とみなされたことはいうまでもないことで、その後高知県内でも、『土陽新聞』明治二十三年（一八九〇）五月二十七日、同二十四年二月二十日、同年三月二十一日、同年十二月二十四日などの紙上に遍路狩りの記事をみつけることができる。(12) また大正七年（一九一八）高群逸枝は四国遍路の途次、伊予八幡浜に投宿した際、警察の遍路狩りを体験した。(13) 遍路の托鉢が生計の資を得るためばかりでなく、一種の習俗として行われることのあるのはよく知られているが、先の『土陽新聞』論説は、彼らにたいする接待の慣行をも非難の対象にしており、警察当局に習俗的托鉢を許容するだけの寛容性が果たしてあったかどうか、はなはだ疑問といわなければならない。

三 巡礼の規制と保護

ところで以上のごとき巡礼排斥論、少なくとも巡礼行為を行政の厳重な管理下におこうとする指向が、けっして近代にのみ特徴的であったのではないことは指摘しておかなければならない。たとえば天保四年（一八三三）の土佐国においては、

他国辺路往来之節屹度御国法有之入国之節御番所ニおゐて相改則番人申渡御国法甲ノ浦東股口ゟ松尾坂口迄日数三拾日ニ罷通順路之外脇道江入込候儀全不相成致順路中何ニよらす奇妙ヶ間敷仕業を以銀米取候様之術并勧化等ノ曾而不相成托銭を乞候輩志しを以相与へ候儀は格別貪リヶ間敷儀等申出候者於有之は村役人ゟ屹度申付筈(14)（下略）

というように、他国遍路が土佐国に出入国すべき番所、領内の通過日数、順路の指定と脇道にそれることの禁止、呪的行為、勧進・托鉢等の禁止等からはじまって、遍路にたいする規制はさまざまな面にまでおよんでいた。また、翌天保五年（一八三四）の布告をみれば、

四国辺路東西入口御番所改を受入来候者之内脇江入込日次切ニ相成御国法相背候者共他国無切手者等ハ隣村庄屋共立会之上遂詮議格段之事跡無之者は向後御国禁足申度始末召置東西入口并手寄之御境目ゟ追払(15)（下略）

と、違反者には再入国禁止を含んだ追放の処置をとるように指示している。これらの規則および処置は、天保年間にのみみられる処置ではなく、近世期全般を通じて土佐国でとられた政策であり、そして他国でも同様に定められてき

たものであった。したがって、先の『土陽新聞』提唱の方策は、実は必ずしも論説筆者の独創になるものでなかったことになる。

しかしまた、天保五年の布告の追い書きとして、明らかに当時の遍路保護のための指示が、次のように書きそえられていることは注意を要する。

私ニ云。拾歳斗之辺路日次切ニ相成候迚、松尾坂ヨリ追払ニ致シ候所、幼年ノ者ナルニ伺出不致大人並ニ取扱致シ杯、御役場向不首尾ノ事諸叓ニ付深ク心ヲ可入事。

この指示は、近世後期の農村の荒廃の進行とともに居村を食いつめ、妻子をともなって、いわば食うための四国遍路への旅立ちが各地にあいついでいたという当時の現実を、おそらく背景にしていると思われるが、それはともかく、庶民の旅行にたいするきびしい管理体制のいっぽうで、旅人、あるいは少なくとも遍路保護への指向が、施政者自身によってとられていたことを表現している。しかもその方針が、たんに「私ニ云」というごとく、すなわち当局者の個人的な見解として運用面でのみ実施されていたにとどまらず、多かれ少なかれ制度化されたものをもっていたことは、近世期全般を通しての傾向でもあった。土佐藩の例でいえば享保十九年（一七三四）の布告に、

御国他国共之辺路於村々煩付申共居所ニ而養生仕快気次第ニ出足仕筈爾来之通今以別儀無之候間弥右之儀御守（相カ）左様之者有之節は其村ニ而為致養生爰元江時々注進可有候勿論辺路御扶持米被遣候依之病気本腹不仕内は全送出し不中筈ニ候間愈此段堅可被相守候[16]（傍点筆者）

と、村々において行路病者の看護を義務づけ、「辺路扶持米」の制をさえ設けている。また貞享四年（一六八七）の土佐幡多郡奉行所記録には、病気になった遍路を同郡市野瀬村の「辺路屋」で手あつく看病したという記録が見える。[17] しかして、この「辺路屋」とは村営の遍路宿泊施設のようなものであったと推察されるのである。[18] さらにこの方針の

一環として、行路病者の「村送り」の制が、かつては各地にあったことも知られている。[19]

だがそれだからといって、近世幕藩体制下での旅人の保護政策を過大評価するとしたら、あまりにも事実に反しよう。近世の旅行がけっして自由でなかったことは、いまさらいうまでもないことである。しかしそれにもかかわらず、近代における旅の全面的な自由化が逆に、一部ではあれ極端な巡礼排斥論をもたらし、反面近世的体制の管理下での旅が、限界はあるにしても官民あげての一定の巡礼保護政策に結果したとするならば、為政者を含めて、旅人あるいは巡礼をむかえる人々の側の心情のなにかが、確実にかわってしまったのだと考えざるをえない。

土佐藩の遍路政策を通観してくると、文化文政期頃をめどにして一線を画することができるかもしれない。それ以前は出入国の手続き、巡拝日数と経路の指定、呪術行為の禁止など、主として治安上の問題として捉えられているのにたいし、それ以後になると托鉢や接待の禁止、領民の四国巡拝の制限などといった経済的配慮が、以上の問題につけ加えられてくるからである。もちろんそれは、食うための乞食遍路の輩出という社会の一般情勢と表裏の関係にあるのだが、文化文政期以前にも、本来寺社参詣と乞食の存在はきりはなせるものではなかった。ただそれが、一国の経済にとって無視できないほどの問題に拡大していったことは確かであろう。こうしてついには、「近年……専ら乞食同様之族余計入込み、動は不法之儀有之不而已、老幼並病体之者共数百人行掛り令病死、実に御厄介不絶事に候」[20]というような、先の『土陽新聞』論説の趣旨とはからずも重なりあってしまうような土佐藩の見解が生まれてくる。しかも近代の遍路排斥論が、為政者の政策遂行の水準からばかりでなく、都市知識人や、四国遍路の習俗を支えてきた、ほかならぬ村落共同体のなかからさけばれるようになったということのもっている意味は、きわめて重大だろう。

四 結語

近世末期から進行したと思われる、主として為政者側からの巡礼観の推移は、近代にはいると、巡礼は乞食・物乞いの類にほかならないとする視点が次第に強調されるにいたり、少なくとも制度的に保護の対象とはされなくなってくる。しかもその視点は全国的にみればひとり巡礼にかぎらず、あらゆる遊行を本旨とする宗教者たち全体におよんでいくものであったと考えられる。近代初頭にはおそらくこうした方針にのっとった施策が、次々にうちだされてくるのである。

まず明治四年（一八七一）十月十四日、太政官布告により、

平民廻国修行ノ名儀ヲ以テ六十六部ト称シ仲間ヲ立寄宿所ヲ設置米銭等ノ施物ヲ乞ヒ候儀自今一切禁止候事

と、六十六部が禁止される。四国遍路等とならんで有力な廻国巡礼の一つである六十六部の禁止は、「米銭等ノ施物ヲ乞」うことも理由の一つに考えられるだけに、各地の巡礼対策に大きな影響をおよぼしたであろうと思われる。

ついで同月二十八日には普化宗、すなわち虚無僧が禁止され、翌明治五年（一八七二）十一月九日には僧侶の托鉢行為そのものが禁じられた。普化宗廃止の真意が奈辺にあるかは定かでないが、彼らの存在形態からいって、一連の遊行宗教者政策の一環に位置づけることが可能だろう。時代はやや下がるが、明治十八年（一八八五）から翌年にかけて、京都あるいは東京で、それぞれ虚無僧狩が実行されたとの新聞報道がある。[21] また托鉢の禁止が巡礼におよぼす影響は、いうまでもなく普化宗廃止よりはるかに大きい。一片の法令により巡礼の托鉢が根絶するはずもないが、明治十四年

（一八八一）八月十五日には托鉢禁止をひとまず解除し、それにかわって、

托鉢者ハ如法ノ行装ニテ免許証ヲ携帯シ行乞スルヲ常トス。施者ノ請フアルニアラサレハ人家ニ接近シ濫リニ歩ヲ駐ムヘカラス。且施物ハ施者ノ意ニ任セ敢テ余物ヲ乞ヲ許サス。

等と、資格・時間・方法などに細かい規定を設けることにより、当該機関の厳重な監督下におこうとする方向に転針している。(22)

けれども問題は、このような一連の施策が為政者側によってとられたということにあるのでなく、同様の認識が近代知識人や村落指導者たちの眼を媒介にして、一般の民衆にまでおよんでいったということ、いいかえれば当時の社会全体が巡礼もしくは遊行宗教家＝乞食という図式を、一定の限界はあれ、共有しはじめたというところにある。というよりは、本来村を訪れてくる巡礼等の宗教的旅人とは、村人にとっては哀れみ、敬い、かつ厚遇すべき者であるとともに、恐怖し、蔑み、遠ざけるべき者でもあるという両義的な感情の対象であったが、その一方が社会的条件の変化にしたがって、より強調されるにいたったと理解すべきであろう。

だが乞食観そのものにも、またいくたの変遷があって、その過程は先の巡礼観の推移の過程ともパラレルである。それゆえ、訪れてくる巡礼や旅人を受け入れることのできない社会とは、乞食を貧民として、社会的脱落者として遇することしかできない社会と等しい。伝統的な乞食観にかわる、いわば近代的乞食観の形成がここにはある。

その一例をあげるにとどめれば、一八八六年（明治十九）四月九日の『朝野新聞』は、その筋においては、「浪遊者処分法」を制定し、乞食を北海道におくりこんで土地開墾に従事せしめようとの案が検討中であると報じている。ここにはかつて乞食と呼ばれる階層が果たしていたさまざまな社会的役割のいっさいを否定し、逆に近代国家としての国力増強に役立てるべき浮遊労働力とのみ位置づけようとする、まさに近代的論理につらぬかれた姿勢をみてとるこ

とができよう。

しかし、かつて乞食とは必ずしもたんなる貧民の謂ではなく、遊行宗教家・芸能民・渡り職人などの流浪漂泊を基本的な生活様式とする流民のカテゴリーにむしろ相当する概念であって、しかも彼らが直接に土地を管理することなく、したがって直接に衣食をみたす手段をもたない以上、彼らの生活である旅行は物乞い以外のなにものでもなかったはずである。そして、彼らはかつて村と村との間の交易や文化の交流の重要な担い手であり、ときにはハレの日に外から村を訪れきたって村を祝福してかえるまれびとそのものであり、さらには定着農耕民の側に即してみれば、共同体自身が成人儀礼などの形で旅の輩出母胎であったし、七軒から米をもらいあるいて食べれば、ものもらい（麦粒腫）や胸病みが治るという習俗に典型的にあらわれるように、その内部においてさえも、旅と物乞いへの指向を根強く保持してきた。これらのことを思えば、近代日本における旅人や乞食を受容する社会基盤の喪失とは、共同体のありかた、そこでの宗教のありかた、そしてわれわれの文化の本質的なありかた等々の根底にもかかわってくる問題であるはずだろう。

そこで最後に、半世紀前に書かれた、柳田国男の旅と文化とのかかわりを論じた文章の一節をふたたびかりて、この章をしめくくることにしたい。(23)

人が親類を持たない村里に入つて見ることは、大抵は不可能になつてしまつた。街道は常に自動車の煙埃を以て霞むほどの往来があつても、脇道は知つた顔しかあるいて居ないようになつてしまつた。たま〳〵来る他所者には、油断のならぬやうな用件ばかり多くて、異郷の事情を心静かに語る人も無く、又我土地を外の人に語り得るまで、知つて出て行く者もめつたには無いのである。安宿無料宿泊所の急迫した需要以外に、人が晴では無しに相逢うて話をするやうな機会を、何とかして新たに設けて見ないと、この旅行道の大いなる衰頽によつて、一旦失うたものは補塡する途が無いことは、町も小さな市も村とかはるところが無い。しかも我々は好奇心をまだ多く剰して居る故に、中央の消息ばかりがただ急劇に流れ込むことになつたのであつた。

注

(1) 柳田国男『明治大正史・世相篇』(『定本柳田国男集』二十四巻〔一九七〇年、筑摩書房〕)二六二ページ。
(2) 岡田喜秋『旅について』講談社現代新書、一一~一二ページ。
(3) 高知県高岡郡日高村植田家文書「大小区公撰民会ニ関係スル議事按文」(広江清編『近世土佐遍路資料』〔一九六六年、土佐民俗学会〕)一三~一四ページ。なお便宜上句読点を付した。
(4) 接待と呼ばれる習俗は単に遍路に金品その他を施与することにとどまらず、現世利益等なんらかの宗教的効果を期待する一行為であった。それゆえに接待は習俗化し、四国遍路を側面から支えてきたのである。
(5) 注(3)前掲書、一四~二〇ページ。
(6) 平尾道雄「四国遍路考」(『近世社会史考』〔一九六二年、高知市立市民図書館〕)三〇四~三一〇ページ。
(7) 注(6)前掲書、三〇九~三一〇ページ。
(8) 注(3)前掲書、一三ページ。
(9) 越智三渓・斎藤正直編『松山領野間郡県村庄屋越智家史料』(一九七五年)三七ページ。
(10) 注(3)前掲書、七五ページ。
(11) 『新聞要録』三号、一八七二年一〇月。
(12) 注(3)前掲書、二〇~二一ページ。
(13) 高群逸枝『お遍路』(一九三八年、厚生閣)二六六~二七〇ページ。
(14) 天保四年五月三日付、三浦宅左衛門・野本源左衛門より沖甚右衛門・山本八之丞宛書状「覚」(注(3)前掲書、五八~五九ページ)。
(15) 天保五年五月十一日付、野本源左衛門より沖甚右衛門宛書状「覚」(注(3)前掲書、五九~六〇ページ)。

(16) 享保十九年十一月二十日付、井元紋右衛門他一名書状（注(3)前掲書、三三〜三四ページ）。
(17) 「幡多郡訴并諸品目録」より（注(3)前掲書、七〜八ページ）。
(18) 坂本正夫「四国巡礼を迎える村人たちの思想」（『自然と文化』昭和五十三年春季号〔一九七八年〕）二二ページ。
(19) 内藤二郎「幕藩期庶民旅行とその保護施設」（『日本歴史』一七五号〔一九六二年〕）一七〜二五ページ。
(20) 天保九年（一八三八）四月、藤崎柿之丞外一名書状「覚」（注(3)前掲書、三〇二〜三〇三ページ）。
(21) 『朝野新聞』一八八五年七月二日、『東京日日新聞』一八六六年一月一九日。
(22) 内務省達乙第二号。
(23) 注(1)前掲書、二七一〜二七二ページ。

第二章 講と霊場参詣

一 はじめに——現代社会と講集団——

一般に「講」とか「講中」などと呼ばれている信仰結社は、日本の伝統的な民俗社会にあって、人々がその宗教心意を表出する回路としてきわめて重要な機能を担い続けてきた。いっぽう、たとえば一九六〇年代にはじまった高度経済成長期を経過することにより現代の日本社会がこうむった大規模な構造変動のなかで、従来の神社・寺院を核とする宗教体系、ことに氏神や葬祭寺院に結集するムラやイエの宗教はかつて経験しないほどの大きな変貌を余儀なくされたが、講もまた例外ではなかった。たしかに従来の民俗社会にみるかぎり講と呼ばれる組織が果たしてきた役割の衰退はいちじるしい。しかしそれは講集団と呼ばれる結社形態の必然性が消えていった結果というよりも、主に地域社会のありかたの変化や、さらにいえば近代以降の社会のなかでの宗教の存在形態そのもののドラスティックな変化にともなう現象というべきであって(1)、地域社会と一定の距離をおいて成立する宗教団体、そのなかでも伝統的な仏教・神道系諸教団あるいは寺院神社にとって講中はいまなおかなり有効なシステムなのである(2)。

ところで「講」という言葉は元来、中世における寺院の講会、すなわち講経・法会の省略形だといわれる。しかしこれを第一義として、講は実にさまざまな方向に発展してきた。実際、いっぽうには庚申講や二十三夜講のように明確なイデオロギーをもたず、ムラの習俗のなかにほとんど全面的にとりこまれてしまった講中があり、もういっぽうには既成の仏教諸宗派や新宗教教団の強力な教理統制のもとに組織される講が存在する。(3) そしてこの間には観音講や地蔵講・念仏講など、もともとは特定の宗教イデオロギーに基づいて結成された出自をもちながらも、実情は講中ごとの自主性にしたがう部分の方がはるかに大きいというようなバリエーションが無数に生まれた。(4) 今日の社会にあってさえも講集団の実態はあまりにも多岐にわたっていて、全体の姿を捉えるのはきわめて困難である。

そこで今、本章では伝統的な講集団のうちでも参詣を主な目的とする結社に対象をかぎろうとする。というのはこのタイプの講とはつまるところ教団なり霊場なり、要するにすでに存在する宗教上の価値体系と個々人の信仰とを媒介する機構にほかならないからであり、また今日の社会にあっても講集団が依然として命脈をたもっているのは、まさに右の機能のゆえであったと考えるからである。

二　民俗社会と講集団——その多様性——

第1表は昭和五十六年四月から翌年三月にかけて、神奈川県厚木市教育委員会が厚木市全域にわたって行った講の実態調査の集計結果である。(5) 前節で掲げた目的にもかかわらず、しばらくこの表に基づいて講というものをまず多様性の側面から通観しておきたい。

神奈川県のほぼ中央、西部山間地帯と東側の平野部とのさかいに位置する厚木市域には三六の旧近世村が含まれる。前記の調査によれば、これら三六ヵ村には九五種類もの講がかつて存在し、あるいは今もなおとり行われていること

第1表 講別採集資料集計

No.	講名	伝承資料	資料	No.	講名	伝承資料	資料
1	愛染講	1		49	太子講	15	2
2	秋葉講	14	11	50	大師講		1
3	朝日講		1	51	太神宮サン	1	
4	愛宕講		1	52	太々講		2
5	イシガミサン	1		53	題目講	33	14
6	伊勢講	13	8	54	大六天講	1	1
7	一心講		2	55	津島天王		1
8	イドッケイノナカマ	1	1	56	積金講	1	6
9	稲荷講	97	9	57	天照講	2	
10	ウブスナ講	7		58	天神講	1	1
11	馬持仲間		6	59	天王講	10	
12	江の島講		1	60	灯明講	1	
13	エビス講	2	1	61	道了講	5	
14	オアズマサン		1	62	成田講	1	
15	大山講	40	4	63	二十三夜講	21	8
16	オケーリンサン	1		64	二十六夜講	3	2
17	オキナ講	1		65	年始会	1	
18	オモリ講	1		66	念仏講	127	106
19	御嶽講	1		67	白山講	1	
20	ガッセイ講	2		68	八幡講	1	
21	茅講	6	1	69	榛名講	4	1
22	勧化講		1	70	日待	22	2
23	観音講	6	22	71	雹まつり	12	2
24	甲子講	2	2	72	富士講	2	3
25	共楽講		1	73	仏旦講		1
26	共和講		3	74	不動講	17	4
27	敬神講		2	75	弁天講		2
28	講中	8		76	報恩講	2	
29	厚情講		1	77	報徳講	3	1
30	庚申講	51	153	78	丸山講		1
31	光明真言講		2	79	御嶽講	12	3
32	金比羅講	2		80	三日講	1	
33	山王サン	9	1	81	三峯講	1	
34	寺院再建講（隠徳講）		2	82	巳待講		4
35	地神講	114	12	83	宮元講	1	
36	地蔵講	10	5	84	無尽	134	17
37	十二会講		1	85	明治神宮講	1	
38	十二天社講		1	86	薬師講	2	1
39	十夜講	3	3	87	山の神講	16	2
40	神風講		1	88	有信講		1
41	神明サン	1		89	養蚕講	2	1
42	水神講	7	1	90	予備金講		1
43	水天宮サン	1		91	若者中（以下追補）		3
44	諏訪講	1					
45	正実講		1	92	大会念仏		1
46	積善講		1	93	関東女人講		1
47	膳椀講	49		94	景勝講 知恩講		1
48	相続講		1	95	梅花講	4	

が明らかになった。講集団の数は、伝承によって確認されたものが九一三例、古文書や金石文などの歴史資料によって確認されたものが四六一例にものぼる。つまり単純に平均して三六ヵ村から各三八例余りの資料が集積されたことになる。もちろんここには遺漏も重複もあるし、すでに消滅したものも含まれての数字であるから、合計一三七四例が厚木市域における講の総数というわけではない。それにしても講の存在事例がこのような多数を数えるにいたった

のは、後述するようなさまざまの事情によっているのだが、かつて近世以降の国家レベルの政治体制によって制度化された、ムラ鎮守の氏子制や葬祭寺院の檀家制などにみられる信仰者組織を対極においてみれば、なによりもかぎられた一地域内に相当数の講が並存しうるという事実に、民俗的な宗教組織のなかで、講の一つの大きな特色を見出せるはずである。(6)

ところで講の名称は、おおむねその講の主な目的をあらわしている。そして厚木市域においても講の名称の分布から、圧倒的多数が特定の神仏や崇拝対象を結束の中心におく宗教的な講であることがわかる。この点は少なくとも講概念の歴史的な意義を反映しているといえる。

これにたいして、膳椀講とか無尽講など経済互助を目的とする、かなりの数の講が数えあげられている点にも少々注意をはらっておかなければなるまい。無尽講はまた頼母子講といった名でも全国各地で行われていて、近世以降の社会にあって庶民金融の役割を果たすと同時に、しばしばレクリエーション的機能を主目的としてもつことがあった。厚木地域の無尽講も同様な傾向があり、名称のさまざまなちがいはあれ、経済機能単独で行われている無尽講はおよそ半数にすぎず、残りの半数は他の講と習合していた。さらにその過半数は地神講に含まれている。

当地方の地神講は年二回、春秋の社日に行われる講である。厚木市内の地神講に関する資料の初見は寛政二年（一七九〇）であり、おくれて文政二年（一八一九）以後明治十六年にいたる約半世紀の間に一五基の地神塔が市内に建設された。厚木市による調査では一〇〇を超える講中が確認され、ほとんどのムラに存在していたことがわかった。地神の神格にはややはっきりしないところもあるが、祭日である社日とは春分・秋分にもっともちかい「つちのえ」の日のことをいい、土の神をまつって作物の生育を祈ったり収穫を感謝する日とされているところから、農村の行事日として早くから根づいたものであろう。したがってこの講がいっぽうでは信仰習俗に由来する集団でありながら、他方で神格上農家の生業そのものと強いかかわりをもっているると考えられたことが、金融機能との結びつきを促してきたものと思われる。

というより多くの地神講は農村の民間信仰に基づきながら、活動の実態は無尽講であり、しかもその積立金で購入する品物は地神への信仰には直接結びつかない農具であった。しかし目を転じてみれば、月々の積み立ての目的がその講本来の目的に合致する例がないわけではない。多くの場合そのような講とは遠隔地の神社仏閣への参詣を目的とする講である。それも歴史的にみれば、最初のうちは自分自身の参詣のためであったのが、のちには月々少しずつ金を積み立てて数名の代表者を毎年おくりだす代参講という運営方式が考えだされた。これもまた一種の宗教的無尽講にほかならない。そしてたとえ積み立ての目的が宗教的内容に限定されたものであっても、ムラにおける経済行為の一つである以上、社会的に果たしている意義を無視するわけにはいかない。

というのは、参詣講は村落内で完結する通常の講組織に比べれば、はるかに多額の費用を必要とするうえに、前近代の社会にあって宗教的無尽講が果たしてきた機能は、今日のそれよりもはるかに大きかったからである。(7)新城常三は、①中世伊勢講資料の大半は憑支（頼母子）とか憑支講などと当時呼ばれた金融機能に集中していたこと、②嘉吉年間以来たびたび幕府の徳政令から保護された伊勢講銭なるものもおそらくはかかる性格の金銭であろうこと、(8)③これらはひとり伊勢講にかぎらず熊野講や住吉講その他、当時日本各地に講中を組織して新しい信者層を開拓しつつあった寺社の講集団に共通した傾向であること、(9)④金融や共同飲食をとおして講の会合が講員、つまり農民たちの親睦をはかる機会となり、ひいては社会的結束を強固にする契機としてもはたらいていたこと、⑤そして講をはぐくむ社会的条件の成熟は同時に村落内部に講以外の小集団の形成をみずからみちびきだす可能性を生むにいたったことなどの諸点を指摘した。(10)つまるところ講の存在と成長は、たんに宗教的側面にとどまらず、中世農村の発展そのものに大きく寄与していたことを私たちは知るのである。

それればかりか近世以降現代にいたってさえも、講集団が地域の社会組織と密接に重なる事例は枚挙にいとまがない。厚木市域にみられる講の多くが近世の村と考えられる範囲＝大字よりは、より小さなムラ組＝小字を単位とする例が多い点に着目しなければならない。講は制度的に規制される面を多分にもつ近世の「村」よりは、日常の生活をなりたたせるうえでより多くの役割を担ってきた近隣集団＝ムラ組に支えられながら維持される宗教結社であり、かつ社会組織なのである。実際、講の集会がムラ組の総寄合いをかねている例はこの土地でも珍しくない。これは講の重要な機能の一つである。(11)

ただこの場合でも、講を結成するのはムラやムラ組などの地域社会そのものではない。だから仮に講が集団として掛軸を新調したり供養塔を建立したりするときにも、建立の主体を銘記するにあたって、「文化十一年　酉六月　念仏供養塔　打越村中」などと村名を書きしるすにとどめるよりは、「百番観音供養塔　念仏講中」と講中の名を明らかにするか、「天明八年十月　講中十四人　庚申供養塔」と人数までしるしてみたり、「文化十四酉年正月十六日　講中　花上七右衛門　庄兵衛　次郎右衛門　伏見杢右衛門　清恵山　庚申塔」のように講中の構成員の名前までいちいちしるしたりするケースの方が一般的になる。このような現象も講の大きな特徴といってよい。

そして要するところこれは、講へのメンバーシップに個人としての資格が色濃くあらわれていることを意味している。少なくとも他の村落的社会諸集団、たとえばムラ鎮守の氏子組織や檀那寺の檀家組織にみられるような強制的制約や、世代をこえた家としての連続性の強調は希薄であるといわなければならない。ムラ鎮守の頭屋制度や宮座制度下にあっては、氏子としての一定の資格を得るまでに一〇年以上から、ときには数世代にわたる永い年月を必要とすることさえもあるのである。それに対して講組織では講の創立も加入も脱退も運営も原則として参加者一人一人の個人意志にゆだねられていて、はるかに自由である。すなわち講は元来が、相対的にではあるけれども、なによりもまず同志的な連帯によって結びつけられた宗教集団なのである。

さて、先の第1表によってもう一つ確かめられたのは、ムラの外にある神社仏閣への信仰をめぐって結成された講、いわゆる参詣講とか代参講などがかなりの割合を占めていることである。秋葉講・大山講・江の島講・金比羅講・伊勢講・御嶽講などの名がここには見える。この点もまたある意味では講の永い歴史を反映しているといってよい。というのは十五世紀はじめごろの伊勢（神明）講などをほぼ上限にして、このころからしきりに姿をみせる講という名の信仰結社の基本的な性格は、やはり遠方にある寺院神社への崇拝・参詣を目的とするところにあったと考えられるからである。(12) けれども次節以下で検討するように、民俗社会において寺社参詣講はある意味で相反する方向を指向してきた。

三　成人儀礼と巡礼講

かつて霊山登拝や遠隔の寺社参詣が若者たちの成人儀礼という意味あいをもったことはよく知られている。日本各地にいまも信仰の風習をたもっている山々のほとんどが、その土地の若者たちにとってはまた格別の意義をもつ山であったといってさしつかえない。またときには西国三十三ヵ所観音霊場や四国八十八ヵ所霊場などのように、単一の霊場としては捉えがたい霊場への講中としての参詣が同様な意義をともなうこともあった。本節ではそのような風習についてふれておきたい。

ただこうした成人儀礼としての巡礼の風習はさほど広い範囲に広がっているわけではない。四国遍路の場合には四国地方と中国地方の主に瀬戸内海に面した地域、西国巡礼では京都市郊外のかつての農村地帯などにほぼ限られているようである。そしてことに前者では講中の形態を必ずしもとっていたのではないが、一応の比較のためにこちらの慣行についても略述しておくことにする。

岡山県笠岡市の白石島など笠岡諸島では、明治時代の末ごろまで、結婚まえの娘たちによる四国遍路が非常に盛んであった。むしろ四国遍路をすることによって結婚の資格が得られるとさえ考えられていた(13)。

娘が遍路にでるときはイッケ（株内）、親類、友人や懇意の家などから餞別がおくられ、親の方も年ごろの娘のために暮らしをきりつめてまで準備をしてやったものだったという。それだけに無事帰ってくると、「お四国からお下向おめでとうございます」とだれもが祝い、親の方でも娘に晴着をきせて、「娘がお四国から下向しましたので、お接待をします」といって、餞別をくれた家の人々をよんで盛大にごちそうをした。また娘たちは四国巡拝から帰ってくると、四国遍路のときの装束のままで白石島の八十八ヵ所霊場を巡拝した。これをお礼参りと称していた。

白石島のある老女は、十七歳のときに四国遍路にでて、三八日間でひとめぐりしたが、その間ずっと、嘘をいったり、悪い心をもつと無事に遍路をおわれないという気持を強く持ち続け、正直で良い嫁になる覚悟がそのときにできたという。成人儀礼としての巡礼にはたんなる習俗でおわってしまわない何かを非常に強くもっているのである。

さて、いっぽうの西国巡礼の方はどうであっただろうか。以下に紹介するのは大正期の聞き書きによるもので、だいたいは当時行われていた風習と思われるが、なかには明治初頭にすたれてしまったものもある(14)。

京都市郊外のムラムラにつたえられていた観音講のなかには、かつて西国巡礼をするという風習のところが少なくなかった。この地方の観音講の構成員には大別して二種類があった。一つは壮年以上の男女あるいは老女たちが月に一度集まっては講をいとなみ、ときおり有志をつのっては西国巡礼をするというものであり、第二は観音講に所属する若者たちが西国巡礼をするものである。

前者の場合、講の寄合いの日どりはおおむね月の十七日であった。ほとんどは講員の家をまわり番の宿にして集まりをし、寺は関与しない。なかには綴喜郡大住村の観音講のように、「寺の観音講」「自前の観音講」とがあって、自前の講中の方が同年会で親睦をかねた「西国」をするところなどもあった。

後者のケースについては、各地の事例をもう少し詳しくみておくことにしよう。

講中の結成方法や月々の寄合いのもちかた、および西国巡礼の方法などはムラごとに少しずつちがっているが、明治期の久世郡寺田村寺田では次のようであった。ここでは十五歳のころに、二、三歳の年齢のひらきごとに組をつくって観音講と称した。一組は四、五名から二、三十名でだいたい月に一回ぐらいのわりで寄合いをした。宿の床の間には三十三ヵ所観音の掛軸をかけるところもあれば、とくにかけない組もある。普通は外来者もうけいれる。そしてこの若者たちは、二十歳前になるとかならず一同で「西国」にでかけるのである。

「西国」をするのは組の年長者が徴兵検査をうける年齢にさしかかったときというのが慣例になっていた。旅費は頼母子をおとし、それでたりなければ近在の裕福な家から金を借りて補った。日程は農閑期の二月ごろがあてられる。出発の前日には「笠揃え」といって笠や縮緬の袋などを用意した。そして氏神水渡神社に参拝し、村内の有力者の家の門前などに立ってご詠歌をあげるならわしになっていた。

出発当日は家族たちに見送られ、ももひき、きゃはんにわらじがけ、普段着のうえに久留米がすりのひとえをはおり、ひきしまった姿ででかけたものであった。三三ヵ所の札所をめぐるのは当時のことであるからすべて徒歩であった。したがって困苦欠乏に耐え、まことに苦しい旅ではあったが、またいっぽう同い年どうしの気楽なことこの上ない、愉快な行楽であったともいう。

一行はまず伊勢参宮をなし、参拝後伊勢付近で数日を遊楽についやしたあと、いよいよ西国巡礼の旅に出発する。といっても札をうつのはせいぜい京都から南半分の寺々にかぎられるのが通例で、後半つまりおおむね北半分の札所は「北知らず」といって巡拝することはあまりなかった。(15) 旅行中は足の速い者が先にいって、その日の宿をとるのがならわしで、宿の交渉がまとまると、その前に菅笠を目じるしのためにつるしておくことになっていた。こうして熊野の那智から順に札を打ちすすんだ観音講のメンバーは、奈良興福寺の南円堂を最後に帰村する。この間二十二、三日の日数を要した。

一行がもどってくると、ムラ人はムラの手前までサカムカエにでる。帰ってきた若者たちは氏神の絵馬堂に参拝し、同行何人と書いた札を奉納する。また不在中に「留守見舞」をおくられた親類縁者や近所の家に対しては土産をとどけた。

以上は明治時代の観音講のありさまであった。このようにして西国巡礼にでかけた同行のあいだがらはその後もきわめて親密で、老人になるまで、二、三ヵ月に一度くらいのわりで寄合いをするのが常であったという。そしてもっとも盛んなころには毎年二組、三組もの「西国」が出発し、なかなかにぎやかなことであったという。

さて京都郊外のかつての観音講とそれにともなう西国巡礼の様子を、一つのムラを例にとって紹介してみた。この地域には同様の習俗をかつて伝えていたムラがほかにいくつもあり、その内容は少しずつ異なりながら、大きな傾向としてはほとんど共通していたといってよい。そのなかでもっとも特筆すべきは、西国巡礼が成人前の若者にとって必須の行為とされていたこと、そして同年齢のグループによって行われていたこと、の二つになろう。

右の第一点は、先の瀬戸内海沿岸地方における四国遍路に相当する。若者たちはこの大きな旅行のなかで彼の人となりを確かめられ、一人前と認められるのである。だから「観音講は甲斐性定め」といわれ、西国をしてくるともうへたなことはできない。無責任なことをすれば「もう大人やないか」と満座のなかで笑われる。旅をつうじて一段とたくましくなって帰ってくるであろう息子を両親は心まちにまっている。だから子供が西国にいよいよでかけるとなると、親はどんな苦労をしてでも旅費を工面してやる。また借金の申し込みをうけた家の方でも、それが観音講の「西国」のための費用だとなれば、「西国金」と称してけっして拒むことはしない。むしろ積極的に無利子で貸してやる風さえもあったという。あるムラでは観音講とともに伊勢講があり、前者は西国巡礼、後者は伊勢参宮をするのがならわしであったが、ある若者は「伊勢講は遊楽だが、観音講は修行」と語ったという。もともと伊勢の古市は参宮後の遊興の町として有名であったし、先の寺田でも西国巡礼の途中、参宮のあとは神宮付近で遊楽に数日をすごすということであった。だから右の言葉は、この地方における両参詣の意義のちがいをあらわしているだけでなく、家や社会から若者にかけられた期待の大きさをも雄弁に語っているのである。

また同時に、西国巡礼同行者の連帯は今日の私たちの想像をはるかにこえるものであった。乙訓郡向日町（現向日市）物集女では「西国」をともに行った組を「どーぎょーわな」といい、生涯にわたるつきあいが続けられる。氏神様の神事、妙見様の用事など信仰に関することの手伝いをはじめとして、仲間中に病人があれば親身もおよばぬ看病をし、入営のときは「わな」からのぼりをあげ、兄弟同様の相互扶助を行った。こうした親密感も苦労や危険の多い旅のなかでつちかわれたものであった。実際あるときには海をわたる船が紀州沖で遭難し、一行全部が海中に没してしまうことさえあったというほど、難船・疫病・盗賊等いくつもの危険がこの旅にはまちかまえていた。

また見のがせないのは、こうした同行集団が上下に何世代もわたって積み重なり、年齢階梯的な村落構造を形づくっていた点である。新しい世代の観音講が巡礼にでるにあたって、年長のグループはすみずみまで指導にあたり、持ち物などについても手おちがないように入念な点検の手間をおしまない。旅費の工面にあたってやることさえあった。旅だちの見送り、下向の際のサカムカエにでていくのも先輩グループの大事な役割である。右に述べた同世代集団の連帯感情もこうした村落構造レベルの重層的な年齢秩序のなかに位置づけられなければならない。

しかもそのような社会的秩序は、当該社会内部で完結してしまうものではけっしてなかったという点にも十分な関心をはらっておく必要がある。宗教的側面にかぎっても、氏神や同族神、檀那寺など社会内部に求心的に収斂していく信仰の契機にたいして、とくに若者が一人前の社会人として承認を与えられるさいに、遠隔地の寺社や山岳への旅が義務づけられるという風習は、かつての民俗社会にあってごく普遍的であった(16)。成人というそれ自体は個人に属する人生の一段階を共同体全体で共有するためには、村外への参詣が必要であった。いうなれば個人性と共同性という社会生活の二つの局面を、参詣=旅という行為が媒介しているのである。日本の寺社参詣を主要な契機とする旅の習俗は、自発的な宗教心意や巷説によく指摘される遊楽の機会としてのみ存在してきたのではけっしてなく、社会機構そのものを新たな世代によって再生産し、活性化するための重要なモメントとして機能し続けてきた。そして多くの地域社会にあって、旅の機会はいまみてきたような寺社参詣を目的とする講集団によって提供されてきたのであった。

四　大師講と新四国霊場

岡山県美作地方には弘法大師の信仰にちなむ、さまざまな形での八十八ヵ所霊場が点在している。真庭郡北部の山山谷々をめぐる、いわゆる「山中大巡り」や、久米郡旧垪和郷の垪和霊場、苫田郡の加茂谷を中心とする加茂谷八十八ヵ所霊場などをはじめとして、ごく小規模のものまで含めれば、大小無数といってよいほどである。そのなかでもここでは真庭郡落合町のほぼ全域を含み、隣接する久世町・勝山町の一部にまでひろがる旭大師霊場に関する信仰習俗を中心に述べることにしたい。(17)

旭大師霊場の発祥について、『落合町史』(18)では次のように説いている。

明治二十三年三月、落合町垂水の森屋（屋号）の当主川森某が発願者となり、近在のムラムラの数人を発起者とし、さらにほかの世話人たちとも談合のうえ、前記の町々を含む当時の九ヵ町村内にある寺院仏堂をめぐる弘法大師八十八ヵ所霊場がもうけられることになった。その議をうけて川森某はみずから四国霊場を巡拝し、各札所から画像の弘法大師の分身を勧請してきて旭大師霊場の札所に安置したのである。

伝えるところによれば、発願者の川森某はそれまでにも四国八十八ヵ所霊場を二一度もめぐった、弘法大師への信仰の非常にあつい人であったという。そして右のような事情により、落合町垂水の通称森屋の大師堂が旭大師霊場第一番の札所とされたのである。

ところが開創についてはこれとやや異なった事情も実は伝えられている。(19)

明治のはじめごろ、先の発起者の一人でもある落合町上市瀬の岡本某が四国霊場を巡拝しておかげ（利益）をうけたといい、そのお礼まいりとして近在の七ヵ寺めぐりをはじめた。やがて岡本某はこれに二人の同行を得、また次第にこの三人とともに巡拝する人がでてきて、明治二十年代にいたってようやく旭大師霊場が成立した。はじめは岡本某の檀那寺である等輪寺が旭大師霊場巡拝の打ちはじめ（一番ではない）であったが、それでは巡拝期間中の宿泊地がいつでも同じになってしまうというので、現在行われているような当番区制にかわっていった。

以上二つの伝承のどちらによるにせよ、今日の旭大師霊場の成立が明治二十三年ごろであったことは間違いないところのようである。しかし、当地方から本四国霊場巡拝にでかける人々はしばしばあり、またそのような人々によってひらかれたのであろう新四国霊場もすでにいくつかはあった。[20]そして江戸時代末にはすでに存在していたといわれる七ヵ所めぐり、三ヵ所めぐりなどの風習が、大師霊場の信仰とは必ずしも直接には結びつかないにしても、この地方の大師信仰のありかたとけっして無縁でないことは、前記の岡本某らの行動にみてとることができよう。

さて、旭大師霊場をめぐる信仰活動は、旭大師講なる講中組織によって担われている。[21]旭大師講は数ヵ大字ぐらいまでを単位として、いわゆる大講の当番となる三二の組と、三〇〇人あまりの世話人、および二五ないし二六の寺院からなりたっている。[22]

この霊場の札所をみると、第一に前記寺院の本堂や境内に附属する諸堂をこれにあてたものがあげられる。札所の第二のものはムラムラの堂である。これがおそらく数としてはもっとも多く、ときに歴史的にもとおくさかのぼることができ、しかもムラ人たちの日常の暮らしや信仰にとっても大きな役割を担っている。たとえば落合町余河内地区の観音堂は集落のはずれの木立のなかにあり、かたちは四方ふきぬけの四つ堂といわれるもので、正面に十一面観音をまつっている。ここでは昭和四十年代まで、盆の十七日から十九日までのあいだ、ムラ中およそ七〇戸から各戸一人ずつでて交替でおこもりをする「二夜三日のおこもり」という行事をしていた。

同町上市瀬の大師堂はムラの公会堂にもなっていて、かつてはここでムラの寄合いをした。また毎年八月二十日には「ヒャクハットウ（百八灯）」といって大師堂に続くみちばたの木に紙でつくった一〇八の灯籠を掲げて祭をし、その晩には青年たちがおこもりをした。これも盆行事の一環で、盆踊りその他の余興もここでだしていたという。なおムラの大師講の行事はお堂では行わず、輪番の宿をあてている。

いったいにこの地域での村堂での行事はムラ人による参籠と盆踊りなどの盆行事が中心になるようである。ただし参籠は盆行事の一環になることもあるし、春秋の彼岸のころになることもある。

落合町開田では四〇年ほど前まで、春の彼岸の最初の日に寺から百万遍の大きな数珠をかりてきて観音堂のなかで数珠くりをし、そのあと若い人たちが数珠をかついでムラ中の家を一軒ずつめぐりあるいた。いっぽうその日の夕方から主に地区の女の人たちにより、一昼夜ずつ交替でおこもりがはじまった。またここには念仏鉦があり、昭和二十年ごろまで旧八月十日に観音さま踊と称する念仏踊をしていた。これはいうまでもなく盆踊でもある。なお開田観音堂の本尊千手観音は昔から安産・子授けの祈願で近在に知られており、祭のときなどはかなり遠方からも参詣者が訪れてくるという。

美作地方の村堂には、元禄年間に編まれた地誌である『作陽誌』に載せられたものも少なくない。宮田登はそれらを、第一に除災のための念仏踊をすることに重点のあったもの、第二に有力寺院の付属機関としての機能を果たしていたもの、第三に談義所として村の政治の中心的役割を担っていたもの、の三つに分類し、ムラの人々の信仰生活のなかに占める村堂の役割を高く評価している。(23)

札所の第三のタイプは、たとえば森屋の大師堂のように、個人的な発願によって建立されたものである。これはおおむね歴史的にも新しく、数も多くはないが、この地方に生涯をおくった人々の信仰の証として、けっして無視することはできないものである。

旭大師霊場の札所には右のように、おおむね三通りのものを認めうると思われるが、いずれの場合にも人々の信仰の中心としてそれぞれ独自の性格を担っていた。

この地方の人々は、以上のような構成をもつ旭大師霊場をめぐることになるのだが、年間を通じての講行事は、春秋二回いっせいに行われる札所巡拝、すなわち大めぐりと、それにさきだつ大講のみにかぎられる。特別な例外を除いてはこの二回の時期以外に札所をめぐる人もいない。

大講とは春秋二回の大めぐりの一ヵ月ほど前にもうけられる、旭大師講の世話人たちの総会のことである。先にもふれたように旭大師講は毎年の大講の当番となる三二の組にわかれている。この組にほぼ一人ずつ大世話人と呼ばれる人がいる。またこの組ごとにそれぞれ数地区ずつが含まれ、地区ごとに世話人がおかれている。大世話人および世話人は必ずしも一人ずつとはかぎらないので、その総数はかなりのものである。昭和五十年現在で三二六人といわれていた。

大講には春秋の彼岸の前の適当な日があてられる。大講を主催する組は前回の大講の席で決められるが、毎年二回の大めぐりの時期が近づくと、三月または九月の中旬をえらんで日どりを決め、各地区の世話人たちに連絡をとるのである。ただし昭和二十年代まではその期日ももっと遅く、四月一日前後にこれを行っていたようである。したがって大めぐりの日どりも現行より遅れて、旧の節供のころにこれをしていた。

大講の当番組のこれに先立つもっとも大きな仕事は、寄付を集めることである。寄付金はおもに大講の費用、大めぐりの打ち止めの行事の費用、および弘法大師の旗持ちの日当などにあてられる。そしてこうした寄付金が、一切の行事がおわったあとまで残っていれば、大講のときに使う仏具などを記念品として残すこともある。

旭大師講には弘法大師のお姿の版木があり、これで毎回数千枚のお札を印刷する。昭和五十年ごろで約四〇〇〇枚を刷ったという。大講のときにこれを寄付者の数だけそれぞれの地区の世話人にわたすのである。またこのとき大きな餅をつき、あられにしたものをお札にそえてやる。

さてこの大講のときに決められるのは、次回の大講の当番地区、巡拝のコースと日程、および巡拝の際の役割分担などである。

巡拝のコースはほぼ一定しているのだが、打ちはじめの地区が毎年かわっているため、その分だけ日程が毎回ずれていき、したがって宿泊地のわりふりも毎回ずれていくことになる。この宿泊地と昼食の場所の決定が実は大講のもっとも重要な議題なのである。打ちはじめの場所はほとんどの場合、大講をした地区がこれにあたる。日程は春秋とも八日間で、近年は日曜日にはじまって次の日曜日におわるようになった。最近は四月上旬の八日間に大めぐりをするようになってきたが、昭和二十年代までは前述したように旧暦の節供のころであったといわれる。

ここで注意しなければならないのは、僧侶たちの役割である。前述のように旭大師講には二五、六の寺が参加しており、大講の当番地区内にそのような寺があれば大講の宿として利用するのはいうまでもない。またこの日には関係寺院に僧侶たちも集まり、大般若経六百巻転読の行事もある。しかし大めぐりに僧侶が関与するのは、大般若経転読と打ちどめの際の大護摩供養のときだけである。このほか一切のことはすべて俗人である在家の信者たちによってすすめられていくのである。

かくて年に二回、春秋の彼岸もすぎたころ、この地方の人々は自分自身が毎日をすごしている地域社会を結ぶ霊場めぐりの小さな旅に出発する。出発の日の朝七時ごろから信者たちは打ちはじめの札所に集まって、般若心経と「南無大師遍照金剛」という弘法大師の宝号をとなえ、大師の旗とともに歩きはじめるのである。

ただここでこの旗のもっている意味あいには注意を要する。本四国巡拝においてお遍路さんのもつ金剛杖が弘法大師の分身、というよりは「南無大師遍照金剛」ととなえられる弘法大師それ自身であるのと同じように、美作のムラをめぐり歩く旭大師霊場においても、大師の絵姿を描いた旗は大師そのものと考えられている。またこの霊場のもうすこし北、真庭郡北部の山間をめぐるいわゆる「山中大めぐり」にも同様の旗があり、巡拝者たちはけっしてこの旗をおいぬいてはならないとされている。[24]つまり巡拝者たちは弘法大師を先頭にたて、大師の歩かれたあとをたどるという形をとっているのである。

また先達の資格もこの巡拝では非常に重要である。先達の第一の仕事は大師の旗をもって歩くことである。そして先達のなかの五人が交替で旗をもち、札所札所や接待所、宿泊先などことあるごとに般若心経をとなえなければならない。したがって、そうした素養をまず第一に必要とする。しかもほかの人々は任意に巡拝に参加し、途中から入ったり抜けたりも許されるが、先達だけは八日間をともかくも歩きとおさなければならない。だからそれだけの健康と体力と、さらには時間の余裕のある人でなければならないことになる。旭大師講の先達にはとくに資格といったものは必要ないけれども、小豆島八十八ヵ所霊場の公認先達の資格を与えられている者や、法印さんと呼ばれている人が[25]多い。だが、篤信者であって経験が豊かであること、しかも健康にめぐまれ時間にも余裕がある、といったいくつもの条件にかなう人は年々少なくなりつつある。近年では先達も次第に特定の数人に固定される傾向がでてきているという。

先達にはもう一人、ホラ貝をふく役目の者がいる。大めぐりの一行が札所にはいってこようというときには、ホラ貝の音が遠くからひびきわたる。しかし一行はなかなか札所までたどりつけない。集落にはいると所々にもうけられた接待所で接待をうけているからである。人々は組ごとに、道路に面した民家の軒先をかりて、月々の大師講に使う弘法大師の絵讃を掲げ、茶菓の準備をして、一行のための接待所をしつらえるのである。

やがて札所に到着した巡拝者の一団は大師の旗を先頭にしてまっすぐ大師堂の前にすすみ、ここで般若心経と、ついで大師の宝号をとなえる。一般巡拝者も、まちうけていたムラ人たちもうしろで手をあわせ、唱和する。札所の庭には病気やケガなどになやむ人が一行を待ちうけていることもある。お大師さんの旗を頭とか患部にあててもらって、おかげ（霊験）をいただこうとするのである。なかには道すがら個人的にお接待をし、おがんでもらう人もいる。

巡拝者の宿泊は、泊まりにあたったムラのなかの家々にふりわけられる。どうしても一人は泊っていただきたいと申し出る人もあり、かつてはこうした申し出が多くてこまった時代さえあったという。お大師さんの一行の宿泊である以上、泊まり賃はもちろん不要で、一切がその家の負担である。しかし精進ということで、接待は簡素なものであった。またその日の晩と出立の朝には般若心経をもって拝んでもらうのが常であった。

以上のような日々をくりかえして、八日後に巡拝者の一団は札を打ちはじめたムラにもどってくる。最後の札所を打ちおさめれば、そのシーズンの巡拝は完了する。次のシーズンまでは札所をめぐる人を見ることもまずない。そして大めぐりのしめくくりとして盛大な大護摩供養がいとなまれる。

大護摩供養の導師は、ほとんどの場合、打ちおさめの地の寺の住職であるが、実際に中心になってこの行事をとりしきるのは、前述した大師講の先達たちである。彼らの多くは小豆島八十八ヵ所霊場の公認先達であり、同時に美作の霊山後山や、とおくは紀州の大峰山・熊野などに参詣し、あるいは修行した者も少なくないので、大護摩供養の作法などにも十分な経験をつんでいるのである。

旭大師霊場の巡拝習俗の概略は以上のようであるが、この霊場そのものが四国八十八ヵ所霊場をこの土地に勧請することによって成立したものである以上、いわゆる本四国霊場および小豆島八十八ヵ所霊場との関連についても一言しておかなければなるまい。

近世の前期に旭大師霊場などと同じく四国霊場を勧請して成立した小豆島霊場(26)は、その後独自の発展を遂げて今日にいたった。そして当地方の人々が深い関係をたもってきたのは、本四国霊場よりも、このいわゆる島四国の方である。春の彼岸のころになるとバスをかりきって団参にでかける。とはいっても、この参詣に旭大師講が直接関与するというわけではない。ムラの自治会や菩提寺の檀家単位で参加者をつのり巡拝に出発する。島四国から帰ってくるとまもなく旭大師講の春の大めぐりがはじまる。小豆島に行ってくると、お礼まいりといって一日だけでも大めぐりに参加しなければならないともいう。また小豆島でお大師さんの絵讃を買ってきて、ムラごとにある大師講にあたったときや、盆のときなどにかける人もいるという。なお団参なり個人巡拝なりによって規定の回数をみたし、小豆島霊場会によって公認された先達の役割についてはすでに述べた。

いっぽう、小豆島霊場の盛況に比べ、大師霊場巡拝のおおもとである本四国霊場にでかけるものは、当地方からは比較的まれである。特別な心願のある人などが時にでかけるぐらいで、団参はほとんどないという。ただし、江戸期から明治期にかけての当地方の宗教状況を示す各種の供養塔などには、小豆島巡拝の例はまったくみられず、反対に四国巡拝の例はしばしば目にすることができる。

このような両四国霊場にたいするこの地方の人々の意識や行動の差はどのような理由によるものなのか、現段階では明らかにしえない。ただ本四国霊場は別にして、遠隔地参詣の対象としての弘法大師八十八ヵ所霊場巡拝、つまりこの場合は小豆島霊場巡拝の基盤となったのは、実際に地元で巡拝という活動を行っている旭大師講ではなく、より伝統的な地域社会＝ムラのなかで維持されてきた大師講の方であったことは明らかである。

しかもこうした傾向は美作地方に共通したものであったようである。同じ苫田郡加茂谷八十八ヵ所霊場の地域一円のムラムラにも大師講が伝えられている。しかしあるところでは大師講特有の信仰行事はすでにすたれて地区の常会的なものに変質し、ほかの地区では、毎月わずかずつの金額を積み立てては、春になると抽選で数人ずつを小豆島八十八ヵ所霊場へ代参におくりだしたり、希望者をつのって団体で小豆島に参詣するというふうであった。(27)

それでは旭大師講の成立以前から各ムラムラに伝承されてきた大師講と、旭大師講とはどのような関係にあるのだろうか。

大師講は大字のさらに下にあるムラ組を単位として運営されている。参加者はその地区の地つきの者のみであるが、さらに真言宗の家にかぎられることもあり、反対に宗派にとらわれずに講がつくられている場合もある。毎月の二十日の夜または二十一日が定例の集会の日である。般若心経、弘法大師の宝号、十三仏の真言、光明真言などがとなえられるが、寺は一切この講には関与せず、講中のなかの経験をつんだ古老が導師となってとり行われる。宿は多くの場合講中の輪番で、宿にあたると弘法大師の絵讃を床の間などにかざり、場所をこしらえるという簡単なものである。

しかし各ムラの大師講は古来ムラごとに伝えられてきたものであって、横に相互の連絡がまったくないのはもちろんである。いわば信仰基盤というほどの非常にゆるやかな形で、各ムラの大師講をささえる心意が旭大師講の底にもあるだろうことは容易に想像できようが、それ以上に組織のうえでも行事のうえでも、いいかえれば制度的にも習俗的にも、各ムラの大師講は旭大師講にはつながっていかないように思われる。

このことは結局のところ旭大師講が、従来の大師講を維持してきた地域社会の伝統からひとつ断ちきれたところに成立していることをあらわしているといえるだろう。そして旭大師講という新たな講中を存続させているのは、相対的ではあるが、より個人的な色彩のこい、大師への「信仰」というきずななのではないだろうか。ときとして大師講がムラの常会に変質してしまうのにたいし、旭大師講は現在やや危機的な状況にあるとはいえ、いまなお同信者の集団なのである。

ところでもう一つ注意しておかなければならないのは、旭大師霊場の巡礼霊場としてのいささか特異な参詣方式のことである。

近世以降、弘法大師の祖師巡礼である四国八十八ヵ所霊場ばかりでなく、西国・坂東・秩父からなる各観音巡礼とともに、日本各地にそれこそ数かぎりないといってよいほど大小さまざまの巡礼霊場が勧請された。その大部分はたとえば小豆島霊場や福岡県の篠栗八十八ヵ所霊場などのように、巡礼の札所のみが定められているだけで、霊場自体は外部にたいして完全に開放されている型のものである。この場合参詣の日時は自由であり、参詣者側も講中を組織していることもあるが、原則としては個人による巡拝が主流であった。[28]

これにたいして、ここで紹介した旭大師霊場のようないわば講組織による、「大師送り」とでも呼ぶのがふさわしい巡拝の方式が、局地的に伝えられてきた。管見にはいったかぎりでは、すでに述べた岡山県美作地方の旭大師霊場・丼和霊場・加茂八十八ヵ所霊場・「山中大めぐり」などのほかにも、千葉県北部の下総地方を中心とする地域に卓越しているようである。この両地域になぜ共通した性格の大師霊場がひろがっているのかは今後の課題であるが、千葉市の千葉寺を中心にする千葉寺十善講八十八ヵ所霊場をはじめとして、船橋市周辺の吉橋大師、柏市と印旛郡をめぐる東葛印旛大師（通称柏大師）、印旛沼と手賀沼に挾まれた地域一円をめぐる印西大師など、多くの弘法大師八十八ヵ所霊場が下総地方一帯をおおっている。[29]

この方式は年間一回ないしは春秋二回、日を定めて講中に所属する巡拝者たちが集団をくみ、霊場をめぐることを特徴とする。さらに大師の絵姿を描いた旗や木像を巡拝中の本尊として奉戴することも少なくない。人々は大師の姿を先頭にたて、あるいは行列のなかにつつみこむようにお守りしながら、札所から札所へとおくっていくのである。最後の日の結番の札所への送りこみはさながら祭かともみまごうほど盛大に行われ、そのにぎわいは旭大師講の大護摩供養のそれをはるかにしのぐほどである。

この「大師送り」における講中と寺院の関係には幾つかのバリエイションがあっていちがいにはいえないが、ある場合には旭大師講のように霊場そのものまでが講集団の完全な管理下におかれることがわかった。宗教集団形成上の観点からはきわめて注目すべき態様といわなければならない。

五　結　語——講・在家の宗教集団——

私たちは本章で、対象的な姿をみせる二つの巡礼講の実態をみてきた。いまその構造上の違いに着目しながら、もう一度要点を整理しておこう（第2表）。

対照項目のいちいちについて、もう一度説明をくりかえすまでもあるまい。大要をいえば、前者がムラと一般には呼ばれる地域的共同社会の内部にむかってきわめて強く収斂していくのにたいし、後者はムラをこえた宗教活動に主たる目的がおかれている点にもっとも大きな差異をみいだすことができる。旭大師講などのもっているこの性格は、たとえば講中の活動が主に地域社会の運営にたいして大きな影響力をもたなくなってしまった、もしくは少なくとも第一線をしりぞいてしまった高齢者層～老人層によって担われている点や、ムラのうちにある大師講が旭大師霊場の巡拝と直接の関係をもっていないという点などにもあらわれてくる。先にふれた講の同志的連帯は、美作地方の二種の大師講のうち新大師霊場をめぐる講の活動の方にこそ明瞭に看取できるのである。

第2表　二つの巡礼講の性格対照表

	西国巡礼講	旭大師講
1	既成の霊場	勧請した霊場
2	大きな巡礼(旅)	小さな巡礼(旅)
3	若者中心の講	老人中心の講
4	ムラのなかの講	ムラをこえた講
5	日常の講活動	年に一度のみの活動
6	強制的な加入	任意の参加

ただここでもう一つ興味深いのは、ある種のパラドクスが両者の間に存在することである。地域社会の秩序が常にその社会内部で完結してしまうのでないこと、いわば社会というものはそれ自体として完全であるとはけっして考えられていなかったであろうことはすでに述べた。京都周辺の観音講の例はそのような考え方がいかに強固であったか

を如実にあらわしている。他方、岡山県山間部の新八十八ヵ所霊場大師講の方はどうであろうか。この講中のメンバーが巡拝する範囲は、前者のように「旅」として位置づけるにはあまりにささやかである。しいていえばたかだか経済地理的な観点から、落合～勝山両町を中心とする地方の小経済圏程度の範囲を歩いているにすぎない。地域社会の制約をこえた、より自由な結合のもとにある宗教結社という講中の基本的性格を考慮にいれれば、これを一種のパラドクスとみなすことも可能であろう。あるいは後者もまた前者と同じように地域社会の機能の一翼を担っているという側面から追求すべきテーマなのかもしれない。

かくして日本の伝統的民俗文化のなかで、旅はおもに二つの方向から「日常」にとりこまれてきたのであった(30)。では反対にこれら二つのタイプの講集団の共通項は、ともに宗教結社であることと、参詣、とりわけ巡礼を結集の絆としていることとを除けば、どのような点に求められるのだろうか。けれども冒頭で指摘したように、講一般はおろか、わずか二種類の講集団の間でさえ構造上の共通性を数えあげるのはあまり容易でないことが理解できただけのようでもある。

ところで従来から講集団の構造的特質としてしばしばあげられてきたのは、信仰を契機とする同志的結合と、集団内部の平等性であった(31)。このうち同志的結合なるものを講集団参加への任意性と解釈するならば、ある種の講の実態は明らかにその理念に反している。実際には京都の観音講でもみたように、講への参加は事実上強制的であり、その目的も信仰者としての完成よりも、ムラ社会の一員としての成長におかれていたかのようにみえる。そうであればもう一つの重要な結合のための柱である平等性についてもおのずからなる限界はあったであろう。しかし「同志的」なる属性を、講集団結成もしくは講への加入の時点にかぎってしまうのでなく、長期にわたる講の活動の過程で徐々に獲得されるべき理念と考えてみれば、ムラ社会への帰属性の獲得をあれほどまでに強く志向した先の観音講が求めていたのは、まさにムラ人としての「同志的」連帯にほかならなかった。地域社会のなかに完全にうめこまれてしまったかにみえるこれら観音講も、右の属性に関してはけっして例外でなかったことが理解できよう。

さらにもうひとつ、二つの講集団の検討をとおしてことに印象的だったのは、その強い在家主義への志向だったと思われる。

宗教集団とは通例、第一に究極の宗教的理想とその理想への階梯、およびそのための宗教施設等を独占することによって成立する教団組織と、第二には教団によって指導される多数の信者たち、そして第三にはそれら両者を媒介する聖職者たちという三者によって構成されるといってよい。しかしここでみてきた巡礼講の多くは、ともに教団組織も聖職者もほとんど存在しないか、少なくとも大きな役割をもたされることがなかった。常に宗教活動の中心にいるのは、講集団を運営する在家の信仰者自身であり、ときには彼らによって直接管理されている宗教施設——本章でみてきた例についていえば、旭大師霊場などの弘法大師八十八ヵ所霊場——であった。その場合にもなかには千葉県の千葉寺十善講のように寺院が講を主宰し、巡拝のおりにも寺院の僧侶が常に集団を主導するという例もないではないが、大多数は旭大師講のような方法にしたがっているのである。

在家中心主義は時とすると、講組織の運営ばかりでなく、信仰対象もしくは宗教施設そのものまでにも及んでしまうことがある。新四国霊場の例でいえば、先の旭大師霊場・丼和霊場・加茂谷霊場などが実はすべて在家信者の勧請によるものだった。

もちろんここであげた事例はすべて元来既成教団による介入が伝統的にきわめて弱い巡礼霊場を信仰の拠点とする講集団であるという点も、いっぽうでは考慮しなければなるまい。一般的には代参講などの参詣講の開設にあたっては、参詣の対象となる寺社側からのはたらきかけを無視してはいられない。中世後期の社会変動の過程で、荘園などの経済基盤を失ったり権力者の庇護を得られなくなった大寺社、あるいは近世の檀家制度の埒外に位置づけられた山岳寺院などが教線をひろげていったのはもっぱら地方における講中の結成であった。

それにもかかわらず一般的にみれば、個別講中の運営方法の内部にまでそうした教団がたちいることはまず不可能であった。各地の講中は自分たちのやり方にしたがって講をいとなみ、そればかりでなく、ときには教団や聖職者によってのみ意味を与えられるはずの宗教行為の意味づけにさえ、自分たちの主体性を発揮することも稀ではなかった[32]。その意味で日本の宗教集団は、宗教イデオロギーを独占的に管理している聖職者からの指導と、信者側からの一方的な受容という基本的な人間関係の枠組みに基づいて構成されてきたというよりも、常に信者のもつ宗教的創造性を可能なかぎりくみあげることによって、みずからの活力の源としてきたといえるのである[33]。

注

（1）近代もしくは現代社会と宗教の関係の根本的な変化に関する理論として今日もっともよく言及されるのは、かつて社会をそのあらゆる層において規定していた宗教が影響力を失いつつあるとする、いわゆる「世俗化理論」であろう。この理論がそのまま日本の社会ないしは宗教状況を整合的かつ過不足なく説明しうるかどうかの議論はあるにしても、世俗化論で指摘されるような大きな変化があることは事実であろう。本書補論「民間信仰論から民俗宗教論へ」を参照されたい。

（2）たとえば、宗教社会学の会編『生駒の神々―現代都市の民俗宗教―』（一九八五年、創元社）によれば、大阪近郊の著名な民俗宗教の聖地である生駒山の寺々は講中をとおして積極的に信者の組織化につとめている。ただし講中に組織化されない信者の数もここでは膨大であるという。

（3）一例として、現代日本有数の新宗教教団でありながら、形式上は日蓮正宗という既成仏教宗派の一信徒組織である創価学会のような場合を想起することができる。

（4）講の多様な姿およびその展開の過程については、桜井徳太郎の『講集団成立過程の研究』（一九六二年、吉川弘文館）がまず第一の基本文献である。

(5) 厚木市教育委員会『厚木市の民俗3・講』(一九八三年)二五〇ページ。以後本章における厚木市域の講に関する資料はすべて同書によるものである。

(6) 竹田聴洲もまた信州における庚申講の分析をとおして、近世をつうじ一〇戸内外の規模のもの若干個が村内に分立・組織されるのが基本的形態であったとしている(「近世村落の宮座と講」〔『日本宗教史講座』第三巻、一九五九年、三一書房〕)。

(7) これはまだ厳密には頼母子講といえないだろうが、『康富記』応永二十四年(一四一七)九月二十四日より同二十九年四月二十一日までの条には、中原康富自身が参加した伊勢講および伊勢参宮のことがしるされており、参宮にあたってそれまでに積み立てておいたとおぼしい銭一〇貫文がくばられたとある。この伊勢講および伊勢参宮が歴史上ほとんど最初期のものにあたると考えられること等、詳しくは本書第二部第一章を参照のこと。

(8) 寛正三年(一四六二)、備州の村人が伊勢参宮に際し、各自が少量の米を拠出して他に貸しつけ、その利息をもって旅費にあてようとした記録なども、金融機能と結びついた伊勢講の一例としてあげることができよう。『碧山日録』同年八月九日の条に「備州有村民、合議共欲詣伊之大廟、然而莫道路之費、各出米穀少計、委之一人以増其贏利」とある。

(9) 前述(注(7))の中原康富は、彼自身が講親となって丹波国の寺院・百姓ら八、九人で「信貴憑支」なる講を結成していた。『康富記』嘉吉三年(一四四三)十一月二十五日の条。

(10) 新城常三『社寺参詣の社会経済史的研究』(一九六四年、塙書房)二四四〜二八九ページ。

(11) 福田アジオ『日本村落の民俗的構造』一九八二年、弘文堂。

(12) 本書第二部第一章参照。

(13) ここで使用するデータは『岡山県史第十五巻 民俗I』(同編集委員会編、一九八三年)および『笠岡諸島の民俗』(岡山県文化財保護協会編、一九七四年)などによっている。

(14) 以下、西国巡礼講、すなわち京都郊外の観音講に関する記録は、井上頼寿『京都古習志』(一九四三年、地人書館)による。なお第二次世界大戦後の状況にまでおよぶデータについては、前田卓『巡礼の社会学』(一九七一年、ミネルヴァ書房)を参照のこと。

(15) このあたりの風習は観音講によってまちまちである。いったん帰村したあと直ちに残りの巡拝に出発するところ、数年をへだてて実行するところなどがあった。
(16) 桜井徳太郎「抜参りの源流」(『日本民間信仰論・増補版』一九七〇年、弘文堂)。
(17) これらの霊場については一九七四年から翌七五年にかけて、筆者が調査した。なお旭大師霊場に関する調査結果の一部は『落合町史・民俗編』(一九八〇年、落合町)に掲載した。より詳しくはそちらを参照されたい。
(18) 尾崎蘭青『落合町史』一九五四年。
(19) 等輪寺住職談。
(20) 落合町のうちで次のようなものが確認された。①「当国勝真田四国」霊場。実態はまったく不明であるが、吉地区の法福寺境内の地蔵尊台石に、「当国勝真田四国七遍供養塔」(正面)、「寛政七乙卯天三月二十一日」(右側面)ときざまれる。②「四郷之新四国」霊場。これも吉法福寺所蔵の木の板に「四郷之新四国　第拾九番　阿波国立江寺　当所今西山法福寺」と墨書されている。これも内容はわからない。③「注連山八十八ヵ所」霊場。落合町垂水の仏土寺背後の山(ミセンと通称される)をめぐる八十八ヵ所。山頂の大師堂におさめられた棟札の一枚に、「大正九年陰二月二十一日注連山八十八ヶ所霊場創立一百年供養」と墨書されている。大正九年から一〇〇年をさかのぼれば、文政四年(一八二一)になるが、この山に安置された大師石像の一つに文政八年酉三月の日付がある。④「塩滝八十八ヵ所」霊場。これは昭和三十二年創設という新しいもので、関の清水寺山にある。⑤「勇山寺八十八ヵ所」霊場。未調査のため詳細不明。すなわち①③は確実に、またおそらく②も近世までさかのぼることができる。
(21) 以下、筆者の聞き取り調査による。
(22) ちなみに寺院の宗派構成は、真言宗が大多数を占め、ほかに浄土宗と禅宗の寺院がある。
(23) 宮田登「部落と信仰集団」(和歌森太郎編『美作の民俗』一九六三年、吉川弘文館)。
(24) 一九七四年から七五年にかけて、筆者調査。
(25) この地方のムラムラには岡山県最東北部、英田郡の後山を信仰の対象とする修験者の活動が比較的盛んである。松岡実「修験道」(和歌森太郎編、注(23)前掲『美作の民俗』)によれば、英田郡東粟山村の後山はこの地方の霊山として著名だが、この山をめぐっては五流派修験が国峰としたほかに、当山派修験や在家の後山先達にひきいられる山上講の人々からもひろく信仰をよせられていた。ここでいう法印とは職業的な修験者のほかに、在家の山上講先達などを指していると考えられる。

(26) 小豆島霊場の成立時期は一般に十七世紀後半とされているが、近年しばしば耳にする「島四国」の呼称の初見は天保十三年(一八四二)、霊場の全容が明らかになるのはさらにくだった嘉永四年(一八五一)であるという。小田匡保「小豆島における写し霊場の成立」(『人文地理』三四―四、一九八四年)参照。
(27) 岡山県教育委員会編『阿波・梶並の民俗』一九七一年。
(28) 篠栗霊場の成立および巡拝習俗については、星野英紀「新四国霊場の展開過程―福岡県篠栗霊場の場合―」(竹中信常博士頌寿記念論文刊行会編『宗教文化の諸相』一九八四年)で詳しく論じられた。
(29) 千葉県を中心とする新四国霊場の全般的な状況については、後藤洋文「関東地方の新四国霊場」(『仏教と民俗』一六、一九八〇年)および、同「新四国霊場の開創とその展開―相馬霊場を中心として―」(『日本仏教』五八、一九八三年)などを参照のこと。
(30) 民俗社会における旅の一般的様相について、筆者はかつて『旅のなかの宗教―巡礼の民俗誌―』(一九八〇年、日本放送出版協会)で論じたことがある。
(31) たとえば坂本要は「村落と仏教講」(『歴史公論』五二、一九八〇年)で前者の観点から講を理解しようと試み、いっぽうそれに先立って竹田聴洲は注(6)前掲論文において後者の側面を強調した。
(32) たとえば関東地方一円で火ぶせの信仰をあつめている栃木県鹿沼市の古峯神社が発行する呪符は、当然火災予防のためのものである。けれどもその近くのムラでは毎年代参をたてて火ぶせと軒祓いの札をもらってくるが、それを竹の先にさして、嵐よけとするという。この例のように、発行された呪符が本来の意義からはずれて、機能することは珍しくない。『古峰ヶ原の民俗』一九六九年、栃木県教育委員会。
(33) もっとも講集団運営の主体性が在家信者の側にあることと、講中が教団のイニシアティブのもとに結成されることとが直ちに矛盾するわけではない。教団と講中および講中相互間には主導性の所在その他の確執をめぐってさまざまな関係が形成される。具体的な分析の例として日蓮正宗の場合をとりあげた、西山茂「一少数派講中の分派過程―日蓮正宗妙信講の事例―」(宗教社会学研究会編『現代宗教への視角』一九七八年、雄山閣出版)がある。

第三章　巡礼行者の宗教的達成

一　はじめに

巡礼者にとって宗教的達成とはいかなるものであったのだろうか。あるいはどのような場においてそれは求められたのだろうか。こう問いかけてみればあまりにも自明な答えがすでに存在してしまっている。すなわち、四国八十八ヵ所霊場の場合ならば弘法大師、西国巡礼など三十三ヵ所観音霊場の場合でいえば観音菩薩にそれぞれ結縁し、なんらかの宗教的恩恵をこうむること、というのが一つの答えになるはずである。しかしこの行為によって達成される価値のありようは必ずしも個別の信仰対象や宗派の立場に収斂してしまうわけではなく、また巡礼という宗教行動の外郭自体がきわめてあいまいで多様性に満ちていることもあって(1)、右の答えが最初の問いにたいして十分な回答になっているとはいいきれない面が多分に残ってしまう。

巡礼は宗教史上実に多くの宗教者の行業として記憶にとどめられてきた。またそれに比べればはるかに少ない数ではあるけれども、宗教者たちが自身の巡礼もしくは巡礼的行動やその意義について残した言葉があることも私たちは知っている。それにもかかわらず彼らもまた冒頭の問いにたいしては、直接にはきわめて不十分にしか語ってくれていない。しかし巡礼が最終的な修行の場を探すためのたんなる放浪だとか単独の参詣の延長にとどまるのでなく、まさに巡礼そのものとして格別の意義のこめられた宗教行為であったとするならば、彼の依拠する教理や教団の枠をこえてそこにはなにが期待されていたのだろうか。

右の課題にたいして当面私は本章で、歴史上なされた職業的専門的宗教者の巡礼に関する行動の記録や発言の検討をとおして、さらには巡礼習俗自体の歴史的発展のあとをたどることによってなんらかの見通しをたててみようと考えている。その場合接近の方法には大別して、法語などを分析の対象として行為そのものの意味を巡礼者自身の内面にむかって求心的に追い求めていく方向と、もう一つは巡礼者が身をおいている空間の質を、いいかえれば行為の意味をあらかじめ蓄積している世界観の外延を見定めていく方向との二つを想定している。

二 巡礼思想の自覚

そのうちまず前者からみていくことにしよう。とはいってもこの場合にもさらに巡礼評価のベクトルに若干のニュアンスがあらわれることに注意したい。その一つの方向を代表する思想はたとえば一遍智真により引用された空也の次のような言葉に典型的に表現されている。

心に所縁無ければ日の暮るゝに随ひて止み、身に所住無ければ、夜の明くるに随ひて去る。忍辱の衣厚ければ杖木瓦石を痛しとせず。（中略）口に信せて三昧なれば、市中もこれ道場。(2)（下略）

一遍は市聖とも呼ばれた空也のこの法語を一つのよりどころとしながら遊行巡礼のなかに自身の宗教的理想を追求したといえる。その旅がただ単に「南無阿弥陀仏。六十万人決定往生」としるされた念仏札を賦算するためだけのもの

だったのでないことは、

むかし空也上人へ、ある人、念仏はいかが申べきやと問ければ、「捨てゝこそ」とばかりにて、なにとも仰せられずと、西行法師の選集抄に載られたり。是誠に金言なり。念仏の行者は智恵をも愚癡をも捨、善悪の境界をもすて、貴賤高下の道理をもすて、地獄をおそるゝ心をもすて、極楽を願ふ心をもすて、又諸宗の悟をもすて、一切の事をすてゝ申念仏こそ、弥陀超世の本願に尤かなひ候へ。(3)

と語られる、自身の法語などによっても明らかである。それは「捨聖」の理想であったといえよう。もちろん遊行に応分の宗教的意義を見出したのはなにも一遍のみにかぎったことではない。しかし彼の信仰の特色は遊行という行為そのものの徹底性もさることながら、その行為の意味を自覚的にとらえ、体系だった宗教思想のなかに深化しえたところにあったといえる。その際の基軸となったのは、第一にはいうまでもなく「信不信をえら」ぶことのない阿弥陀如来による救済の絶対性であり、第二にはかの熊野の神の託宣により「浄不浄をきらはず」に念仏の札をくばるべしとされた広範な、というよりは生産に直接たずさわり、それゆえにむしろ不浄と観念されざるをえない民衆であった。(4)

そして三番目に指を折らなければならないのは、古代末期以来の遊行の伝統を支えてきた頭陀巡礼の行者たちの存在である。つまり彼の基本的な立場をここでもう一度要約すれば、従来の救済の理論からさまざまな意味で排除されていた人々――つまり下層の庶民と遊行する聖と――の信仰の現実をあるがままに受け入れ、そこから阿弥陀仏の救済への可能性を模索しようとするところにあったといえる。

右の第三点をもう少し具体的に検討しておこう。たとえば平安時代後期の仏教説話集『大日本国法華経験記』などの高僧伝や往生伝に描かれた山林の行者たち、もしくはそれ以上に空也念仏の徒などのように阿弥陀の名号を常に口に唱えながら市庭に集まる人々を主に布教の対象としていた念仏聖たちの姿が一遍の宗教思想の根底には常に存在していた。一、二の例を『法華験記』のなかからあげてみれば、彼らの生態は次のように描かれる。

沙門法空は、下野国の人にして、法隆寺の僧なり。顕密兼ね習ひて、国宝となすに足る。法華経をもて所持の経となし、毎日に三部、毎夜に三部、これを定途の勤となせり。生国に下向して、二荒・慈光等の、東国の諸の山を巡礼せり(5)。

あるいは蓮長という名の法華経を受持する沙門にしても同様で、

金峰・熊野等の諸の名山、志賀、長谷等の諸の霊験に往き詣でて、一々の霊験名山に住して、千部の妙法経を読誦せり。日本国の中の、一切の霊しき所に巡礼して、必ず千部を誦せずといふことなし(6)。

というふうであったという。しかも彼らのこのような行動がたんに各地の霊場を移動する結果としてあらわれたにすぎないのではなく、一定の価値観に基づいて主体的に選択された修行にほかならなかったことは、同じく『法華験記』に登場する沙門行空の説話に、「出家入道して、心を発してより以後、住む処を定めず、猶し一所にして両夜を経ず、況や庵を結びて住せむや。……五畿七道に、行かざる道なく、六十余国に、見ざる国なし」と説かれている(7)ことなどからも十分に理解できよう。

いっぽう遊行聖の伝統をあるがままに受容し、そこに理論的な裏づけを与えていこうとする一遍の宗教思想が、思弁の域にとどまることなく現実にも多大な影響をおよぼしえたことは、高野聖や善光寺の聖が時衆の念仏信仰を積極的にとりこみながら全国に教線を広げていったという事実を指摘するだけでもあるいは十分だろう。また行基や空也に由来するという縁起を伝える鉦打聖や鉢叩きと呼ばれる念仏聖たちが、全国を遊行しながら村々に念仏講を組織し、あるいは葬式や死者供養の分野に進出していったことの歴史的意義についても是非ここで想起しておく必要があろう。

ともあれ、このような根強い頭陀行の伝統を踏まえた立場からは、巡礼に第一義的な評価を与える価値観が当然生じてくることになる。一遍の考え方はすでに述べたとおりであるが、彼とほぼ同じころやはり一向衆とか番場時衆と称して念仏の運動を展開していたグループ[8]もまた巡礼については、あるとき丹州草野辺の兵衛なる人物が巡礼の意義について、のちこの派の二祖となった礼智阿に問うたところ、三業のうち身業の罪をつぐなうことは巡礼がもっともすぐれていると答えたというエピソードを伝えていて、これに非常に高い意義を認めていたことがわかるのである。[9]

ちなみに一遍が最晩年にいたって瀬戸内海ぞいの今日の四国遍路の札所にあたる寺を巡拝した[10]ことはよく知られているが、番場時衆の開祖一向俊聖も建治元年（一二七五）には四国にわたっている。[11]このおりの修行がそうした寺々と果たしてどれほどのかかわりをもっていたのか明らかでないけれども、おそらくは翌々年まで三ヵ年にわたる滞在中に四国各地を遊行していたから、その間に弘法大師ゆかりの寺院[12]に参詣する機会は少なからずあったのではないだろうか。

三　巡礼の理念と教団の論理

さて、ここまで簡単に行実をみてきた一遍や一向俊聖のように自分自身いわば巡礼の聖として、しかも巡礼という行為を一つの主要な柱としながらみずからの思想を形づくっていった宗教者は、けれども当然のことながら歴史上ではきわめて例外的な少数派にすぎなかった。では巡礼評価のうえでの多数派はこの習俗にたいしてどのような評価を与えていただろうか。

たとえば近世初頭の異端の禅僧として特異な活動をくりひろげた鈴木正三の考え方を検討してみよう。彼は巡礼もしくは諸国行脚についていささか矛盾とも思える次のような言葉を残している。ある人が正三のもとを訪ねて自分を守るすべについて教示をあおいだところ、次のように教えさとされた。

自己を守る事成べからず。只念仏申て行脚すべし。亦は油断無、呪陀羅尼をくり、何千何万辺と巡礼札に書付、処処に打巡て業障を尽すべし。其自己の沙汰、先々にしてくれめさるゝな、ふつつと無用にめされよ、只乞食し、仏行を作て、業障を尽さるべし。少し意など移りたると云とも、業障を尽さねば、何の用にも立ぬ物也。(13)

また別のときには、同じく西国巡礼にでかけようとする女性に対して「夫仏道修行万行ありといへども、今時の体を見るに、行脚第一なる」こと、行脚には「捨身の心第一」であること、そしていわばこのような心の表現として「乞食の心得専一也。万霊を弔ん為に、戸戸門門に立べし」とさらに徹底した心がまえをさえ要求しているのである。(14)

このくだりだけをとりだしてみれば正三は一遍らと同様、仏道修行のなかでも頭陀・乞食行にきわめて高い評価を与えていたこと、そして巡礼こそはその修行を実現するために最善の方法であると考えていたことになるはずである。けれどもまた次のような文章を読んでみれば、彼の思想がそうした伝統へとまっすぐにさかのぼったり、あるいは正三自身と時代をともにした遊行の聖たちをつつむ世界から生まれてきた体のものでは必ずしもなかったということが理解されるであろう。すなわちある日初心の僧が「無縁の僧」となり諸国を乞食してまわろうと決心し、師のもとに暇乞いにでたところ、正三ははげしく叱りつけてこういった。

内々聞し事、言語道断、無分別なる思ひ立也。先仏道を修せんと思ふ者は能師を求め、能友に交る事肝要也。然るに修行、昨今の思ひ立にて、図方も無、すべをも弁ゑず、徒に諸国を行脚せん事、我同心無。古来先達の行脚と云は、師を尋ね、道を求め、身命を不顧、千万里の行脚を作も有、或は得法の人、諸法を勘弁に行脚せられたるも有、或は丈夫底の人、万縁に触、弥々性をためさん為の行脚も有、或は心有る人、山水草木に向て心を磨ん為の行脚有ども、其方如きの図方無者の行脚を作し、徳有事を知ず。在在処処を妄りにうろたへ廻り、無作法者と成、為方無ば盗をもし、忽ちゆへなく悪人と成べし。此つれに行脚して売僧に成、気違ひに成たる者数を知ず。我彼様の者にあきはてり。沙汰を聞もいや也。若我異見をも聞ば、留るべし。左無ば向後出入無益也。今世後世の縁を切と、[15]（下略）

少々ながい引用になったが、鈴木正三の主張するところはつまるところ、いかに一所不在の頭陀行といえどもそれが仏道修行であるかぎり肝要なのは師資相承の教法であり、またその教えに基づいた秩序ある修行であった。正三の弟子にむかっての対応がいかなる事情のもとになされたのか、想像をたくましうすればいささかの酌量の余地はあるにせよ、そのオーソドキシィを逸脱しようとするものにたいしては破門さえ辞さぬほどのきびしい態度でのぞんでいたことが、この言葉からもうかがえるであろう。

もちろん仏道修行の正統性への志向は正三ばかりでなくはるかに普遍的である。近世浄土宗のなかで編纂された各種往生伝をひもといてみれば、ここにも古代から中世にかけての往生伝や仏教説話集と同様、多くの巡礼者や巡礼行者の姿をみつけだすことができる。だがこれらの巡礼者にたいして浄土宗の正統派たちはどのように考えていたのだろうか。一例を僧義山の言葉にみておこう。ある僧が三三ヵ所の観音巡礼にでかけるというので、何のためかと問うたところ、その僧は極楽往生のためだと答えたので、義山は諭してこういった。

公の安心未だ熟せず。夫往生の行業は称名に過たることなし。摩訶止観曰、夫長病遠行是禅定大障。若身染病失所修福、起無量罪、阿含曰、四法能退阿羅漢果、謂長病遠行諫諍営事、羅漢尚退、況凡夫をや。遠行は身疲れ心労す。懼くは其病を発して、反て正業を廃せん。慎まざるべけんや。[16]

称名の優越性を説き、『摩訶止観』を引いて長旅の危険にかこつけて巡礼を批判する論法は、先の正三のそれと一対をなしているとさえ言ってよいほどである。また別の往生伝によれば、こんなふうに語られている。ある在家の夫婦が二人の子供を二人ながらいちどきに亡くしてしまった。夫婦はそこで子供たちの菩提をとむらい、また自分たちの心の闇をも晴らそうと西国四国の巡礼にでかけようかとも思ったが、そのまえにと、近所の紀三井寺の観音に参詣した。すると夢うつつのなかに観音菩薩があらわれて、「西国四国秩父坂東も、六十余州回国順礼も無用なるぞ、近きうちに汝がぼだい所西要寺に千座の説法あるべし、怠りなく詣でゝ後生助るべし」と告げをした。夫婦はよろこんで説法を聴聞し、以来熱心な専修念仏の行者として後半生をおくったのちに往生を遂げたという。[17]

往生伝とはいうまでもなく宣教のための書物であるから、観音菩薩や弘法大師の聖跡巡礼よりも念仏の優越性を主張するのは当然のことである。しかしそれとは別に巡礼自体のなかにも教団の論理に整合しえない面があることもみおとせない。というのは、宗教教団とはつまるところ、聖なる意味の体系と究極的な目的にいたるための道筋を独占的に管理するための機構のことである。したがって当然その支配下にある人々に許される価値選択の幅は一定の範囲内に制限されていなければならない。そして許すべからざる逸脱にたいしては教団からの排除にさえいたるのも、宗派のアイデンティティを維持するためには必要な措置である。

いっぽう巡礼を構成する原理はこれとおよそ正反対である。巡礼における宗教的達成は、その大部分が巡礼者個人にゆだねられているといってよい。筆者もこれまで再三強調してきたように、[18] みずからの肉体による実践をとおしてのみ霊場の聖性は維持されるのでなければならない。だからしばしば指摘されている、巡礼霊場におけるシンボル化の程度がいちじるしく低いこととか、かつて特定の教団なり霊場寺院の連合会などが霊場の経営に積極的にのりだそうとしなかったことなどの歴史的特質はただたんなる偶然でも、まして教団の怠慢とか過小評価などに帰着するのではけっしてないのだ。教団が関与しえないところで巡礼の宗教的実践がなされていたところにこそ、教団の論理と巡礼習俗との関係の本質があったからなのである。

このように考えてみれば（正三の意見だけはやや保留の必要がありそうだが）、浄土宗の近世往生伝がおどろくほどに山林修行や諸国行脚の僧の行実に多大な関心をそそぎ、また在家庶民の巡礼にもしばしばふれておきながら、巡礼に改めて価値判断をせまられる段になると、なぜ比較的冷淡な反応になってしまうのかが理解できよう。

ちなみに、かの時衆の場合に話をもどして一遍から教団の後継者たる他阿真教の法語に目を転じてみれば、そこに微妙な差がでていることに気づくであろう。彼は道俗たちにむかい、

知恵なく一念発心せずしての行体は、何十年を経たりとも、さらに仏道に相応すべからず。そのゆへは生弌は故聖のとき東域修行より西国四国までも飢寒ともに凌ぎ来れども、まことの発心いまだなきあひだ、当時は正体もなふしてかねをうち、誓ひをなす言語をだにも前後を失ひたり。(19)

と、まず一念の発心を説くのである。もちろんこの一節は遊行にことよせてはいるものの、直接巡礼の功徳について優劣の評価を述べているわけではない。ただ空也の言葉にしたがって、遊行の旅のなかに「信心」をさえ含めてすべてを捨てるところから理想への道を歩みはじめようとした開祖一遍が、教団の形成にあまり意を払わなかったのにたいして、教団の結成や維持運営の課題をうけついだ二祖真教の場合には、(20)結集の契機としてむしろ「信心」を重視せざるをえなかったであろうこと、そしてそのことが右のごとく遊行にたいする微妙な発言となってあらわれるのだろうと推測されるのである。

四 飛行する行者

次に本章の冒頭で述べた二つの方向のうち、後者に関して検討を加えてみたい。

巡礼者が宗教的達成を実現するためには、いうまでもなく巡礼霊場という聖化された空間に身をおくところから出発しなければならない。しかるに日本の巡礼霊場において種々の宗教的シンボル化が非常に未発達な段階にとどまっていることは前節で指摘した。それはこの習俗が原則として教団の管理の埒外におかれていることの必然的な帰結にほかならないのだが、かといって巡礼空間の意味化がまったく巡礼者個々人にゆだねられきってしまったわけでもない。空間領域に四国なり西国なりという外枠がはめられ、札所や参拝の場所が定められ、さらに順序までも定められるということは、教学論的レベルにはとりこまれてしまわないまでも、空間の意味づけにそれなりの最大公約数的な了解が存在しているということをあらわしていよう。本節で巡礼霊場の空間論的意味を検討してみようというのはこうした問題関心にしたがってのことである。

さてこの問題を考えていくにあたって最初の手がかりにしようとしているのは飛行する行者のことである。

古代末から中世にかけて多数編纂された高僧伝や往生伝の類には先述した諸山を巡礼する行者たちのほかに、言語を絶する修行の結果ついに虚空を飛ぶ技術の修得に成功した行者にふれることも多い。一例をあげれば、叡山の陽勝仙人は金峯山にのぼって仙人の法をならい、ついに身に翼が生じて自在に天を飛行できるようになった。そしてある者は吉野の竜門寺の北の峰でたまたま出会ったといい、またあるときには熊野の松本の峰にあらわれ、同じ比叡山の僧と法を談じたともいう。(21) こうした能力が当時の宗教界において験力すぐれた宗教者とみなされるためにはいかに欠かせぬ条件であったか、『大日本国法華経験記』や『本朝神仙伝』などをひもとけば、飛鉢とともに十指にあまる類話をひろいあげうるところから直ちに了解されよう。このうち飛鉢の法および飛鉢について筆者はかつて説話成立のための時代環境とでもいうべき観点から、古代末〜中世初期における山間の修行者たちによる托鉢と結びつけて理解しようとしたことがあったが、(22) 飛行の術に関しても同様に説話をめぐる時代環境の面からも考察できるように思われる。

行者が天空を飛行するというモティーフが説話のなかに出現する契機を大別すれば、諸山諸寺社の参詣のための手段にする場合と、臨終にあたって浄土に生まれかわる往生の方法として天に飛翔する場合と二つのケースが考えられるようである。はじめのケースの例には先の『法華験記』にのせられた陽勝仙人のほか、『本朝神仙伝』にみられる泰澄や報恩大師また中算上人の物語など多数をあげることができよう。このうち加賀白山の泰澄は「万里の地といへども、一旦にして到り、翼なくして飛」ぶことができ、彼の足跡のおよんだ地は吉野山、諸の神社、とりわけ伏見の稲荷、九州の阿蘇神社など全国にひろがっていたとされている。(23) 報恩大師は大和の小島寺を本拠にしていたが、通常ならば二、三日を要する京都清水寺との間を「翼なくして飛ぶが」ごとくに毎日往復していたとある。(24) さらに興福寺の中算上人はのちに山にこもって神仙の道を学び、ついに体に翼を生じ飛行自在になった。また『本朝神仙伝』にのせられた役小角には飛行のモティーフがないものの、『日本霊異記』に伊豆にながされたあとも毎夜駿河の富士山に虚空を飛んでかよい修行したというのはよく知られている。(25) これらの行者の行動はまさに霊場巡礼と呼ばれるにふさわしいものであった。

これにたいしてもう一つのケースの出現頻度ははるかに低くなるものの、天空飛行の意義を考えるうえでは重要な意味をもっていそうである。というのは、いわば巡礼の代替行為としての飛行は陽勝仙人がいみじくも「仙人」と呼ばれ、また陽勝仙人や中算上人が学んだのが「仙」の道であったことからもわかるように、この技術はおおむね神仙のカテゴリーに属するものであった。もちろんこの時代の宗教状況において仏道と神仙道を峻別するのはかえってことの本質を見あやまる結果になりかねないにしても、右の意味での飛行は宗教者たちが達成すべき理念のはるか手前に位置する手段としてしか機能していないことになる。それにたいしてみるならば後者のケースは往生という至上の宗教価値の実現に直接かかわりをもつ技術として描かれることになるからである。

『日本往生極楽記』にとりあげられた律師無空は死後に旧知の人の法華経写経供養の功徳によって邪道に陥ることを免れ、さる人の夢にあらわれていまから極楽の往生するむねを語り、いいおえてのち西にむかって飛び去ったとある。[26]同じ往生伝にある叡山横川に隠居したさる僧は西方をめざして空を飛ぶ宝輿にのって往生したが、[27]これも同類の説話に数えられよう。また『拾遺往生伝』の愛宕山の住僧好延は四〇年にあまる法華経および念仏読誦の功徳によって死後極楽浄土に往生するを得た。その入滅の夜さる大寺の阿闍利の夢に馥郁たるかおりの宝蓮にのった好延があらわれ、手には香炉をもち口に法華経をとなえながらはるか西にむかって飛び去ったという。[28]以上はいずれも往生の先が極楽であったのにたいし、高野山の十七世検校になった覚海は弥勒菩薩出世のときに大法の聴衆たらんとの望みをかねてよりいだき、ついに貞応二年のある暁に自院の中門の扉を両の翼にして大空にのぼっていった。[29]

こうしたさまざまな往生説話と先の巡礼のバリエーションとしての天空飛翔との間に次のような二種の説話をおいてみれば、往生とはいうのも実は浄土なる聖地に赴くことにほかならないのであり、したがって飛行往生もまた広くいえば巡礼の枠のなかに加えられてしかるべき宗教行為であることが理解されるであろう。

陸奥国新田郡の僧玄海は昼間は法華経一部を読み、夜は大仏頂真言七遍をとなえることを日課にしていた。ところがある日彼は、自分の左右の脇に翼が生じ西にむかって飛んでいく夢をみた。翼をよくみれば左翼は大仏頂真言、右翼は法華経の第八巻であった。玄海は千万の国をすぎ、やがて七宝に飾りたてられた宝樹楼閣に到着した。すると一人の聖僧があらわれて、

汝が今来る所は極楽界の辺地なり。却りて後三日、汝を迎ふべきのみ。（傍点は筆者）

という。かくて玄海はふたたびこの世によみがえり、三年ののちに遷化した[30]。ここで傍点を付した「辺地」という言葉の意味するところは、のちにもう一度考えてみる必要があろう。

類話をもう一つあげておくことにする。

沙門善法は居所を定めることなく諸国を遊歴し、人々に法華経の六万部講経を勧進していたので、「六万部の聖」と呼ばれていた。あるとき善法が美作で古い寺を補修したところ、夢にあらわれた老僧から一頭の馬を与えられた。彼がその馬に乗ったところ、馬に両の翼が生じ、西南にむかってどこまでも飛んでいった。大河をこえ銀色にかがやく浜をよこぎり、ついに高い山のいただきの雲の峰にまでたどりついた。そこには一宇の寺があり、寺には美しい飾りものに身をつつんだ僧たちが住んでいた。そしてかの僧たちは、「汝三年を過ぎて、当にこの処に来るべし」といった。それからちょうど三年たって、善法は美作の峰相寺で口に弥陀の名をとなえながら入滅したのだが、その後里人の夢のなかに、西方より無量化仏が彼を迎えるため東にむかってやってくるさまが映ったという[31]。

このようなモティーフは、実は天空飛翔という要素をはずせばけっして珍しいものではない。法性寺の住僧道乗もまたこれまでの僧たちと同じくきわめて熱心なる法華経受持の行者であった。ある夜の夢に彼が寺をでて叡山めざして歩いていくと、

柿本の辺に到りて、遙に山上を見れば、坂本より始めて大岳に至るまで、殿堂・楼閣・廊舎を造り重ねたり。葺

くに甍瓦をもてし、粧るに金銀をもてす。

という美しい伽藍があらわれた。そのなかの一字には多数の経典が安置されている。寺の宿老に問うと、これはすべて道乗がそれまでに読んだ法華経だといい、またその功徳によって彼は入滅ののちに極楽世界へ往生するだろうことを告げるのであった。(32)

また叡山宝幢院の道栄も法華経を深く信仰し、これの写経を行って永い年月がすぎた。ある夜夢のなかに宝幢院の前庭をみると、いつのまにか黄金で荘厳した多宝塔があらわれている。道栄がこれをみて礼拝していると帝釈天に似た男があらわれて、ここには道栄がこれまで書写した経典がおさめられているといい、またこの功徳によって都率天にのぼるであろうことを告げた。(33)

いずれもほとんど異なるところのない内容であることは確かにしても、ことにはじめの説話で、叡山の麓から山上まできらびやかな伽藍がたちならぶありさま、そしておそらく道乗がそれらの間を巡り歩いたであろう描写は、明らかに叡山巡礼を念頭においていると思われる。ちなみに比叡山の横川で修行し、のち京都の行願寺、いわゆる皮堂に住んだ境妙なる沙門は、死期の近づいたのを悟るとふたたび叡山にのぼって各所の堂塔聖跡を巡拝したという。(34)一山の巡礼を常に先のような夢のなかでの往生の予告と同日に考えることはできないまでも、境妙のそれが死期をさとった段階での叡山一山の巡礼であることを考慮にいれれば、たんに今生の思い出だとか、説話の本文にもあるごとく、かねてからの教理上の不審をはらすためという一見合理的な理由づけとは別の意義を読みとってよいのかもしれない。

あわせてもう一つ、ずっと時代がくだって近世往生伝にも同様の話があることを参考までに紹介しておきたい。名古屋の本立和尚が五畿内霊場（西国三十三ヵ所観音霊場のことか）巡拝をして浪速の天王寺に参詣し、諸堂を拝んでいるうちに日も暮れたので、その夜は同寺東門の常行堂に泊まることにした。するとその夜の夢に七宝で荘厳した大なる仏閣が見えた。「是定で浄土なるらんと思ひ」その堂にのぼってみたところ多くの菩薩が集まっているばかりで仏はおられない。そのうちに一人の高僧がでてきて、自分は徳本であると名乗り、本立に弟子となることを許し、十念をさずけたという。(35) これまでの文脈ばかりでなく、近世念仏聖の代表的人物である徳本のカリスマ性を語る物語としても興味をひかれよう。

さてこれらの夢幻的な仏教説話群において、もし一連の天空飛翔のモティーフを巡礼のカテゴリーに加えることが許されるのならば、逆に巡礼と名づけられた現実の旅の一形態をもそちらの側から捉えかえすことが可能になるであろう。つまり巡礼とはある種の聖化された空間のなかの旅、もしくはそうした空間に到達するための旅にほかならないのだ。ここでいう「聖化された空間」とはつまり巡礼霊場のことである。いっぽう説話のなかでは「極楽」とか「都率天」あるいは興味深いことに「極楽の辺地」などとされていたのは見てきたとおりである。では私たちが一般的に理解している巡礼霊場のなかに果たして、「極楽」とかそれに類する言葉でくることができるような空間の質を見出せるかどうか、またできるのならばその質はどのように表現されているのか等々が次の課題になるはずである。

またもちろん右の飛行説話を、ことに浄土への飛行を霊魂によるものと考えるならば、当然シャマニックな宗教との関連も考察されなければならないことになろうが、その視点をいま詳しく検討する余裕はない。ただシャマニズムに言及した場合には、肉体による巡礼の旅のみならず、霊魂が行う旅をも考えにいれる必要がおこってくることになりそうである。(36)

五 曼荼羅の旅

次に考えてみようとするのは四国「辺地」のことである。『今昔物語集』のなかに、「今は昔、仏の道を行ひける僧三人ともなひて、四国の辺地と云は伊予、讃岐、阿波、土佐の海辺の廻りなり[37]」とあるのはよく知られているが、この「四国の辺地」、すなわち四ヵ国の海岸まわりの道は、「我等が修行せしやうは、忍辱袈裟をば肩に掛け、又笈を負ひ、衣はいつとなくしほたれて、四国の辺地をぞ常に踏む[38]」などと『梁塵秘抄』にも歌われている「四国の辺地」とともに、今日の四国遍路の先駆をなすと考えられてきた。ここでふつうに「辺地」とだけいえばたんに「辺境の地」を意味する一般的な語彙にすぎないところを、近藤喜博はこの言葉の他の用例やこれに類する「辺土」などの使われ方をも参酌したうえで、海岸まわりの道とか海に続く道として理解しようとした[39]のは注目すべき見解と思われる。というのは四国辺地をこのように固有の意味と位相とをそなえた空間として捉えたとき、はじめてたんなる言葉の類似をこえて今日の四国「遍路」の歴史的表記法である「辺路」との連続を想定しうることになるからである。

さて、歴史上に「辺地」と呼ばれた霊場一般に、海との密接な関連を常に認めうるかどうかは十分な検証をこれから先に積み重ねていかなければならないことであるが、少なくとも四国「辺地」の南側には確かに海と切っても切りはなせぬ観念で結びつけられた霊場がかつて存在していた。それは高知県の南の海に大きくつきでた二つの半島の先端に位置した霊場である。その一つ、東側の室戸岬は四国八十八ヵ所霊場の開創者と信じられている空海の修行の地であることを空海自身の著作によって確認できる数少ない霊場の一つであり、のちには観音菩薩の浄土、補陀落山への渡海をめざす行者たちの修行地にもなった。土佐国の地誌『南路志』には「(最御崎寺の) 此池の南則ち補陀落山に通ず。行者常に彼の山に渡るを得んと、窟の内に亦有り」[40]としるされている。いっぽう西の足摺岬には、「かの岬には、堂ひとつあり。本尊は観音におはします。へだてもなく、また坊主もなし。ただ修行者、ゆきかかる人のみ集まりて、上もなく下もなし」と『とはずがたり』にしるされるような修行センターがはやくから成立していた。しかもこの霊場もまた室戸岬と同じく補陀落渡海のための拠点とされていた。『とはずがたり』にはこれに続いて、昔、補陀落浄土を深く慕う一人の僧と弟子の小法師とがここにいたこと、しかし弟子の小法師の方が縁あって先に渡海の望みを果たすようになったこと、それを泣き悲しんだ師の僧が舟をみおくる岬のうえでしきりに足摺りをしたので、ここを足摺岬と呼ぶようになったなどという内容の伝説を書きしるしている。[41]

これらの霊場の位相的特質を要すれば、此岸と彼岸、現世と他界との間にあって二つの世界を媒介する特異な空間、とでもいうことになろう。つまり二つの世界のどちらにも属さない空間であると同時に、「辺地」の概念にもどるならば、都からはるか遠くにへだたったこの世の辺地であり、かつ観音菩薩のいます補陀落浄土にとっても辺地であるような、二重性をおびた空間であることを意味しているのである。ここで前節の事例のなかで、僧玄海が虚空を飛んでいった先が「極楽の辺地」であったことを想起してもらいたい。またこれらの伝承に関連して宮家準の、古代における高知県域の山岳信仰の山や霊場には室戸岬から足摺岬を結ぶ海岸線にそって分布するものと内陸の山間部に分布するものとの二種類が認められるという指摘には興味をひかれる。[42]というのはいうまでもなく前者は今日の四国遍路の道に相当することになり、四国「辺路」のある種の空間特性を二つの点でなく、ひとつながりの線、もしくはある広がりをもった面のなかで理解できるからである。

いっぽうこれとは対照的に、「巡礼」する地理的な広がりが極小にまで制限された霊場空間も存在する。

説経節『信徳丸』によれば、継母にくまれて業病にとりつかれ、家をもおわれた信徳丸は四天王寺に捨てられ、諸所を放浪したあげくにみずから命をおえようとふたたび四天王寺にもどってきた。このことを知った乙姫は恋人信徳丸の行方をさがして巡礼に姿をかえてあとを追った。やがてゆくりなくも四天王寺にたどりついた乙姫は、金堂・講堂・六時堂・亀井の水と境内のあちこちをさがしあるいた末、引声堂の堂の縁の下でとうとう信徳丸をさがしあてるのだった。(43)

この物語のなかで四天王寺はほかにも乙姫と信徳丸との出会いが設定されるなど、彼の運命が転換する時々の舞台としてあらわれている。そしてこうした重要な空間における乙姫の境内巡拝はまぎれもなく「巡礼」であった。(44)それは四天王寺内の諸堂を巡り歩いたからばかりでなく、彼女のいでたちが「後ろに笈摺前に札、巡礼と様を変え」と語られているところからもいえることである。しかもこの巡礼が西国霊場への道を中断してなされたものであることは、四天王寺巡礼が西国巡礼に対等な、それ自体で完結しうる巡礼だったことをも同時に意味している。

当時の四天王寺は古代以来の伝統に加えて、中世には浄土信仰の拠点として念仏聖が集まり、日想観や入水往生もしばしば修される、いうなれば一大信仰センターでもあった。すなわち説経節のなかでの趣向とはいうものの、四天王寺巡礼がとりあげられる歴史的必然性は十分にあったのである。

また巡礼の地を浄土や浄土に続く空間とみなす観念は、けっして説経節のごとき虚構の世界だけにとどまったわけではない。高野山はその代表的な例であろう。高野山はその開創のときから金胎両部の曼荼羅になぞらえられ、さらに密厳浄土観や高野聖による阿弥陀信仰・大師信仰などがこれに重なってくるために、(45)その浄土としての性格はきわめて錯綜しているが、高野山参詣はたんなる参詣にとどまらず、しばしば歴史的にも呼ばれるように質量ともに「高野山巡礼」の名にふさわしい内実をそなえていた。すなわち巡礼の対象地としての高野山は『高野山順礼記』にもあるごとく、まさに「三世常恒浄土[46]」と捉えられていたのである。

ところで巡礼の意義をこのように考えてきたとき、たとえば観音巡礼の霊場が三三の札所により構成されていることの意味を、ここで改めて捉えなおす必要がでてくるように思われる。この事実については普通、法華経普門品に説かれている三十三身の思想に基づいているという以上の説明が与えられることはない。しかし実際の霊場の本尊はすこしも観音の三十三身に対応していなくてもよいのだから、その説明自体はまちがいでないにしても十分ではない。むしろ三三という数はたんなる数にとどまらず、観音菩薩もしくはその浄土の象徴にほかならないのだ。いいかえれば巡礼者たちは観音菩薩の霊場を三三という数で構成し、またその空間を歩くことによって、そこにまさしく観音菩薩の浄土を作りだしたのである。

ちなみに粉河寺や長谷寺など著名な観音菩薩の霊場が生身の仏の広大な救いを説き、また「吾朝の補陀落山なり」とか「補陀落海の浪御堂御堂の内陣に起つ[47]」と、そこがあたかも補陀落浄土につながる空間であると強調する縁起書の多くが、三三の説話から成り立っていることをも想起しておかなければならない。

こうしたシンボリックな数によって浄土を象徴したり霊場を構成する手法は別に珍しいものでもない。先の『粉河寺縁起』の第十五話にはさる高僧の亡母が日本に生まれかわったことをのせ、その所以は「日本の木は桑なり。日本を扶桑国と名て桑の字を四十八と書けり。四十八願の荘厳の浄土に託生し給なり」と、極楽浄土が阿弥陀如来の四十八願により荘厳されているとしている。もちろん日本各所の阿弥陀巡礼が四八ヵ所につくられているのも、右の観念に基づいているのはいうまでもない。

また東大寺の『二月堂縁起』には次のように都率天内院の巡礼がしるされている。

天平勝宝三年　十月実忠和尚笠置寺の竜穴より入て北へ一里ばかりを過るに、都率の内院成けり。四十九院摩尼

宝殿を巡礼す。(48)

この場合は実忠なる和尚の神秘的な体験のなかでの巡礼ではあったが、それだけに巡礼が浄土における参拝であることが明確に語られていた。しかもその巡礼霊場は弥勒菩薩の経典に基づく四九ヵ所の札所で構成されていたのである。

しかし四国八十八ヵ所霊場の場合は八十八がなにを意味しているのか、今日なお明らかでない。(49)ただしそれとはかかわりなく霊場空間の意味づけの試みが、かつて幾つかはなされていたと思われる。その一つは巡礼者の間にもよく知られている、発心・修行・菩薩・涅槃の各階梯に四国の四ヵ国を対応させる思想である。このアイデアが五転の思想によっていることはすでに述べたことがあるので、再論はしない。(50)またもう一つは四国を四重円壇の曼荼羅になぞらえる考えである。四国霊場の古地図のあるものには次のように記されている。

夫れ四国偏礼の密意を言はば、四国は大悲胎蔵の四重円壇に擬し、数多の仏閣は十界皆成の曼荼羅を示す。所謂四重の曼茶羅は十界其身平等に各々八葉開敷の蓮台に坐し、光明常に法界を照す、(51)(下略)

「四重の曼茶羅」なる思想がだれによって生み出され、どの程度の広がりで受け入れられたのか、これももう明らかにしえないが、四国霊場を「曼荼羅」と捉える認識には大いに関心をひかれてならない。

巡礼と呼ばれる参詣行為は早くからあらわれている。巡行とか巡遊というのも結局は同じで、要するに「一所にして両夜を経」ることなく各地の霊場を移動するごとき参詣であった。しかし巡礼における移動はそれでもなおけっして無秩序なものではなかったのだ。唐の五台山、日本の高野山や比叡山等々への参詣がまさしく巡礼と呼ばれていたとき、その霊場は秩序ある聖なる空間だったのである。そして巡礼空間の聖性はやがて三三とか四八、四九といった固有の象徴性をもつ数により表現されるようになった。だから巡礼の霊場とはつまりは仏に統べられる仏国土なのである。もちろんそれを「浄土」とか「曼荼羅」というのも同じことであろう。だがそのことの意義をもっとも正確に知っていたのは、仏教諸教団のオーソドキシィたちなどではなく、いわゆる下級の聖たち、そして在家の巡礼者たちなのであった。

注

（1）たとえば六十六部という巡礼には日本六六ヵ国のそれぞれを代表するような寺社にたいして法華経を納めること、という枠があるだけで、巡拝の順序はもとより、巡拝すべき寺社すなわち札所さえも定まってはいなかった。また本文中でも述べることがあるように、巡礼とは必ずしも一定の要件をそなえた巡拝の形式に限定されていたわけでは必ずしもなかったのである。

（2）『一遍上人語録』（「門人伝説」九九）。なお引用は日本古典文学大系『仮名法語集』による。

（3）前掲注（2）『一遍上人語録』（「消息法語」）。

（4）今井雅晴（『時宗成立史の研究』一九八一年、吉川弘文館）は、「浄不浄」という言葉が熊野の神の口から発せられたことに着目し、不浄の者として、第一に清浄な状態になりうるのに十戒をたもたず念仏をとなえない者、第二には乞食・非人など社会一般から「不浄」であると差別されていた者、の二種を数えた。すなわち後者には彼の布教の場に集まってきたという「畋猟漁捕を事とし、為利殺害を業とせるともがら」（『一遍聖絵』）などの直接生産者が含まれることになる。

（5）『大日本国法華経験記』第五十九話。以下引用は日本思想大系『往生伝・法華験記』による。

（6）『大日本国法華経験記』第六十話。

（7）『大日本国法華経験記』第六十八話。

（8）番場時衆とは滋賀県米原市番場の蓮華寺を本山とする教団の通称である。近世には時宗の一宗派であり、昭和十七年以降は浄土宗に属している。しかし元来は彼らも時衆を名乗っており、一遍の時衆と同時期に並存した念仏教団であった。また一向宗といえば今日では時宗もしくは後年の浄土真宗をさすのがふつうだが、大橋俊雄はむしろ一向俊聖の番場時衆のことだったろうと推測している。大橋俊雄『番場時衆のあゆみ』一九六三年一一月、浄土宗史研究会。

（9）『一向上人伝』巻四（注(8)大橋俊雄前掲書）。
（10）『一遍聖絵』第十一（『続群書類従』第二百二十二巻）。
（11）『一向上人伝』巻二（注(8)大橋俊雄前掲書）。
（12）いうまでもなくこの時代にはまだ四国遍路の風習は成立していなかったので、一遍にしろ一向俊聖にしろ、その四国巡拝が四国遍路そのものであったわけではない。
（13）『驢鞍橋』巻上四十五。本文の引用は岩波文庫『驢鞍橋』による。
（14）『驢鞍橋』巻中八十五。
（15）『驢鞍橋』巻上十二。
（16）『現証往生伝』巻上（笠原一男編『近世往生伝集成』一、一九七八年三月、山川出版社）。
（17）『近世南紀念仏往生伝』巻之二（笠原一男編『近世往生伝集成』三、一九七〇年二月、山川出版社）。
（18）真野俊和『旅のなかの宗教―巡礼の民俗誌―』（一九八〇年三月、日本放送出版協会）、『四国遍路』（共著、一九八一年一一月、佼成出版社）。
（19）『他阿上人法語』「上人より〳〵道俗に対して示したまふ御詞」（大橋俊雄『時宗二祖他阿真教法語』一九七五年一二月、大蔵出版）。
（20）一遍没後の他阿真教の役割に関しては今井雅晴『時宗成立史の研究』（一九八一年八月、吉川弘文館）で詳細に論じられた。
（21）『大日本国法華経験記』第四十四話。
（22）真野俊和「四国遍路の寺と海沿いの道―平安・鎌倉期を中心に―」（地方史研究協議会編『地方史研究』一七三、一九八一年一〇月）、および同「山からみた里と海」（『歴史公論』一一―三、一九八五年三月）。
（23）『本朝神仙伝』第四話。引用は日本思想大系『往生伝・法華験記』による。なお泰澄は『元亨釈書』では弟子の臥行者が飛鉢の法を使ったとされている。
（24）『本朝神仙伝』第二十四話。
（25）『本朝神仙伝』第三話、および『日本国現報善悪霊異記』上巻第二十八。

(26)『日本往生極楽記』第七話。以下も引用は日本思想大系『往生伝・法華験記』による。
(27)『日本往生極楽記』第十二話。
(28)『拾遺往生伝』巻中第六話。
(29)『高野春秋編年輯録』貞応二年（一二二三）八月十七日の条。
(30)『日本往生極楽記』第二十六話。
(31)『拾遺往生伝』巻下第二十七話。引用は日本思想大系『往生伝・法華験記』による。
(32)『大日本国法華経験記』第十九話。
(33)『大日本国法華経験記』第二十三話。
(34)『大日本国法華経験記』第五十一話。
(35)『尾陽往生伝』下「本立和尚」（注(16)笠原一男編前掲書）。
(36)シャマニズムのなかでも脱魂型と称されるタイプのものでは霊魂が肉体をぬけでて天空を飛翔するという。宮家準（「修験道とシャマニズム」〔桜井徳太郎編『シャーマニズムの世界』一九七八年九月、春秋社〕）は、本章でとりあげている飛行説話を手がかりに修験者に脱魂型シャマンの性格を見出そうとしているが、シャマニズムをあくまで自らの霊魂や肉体と他の精霊とにかかわる技法ととらえるかぎり、両者の結びつきにはもう少し慎重でなければならないはずである。
(37)『今昔物語集』巻第三十一第十四（角川文庫『今昔物語集・本朝世俗部』下巻）。
(38)『梁塵秘抄』巻第二（岩波文庫『梁塵秘抄』）。
(39)近藤喜博『四国遍路』一九七一年六月、桜楓社。
(40)『南路志』上巻、土佐安芸郡三津村の条。
(41)『とはずがたり』巻五「足摺の観音」（岩波文庫『問はず語り』）。
(42)宮家準「高知県の修験道」（『山岳宗教史研究叢書12　大山・石鎚と西国修験道』一九七九年四月、名著出版）。
(43)天下無双佐渡七太夫正本「せつきやうしんとく丸」（『説経節』平凡社）。
(44)岩崎武夫（『さんせう太夫考』一九七三年五月、平凡社）は、乙姫の境内巡拝を巡礼と位置づけ、また宗教空間としての四天王寺の性格を考慮しながら、この霊場が果たしている物語上の機能を考察した。

(45) とりわけ前二者に関しては、たとえば日野西真定による『野山名霊集』解説(一九七九年五月、名著出版)を、後者については五来重『高野聖』(一九六五年五月、角川書店)をそれぞれ参照されたい。
(46) 『続群書類従』第八百十八巻。
(47) 『粉河寺縁起』(『続群書類従』第八百十九巻)、および『長谷寺霊験記』(『大日本仏教全書・寺誌叢書』)。
(48) 『二月堂縁起』(『続群書類従』第七百九十六巻)。
(49) 近藤喜博(『四国遍路』一九七一年六月、桜楓社)は諸説を整理したうえで、熊野辺地の九十九王子に次ぐ限定数とする考えを提唱した。
(50) 注(18)真野俊和前掲書。
(51) 岩村武勇編『四国遍路の古地図』一九七三年四月。

第四章　弘法大師の母

――あこや御前の伝承と四国霊場縁起――

一　はじめに

　四国八十八ヵ所霊場巡拝は、周知のように弘法大師（空海）ゆかりと称する八八の寺々を、四国一島のうちに一巡する巡礼(1)である。いうまでもなく空海はわが国真言宗の開祖であるから、この面を強調するならば、真言宗における祖師巡礼(2)という性格づけが与えられることになるはずである。

　けれども、四国霊場（以下、四国八十八ヵ所霊場をこのように略称する）の性格をこの面からのみ規定することはできない。というのは、この霊場の場合、真言宗もしくは真言宗内の特定の宗派の管理下に置かれたことがかつてなかったのはもちろんのこと、霊場の運営に積極的な関心が寄せられたことさえほとんどなかったからである(3)。また、八八の寺々の宗派構成をみれば、真言宗寺院が圧倒的に多いのは当然としても、ほかに天台宗・禅宗、さらには浄土系である時宗の寺までもが含まれていて、宗派さえも統一されていない状況なのである。さらに筆者がいままでに出会った四国霊場巡拝者のなかに浄土宗の檀徒がめだって多かった事実は、たしかな理由はわからないながらもなかなかに興味深い。すなわち、一般に弘法大師に対して、しばしば教派の枠をこえて信仰される傾向のあることはよく知られるとおりだが、四国霊場にあってもまた、民衆宗教的・民間信仰的な弘法大師信仰をよく認めうるのである。つまり端的にいえば、四国霊場は二つの顔を持っている。一つは仏教もしくは真言宗が保持している宗教イデオロギーに規制され領導される側面と、二つ目は民衆宗教的・民間信仰的な弘法大師信仰に根をはっている側面とである。そしてこの宗教習俗の不思議さは、司祭者であるべき僧侶たちや、彼らを管轄する寺院や教団の果たしている役割が一見するところきわめて小さく、他方、在家信者にすぎない一般の民衆が創造したり、教理を組みかえたり再解釈したりして新たに作りあげてきた信仰が、あまりに大きくみえるところにある。この点は筆者も再々強調してきたところであるし、(4)それが四国遍路という習俗の、あるいは最大の特徴と言ってもよいのだが、後者の側面のみがやや強調されすぎてきたのではないかという印象がいっぽうでは残る。

さて、小文の目的は、以上簡単に述べてきたことを踏まえて、四国遍路の習俗と職業的宗教者とのかかわりにトレンチをいれようとするところにある。もう少し補足するならば、この習俗の日本全国への普及にあたって、純粋に自然な伝播などとうてい想定できない以上、どのような人々がそこに介在していたのかという疑問につきあたらざるをえない。しかるに、寺社が遠隔地からの参拝者の誘引に力をそそごうとするとき、専門の階層――多くは下級の宗教者として位置づけられる――を内部や周辺に生み出すのが歴史上の通例であった。伊勢の御師、熊野の御師、高野聖などはそのもっとも有名な例である。

だが四国霊場にあってはどうだったのだろうか。いかに一つの霊場としてのまとまりを欠くとはいっても、四国遍路は近世から今日にいたるまで、もっともポピュラーな参詣習俗として生き続けてきた。いまもなお生き生きとした信仰がここには存在している。現代のことはさておいても、近世から近代初頭にわたる、今日に比べればおよそ不十分な情報網しかもちえなかった時代に、信者誘致のための努力から四国霊場だけが果たして例外でありえただろうか。

純粋なかたちでの高野聖は戦国時代末で姿を消してしまったとはいうものの、その末裔とでもいえそうな、高野山周辺にたむろした、多くの職業的もしくは半職業的下級宗教者たちはこの習俗にはほとんど関心をもたずにおわってしまったのだろうか。

このような問題関心にたったうえで、以下、ある特異な四国霊場開創説話を最初の手がかりに議論を展開していきたい。

二　あこや御前の伝承

元禄三年（一六九〇）、『四国偏礼功徳記』(5)と題して四国遍路初の霊験記集を上梓した、大坂寺島町に住む行者宥弁真念は、その本の末尾で奇妙な物語の存在に言及している。

> 然るに世にしれ者ありて、大師の父は藤新太夫、母はあこや御前といふなどつくりことをもてひとを售。四国にその伝記、板に鋟、流行すときこゆ。（以下引用部分の傍点はすべて筆者による）

空海の父の名は佐伯直田公、母の名は不明ながら阿刀氏の女であることに異議をとなえる余地は今日ほとんど残されていないであろうし、いっぽう従来の真言宗系諸教団ではそれぞれ佐伯善通・玉依御前とするのが公式の見解となっている。この二点だけからしても、十七世紀の末に四国あたりで刊行されていたかの伝記なるものは確かに荒唐無稽な作り話のように思える。

もっとも母親の方にはいささか検討の余地がないわけではないらしい。日野西真定はこの点について、玉依御前という名は正確な史料によって確認ができないことを指摘し、おそらくは明治以降になって真言宗教団が宗祖の母の名を決めなければならなくなったとき、母の出身氏族である阿刀氏に伝わる系図に、佐伯直田公の妻となった阿刀真定の娘を「阿古屋―玉依姫ト云フ」と記載していることに基づいてこのように称しはじめたものであろうと推測している。(6)その玉依御前という名にしたところで、柳田国男が「玉依姫考」のなかで、玉依姫は巫女の通称の一つで、カミにちかづいてカミの王子を産むことができるほどの能力をもつ女性であると主張していること(7)を考慮にいれれば、単に大師の母親の固有名というよりは、むしろある種の女性をさし示す一般名にちかいとも考えられる。さらに「あこや＝阿古屋」がなにを意味するのかいまはまだわからないが、先に真念の筆をとおしてその存在を知ることができた弘法大師の奇妙な伝記なるものの歴史的な意義を考察する手がかりとなりうることが知れるのである。

そこで次には、宥弁真念なる四国遍路の行者の宗教的出自を述べておかなければならない。

彼は大坂寺島町に小さな庵をいとなみ、多くの在家信者たちを四国霊場への信仰に結縁させるいっぽうで、みずからも四国路での修行をおこたらない篤信の行者であった。八十八札所の巡拝も数を重ねること十数回とも二〇回以上ともいわれる。とはいっても町の行者にすぎなかったから、生没年など経歴に類することはほとんどわかっていない。彼の初期の修行がどこでなされたかも明らかでないが、高野山にきわめて大きな比重がかかっていたのはまず疑いえない。

『四国偏礼功徳記』にさきだつ貞享四年（一六八七）に、彼はすでに『四国辺路道指南』(8)を公にしている。この本は一般むけに書かれた四国霊場のガイドブックとしては史上はじめてのもので、その後も増補版が数次にわたって版を重ねるなど、四国遍路の風習の普及に果たした意義には実に大きいものがあった。

ついで元禄二年（一六八九）、真念は高野山奥の院の護摩堂に止住する行者、本樹軒洪卓らと語らい、高野山の学僧雲石堂寂本に『四国偏礼霊場記』[9]の執筆を依頼した。寂本は当時すでに『弘法大師賛議補』『神社考弁疑』など十数冊の教学的著作をものし、弥勒菩薩への信仰のあつい、名声赫々たる学問僧でありながら真念らのグループとも親交をもっていた。そこで彼自身は四国遍路の体験はもっていなかったが、真念たちの要請に応じて筆を執ったのである。この通称『四国霊場記』全七巻もまた四国霊場の寺院誌として最初のもので、内容的にみても、今日にいたるまで最もすぐれたものの一つといって過言でない。

だが、真念が耳にした弘法大師伝の内容を、先の文章以上に知ることは今日ではもうできない。ひとつ確実に言えるのは、高野山とかほどに深いつながりをもち続け、同時に庶民信仰の現場に身をさらし続けた真念さえもが、「これは諸伝記をもみざる愚俗のわざならん」(『四国偏礼功徳記』)と断じざるをえないほど論外なものであったということである。すなわちかの伝記は高野山とは無関係に成立し流布していたか、たとえ高野山となんらかのつながりがあったとしても、少なくとも真念たちのグループとは別の宗教者たちによって四国路に伝えられていた可能性を想定しうるのである。

ところで弘法大師の母公を「あこや御前」とする伝承は、実は先の真念の記述を最後に歴史の舞台から退場してしまったわけではない。たとえば明治十六年、大阪で出版された『四国八拾八ヶ所山開　全』[10]は次のような書き出しによって四国霊場の開創を説いている。[11]

勿体無も、讃州たどの郡、しらかたびようぶが浦に、御父佐伯善道様、御むつまちう、御くらし、其時阿こや御前の御腹をかり、十三月の間御もちなされ、宝亀五年、六月十五日、寅年寅の月寅の刻に御たんじようなされ、あこや御前はしかとだき、せんだん山にすて子なされし。其時せんだん山の、師生通りかゝりこれふしぎなる、御山にあか子のなきこへと、おもへど法華経よむようにきこゑ、御そばに立より、がんしよく、はいし奉れバ、日月のごとし。御身ハ仏の如く、相見え、これたゞならんと、衣の袖につゝまれて、我家へつれかへり、そだてあげれバ、一歳の御歳しんぶ経よみ開き、二歳の御としにぶん経よみ開き、三歳の御とし三部経よみ開き五歳の御年諸経よみ開き、七才の御年世上の者をたすけんがため、我身をすてゝ讃州、いや谷山にこもり、学文なされ、一度四国をひろめんがため、廿一歳の御年に、春ハ月三日、四国をめぐられたもう。（下略）

ここで父の名は通説の佐伯善通にちかい佐伯善道となっているものの、母の名は先の「あこや御前」が踏襲されている。そのあとの展開で、弘法大師幼少のおりの天才ぶりは高僧伝にありがちな粉飾だとしても、その他の捨て子譚や四国霊場の開創など、いちいち指摘するまでもなく奇想天外としかいいようのない内容のものであった。(12) ただし、四国霊場で真念が耳にしたのは果たして上の物語であったのだろうか。『四国八拾八ヶ所山開　全』と名づけられた四国霊場開創縁起の成立年代がどこまでさかのぼりうるのか追求できない以上、それは不明としかいえない。したがって今日のわれわれは、ほぼ二〇〇年にわたる空白を周辺の状況から推測するほかはないのである。そのとき、おそらくは藤新太夫およびあこや御前という弘法大師の両親の名が一つの重要な要素になるであろう。

三 「高野の巻」

苅萱道心と石童丸の物語、説経『苅萱』には「高野の巻」と題する弘法大師の不思議な一代記が挿入されている。劇中劇とでもいうべきこの物語の梗概を略述するところから次の議論を始めることにしたい。(13)

にわかに発心して家を出奔した筑前松浦党の一族、加藤左衛門重氏が高野山萱堂にこもり、名も苅萱道心とかえているという噂を風の便りにきいた妻の御台所は、息子石童丸をともなってはるばる紀伊国までやって来た。ところが高野山のふもと学文路の宿、玉屋のあるじ与次は女人の登山は御山の法度であるとこれをいさめ、「高野の巻」の物語を説き聞かせるのだった。

弘法大師の母はあこう御前といい、大唐国のみかどの娘であったが、ゆえあってうつぼ舟にのせられ海に流されてしまった。舟はやがて讃岐国白方屏風が浦に流れつき、とうしん太夫という釣り人に助けられた。あこう御前はとうしん太夫の養女になったとも、下女として使われるようになったともいう。

やがてあこう御前は男の子を産んだ。太陽に申し子をしようと願をかけ、西の海から黄金の魚が御前の胎内にはいる夢をみてはらんだ子なので金魚丸と名づけた。ところがこの子の夜泣きが激しく、たえかねた屏風が浦の浦人たちは夜泣きする子は七浦七里をからすといって、ついに親子をこの浦から追いはらってしまった。あこう御前は「この子ひとりまうけぬとて、なんぼう難行苦行申したに、捨てまいぞ金魚よ」とわが子をつれて四国のうちをさまよい歩いた。「その数は八十八所とこそ聞えたれ。さてこそ四国へんど[14]は、八十八か所とは申すなり」というので、これが四国遍路のおこりとなったという。

しかしとうとう金魚丸は思いあまった母あこう御前に、とある松の木の下に埋められてしまった。けれどもおりよく讃岐国志度の道場へ説法にきていた和泉国槇の尾のたらん和尚（くゎらん和尚）が、松の木の下から読経の声がするのを聞きつけ、金魚丸を救い出す。金魚丸は和尚につれられて和泉国にのぼり、ついで京都御室で仏法と学問の道をさずけられ、成長ののちは唐に渡るのであった。

このあと唐での勉学と帰国後の活動にまつわるさまざまなエピソードが続き、さらに高野山にのぼった大師を慕ってやってきた母あこう御前との間の女人禁制にかかわる説話なども語られる。ことに最後の説話は本章の論旨にも関連するので、のちに改めてふれることにしたい。

そこで『四国八拾八ヶ所山開　全』と「高野の巻」のそれぞれを構成する主要なモティーフを比較してみれば、それぞれ次のような特徴が指摘できそうである。

すなわち前者は一貫して四国遍路という習俗の起源や利益など四国八十八ヵ所霊場そのものに主たる関心を寄せているのにたいし、後者の関心は主に弘法大師の唐での行状、および母と子の関係にあるのであって、四国霊場へのそれはきわめて部分的でしかないという大きな違いがいっぽうにはあり、他方では、母親の名、弘法大師の誕生地、捨子譚、救出にともなう奇瑞、などのモティーフを共有していることがわかる。このうち母親の名についてはもともと資料上の確証がないこと、いいかえれば近世の段階からあいまいさを含む問題であったことはすでに述べた。次の誕生の地については、父の名にちなんだ善通寺の付近を想定するのが早くから常識化していたのだが、諸伝記にみられる「屛風が浦」をどの場所にあてるかという点になると必ずしも見解が一致していたわけではなかった(15)。いうなれば二つの物語に共通する要素のうち、前二者は問題が具体的であるだけに、その見解をめぐって正統性があらそわれることになりやすい論争点でもあったのである(16)。このことはしたがって、上の二つのモティーフを標識に特定の宗教者グループを追跡しうることを示しているともいえる。

ともあれ、弘法大師と母あこや（あこう）御前を主役に配する物語が少なくとも物語版行の一六三〇年代までさかのぼることを確認したうえで、次に「高野の巻」の物語に関して、気づくことを二、三指摘しておこう。

その第一は、「高野の巻」が歴史的におよそ孤立した弘法大師伝だという点である。この物語はなるほど大師の一代記というスタイルをとってはいるのだが、この一巻を構成する諸説話は『四国八拾八ヶ所山開　全』を別にすれば、不思議なことに、今日まで編まれたおびただしい数の大師伝のどれにもほとんど類をみることができない。つまり物語の系譜を自分自身以外に求めることができないのである。

第二は、この一代記が四国八十八ヵ所霊場の開創縁起にもなっているという点である。一般に弘法大師伝は四国霊場開創にまったく興味を示さないか、示したとしてもわずかに帰国後の活動の一つの例としてあげるにとどまるのが普通であった。ところが「高野の巻」では四国霊場の開創を大師の幼児期のできごととしたばかりでなく、まだ赤子の大師が母親にだかれて八八ヵ所をめぐったのが四国遍路のはじまりだと説いている。つまり一般に認められている通念とはちがって、これを弘法大師の母公の事跡だとしているわけであり、この点でもまた先行する類例をあげられないことというまでもない。

こうした理由によって、「高野の巻」またはそれに相当する話がいつごろいかなる人々によって語りだされたのかを明らかにするのはきわめて難しい。また、これがもともとは独立した物語であった可能性は十分に考えられそうだが、仮にそうであったとしても、どのような経緯で説経『苅萱』の一齣として取り入れられるにいたったのか現段階では不明としかいいようがない。

もっとも反対に、「高野の巻」を、いわば母体である説経『苅萱』そのものの方にひきよせる視点に立つことも不可能ではない。その場合はかつての高野聖たち、なかでも高野山の萱堂を拠点に全国を唱導して歩いた萱堂聖が当然のことながら視野にはいってくるはずである。この時、彼らの高野山信仰唱導のための主要レパートリーとしてもっとも人々に親しまれた苅萱道心・石童丸の物語(17)とともに、いま問題になっている弘法大師伝や四国霊場の開創縁起などがともに語られたのではないかという推測も許されよう。とはいえ、四国における高野聖の活動を示す資料が欠けていること、説経節『苅萱』の物語のもっとも古い本である室町時代の絵入写本『せつきやうかるかや』には「高野の巻」に相当する物語が含まれていないこと、さらに、厳密な意味での高野聖が姿を消してしまった近世にはいってのことではあるが、前述した高野山の行者宥弁真念と周辺の行者・学僧たちが藤新太夫・あこや御前の物語を知らなかったと思われること、などの諸点から、早急な断定をさしひかえなければならないけれども、なんらかの形で宗教者たちが関与していた可能性は考えておかなければなるまい。

ついで第三に注目すべきは、あたかも苅萱道心と石童丸、父子間のコンプレックスを補完するかのように、「高野の巻」の物語全体が弘法大師の母親に非常な関心をはらっている点である。従来の弘法大師伝や史書の類がどれも母を単に阿刀氏の女だとか、せいぜい玉依御前とするだけにとどまるのときわめて対照的である。単純に分量だけをはかってみても、大師の母になんらかの筆がおよぶのは、実に全体の二分の一をこすほどである。

この関心の深さこそ実はここで語られる弘法大師説話の民俗的性格をよくあらわしていると考えられる。というのは、民間における弘法大師伝承をみると、しばしば姥・老女、そして時には若い女が欠かせぬ相手役として登場するからである。たとえば雪の降る十一月二十三日のいわゆる大師講の晩、旅の道すがら訪れてきた大師になにがしかのもてなしをしようと他人の畑に芋や大根を盗みにいった老女の伝承をとりあげて、柳田国男はかつて、「いぜんにはこれも神の御母、または御叔母といふやうな、とにかくふつうの村の人よりは、ずっとそのだいしにしたしみのふかい方であったのではないか(18)」と述べたことを想起する必要があろう。つまり柳田はここで大師伝承の背後に大師＝大子＝神の子という、いまではよく知られている理論ばかりでなく、もうひとつカミなるわが子を守りはぐくむ母親、すなわち母子神への信仰という側面をも見出したのである。屏風が浦を追放された金魚丸とあこう御前、二人の母子のイメージにも彼のこの指摘があてはまることはいうまでもない。そしてさらに物語冒頭の母子二人による四国霊場の開創縁起に対応して、結末部分では高野山の女人禁制をめぐって母子の激しい葛藤が語られるのであった。かくして「高野の巻」で大師の母親が果たしている機能はきわめて重要だといわなければならない。

さて、先に私は、「高野の巻」が弘法大師伝としても四国霊場開創縁起としても歴史的に孤立した物語であることを指摘した。

しかし歴史的孤立性といっても、それはこの物語を完結したものとしてとりあつかい、しかも文芸史的側面に視野をかぎった時にそうみえるのであって、より伝承的側面に光をあててみれば、「高野の巻」は必ずしも特定の作者の想像力だけから生まれてきたフィクションでは、実はないのである。

たとえば冒頭の、あこう御前の海岸漂着譚をとりあげてみる。ある高貴な、もしくは正体不明の女性がうつぼ舟にのせられて、とある海岸に流れついたというモティーフは特に珍しいものでもない。中世の本地物語『蚕の草子』や、今日もなお茨城県・福島県の海岸地方に伝えられ、『蚕の草子』の中心説話ともなる常陸国蚕影山の縁起[19]には不可欠のモティーフなのである。

また、松の木の根もとに埋められた金魚丸こと、おさない空海が助けられる顚末を、「高野の巻」では、和泉国槙の尾のたらん和尚が下がり松のしたをとおりかかると読経の声がするので不思議に思って掘り出してみると、「玉をのべたるごとくなる男子」だったと語っている。このあたりのいきさつも、先の『四国八拾八ヶ所山開　全』と共通した展開となっている。

土中誕生ともいえるこのモティーフについてみれば、たまたま先にあげた蚕影山縁起系統の物語には、継母に憎まれた「こんじき姫」は父王の留守中に海眼山というところに流され、土中に埋められるというくだりがある。この場合にも、土のなかから光が発するのを父王がみつけ、姫はあやうい一命をとりとめるのであった。

しかしいまはそれよりも、柳田国男に注目された赤子塚の伝説の方に、より近親性を見出せそうである。[20]柳田の場合は、埋葬された母親から生まれた赤ん坊の話から、ムラの境とか、境のカミの分析にはいっていくのだが、土のなかから掘り出された子供が、のちに頭白上人などと称する高僧に成長していくというモティーフは、あるいはこの「高野の巻」にも大きく影響しているのかもしれない。

つまり「高野の巻」の孤立性とは、これを大師伝、四国八十八ヵ所縁起としてみたときに特にきわだつのであって、実は菊池仁もいうように、(21)物語の作者――もしくは作者たち――が基本を幾つかの先行説話におきながらも、独自の工夫・脚色をほどこして一つの縁起譚にまとめあげていったものなのだろう。その意味ではこの物語は、過去のある時代に、突然、ほかの物語となんの脈絡もなしに語りだされたわけではけっしてないのである。

四　弥谷寺の伝承

前節では、四国遍路の行者宥弁真念が四国路で耳にした弘法大師とその父母藤新太夫・あこや御前の伝承の時代的上限を求めて、保留つきながらも、かつて高野山萱堂の聖たちが管理していた可能性をもつ物語「高野の巻」にまでたどりついた。しかし「高野の巻」と四国霊場とのつながりとなると、この内容が遍路習俗の起源にわずかばかりふれているのみで、本体である苅萱道心と石童丸の物語が四国と結びつかないのはもちろんのこと、彼ら萱堂聖が四国霊場を主要な活動の場の一つとしていたという事実さえもまた、少なくとも史料にはあらわれない。けれども右のモティーフ自体はその後の四国霊場のなかに見出すことができる。

先の『四国八拾八ヶ所山開　全』によれば大師は七歳のおり讃岐国弥谷寺で学問の道に励んだということになっている。これの事実問題はともかくとして、四国八十八ヵ所中登場する唯一の寺院であることを思うと、七十一番札所剣五山弥谷寺がこの特異な四国霊場開創縁起に特別なかかわりをもっていたのではないかという推測がなりたつ。

実は真念の『四国辺路道指南』の発刊に四〇年ほども先立つ承応二年（一六五三）十月十一日、京都智積院の真言僧澄禅は同寺に参拝し、寺院内のありさまを『四国遍路日記』(22)に次のように書きしるした。

寺ハ南向、持仏堂ハ西向ニ巌ニ指カヽリタル所ヲ、広サ二間半奥ヘハ九尺高サ人ノ頭ノアタラヌ程ニ、イカニモ堅固ニ切入テ、仏壇ハ一間奥エ四尺ニ是モ切入テ左右ニ五如来ヲ切付ケ玉エリ。中尊ハ大師ノ御影木像、左右ニ藤新大夫夫婦ヲ石像ニ切玉フ。北ノ方ノ床ハ位牌壇也。又正面ノ床ノ脇ニ護摩木棚二段ニ在リ。東南ノ二方ニシキ井鴨居ヲ入テ、戸ヲ立ル様ニシタリ。（中略）水向在リ。石ノ面ニ二寸五歩斗ノ刷毛ヲ以テ、阿字ヲ遊ハシ彫付玉ヘリ。廻リハ円相也。今時ノ朴法骨多肉少ノ筆法也。其下ニ岩穴在、爰ニ死骨ヲ納ル也。水向ノ舟ハ中ニキリクノ字、脇ニ空海ト有。其アタリニ石面ニ五輪ヲ切付玉フ事、幾千万ト云数ヲ不知。又一段上リテ石面ニ阿弥陀ノ三尊、脇ニ六字ノ名号ヲ三クタリ宛六ツ彫付玉リ。九品ノ心持トナリ。又一段上テ本堂在。岩屋ノ口ニ片軒斗、指ヲロシテ立タリ。片ハエ作トカヤ云。本尊千手観音也。其廻リノ石面ニ五輪ヒシト切付玉ヘリ。（下略）

澄禅が弥谷寺で残した記録はほぼこれに尽きるので、母親の方の名はなんと呼ばれていたのか残念ながらわからないが、これまでの検討から「あこや御前」であったと考えるのが妥当である。またこれにまつわるなんらかの伝承――たとえば『四国八拾八ヶ所山開　全』とモティーフを共通にする――があったか否かも不明である。ともかく「高野の巻」と真念・寂本らが活動していた時期にはさまれて、讃州弥谷寺にも本章で追求してきたモティーフの存在が確かめられたといってよい。

さて弥谷寺の伝承について、もう少したちいった議論をしておきたい。

澄禅が見たという空海の両親像は、こののち一切の記録から姿を消してしまう。『四国遍路日記』に続く延宝五年

（一六七七）に成立した讃岐国の地誌『玉藻集』[23]には、

聞持窟九尺に二間余、内迫りに五仏・虚空蔵・地蔵等石面にきりつけたり。大師御両親に擬へ給ひて、弥陀・弥勒石仏に作り給ふ。今の人直に大師の御両親と拝む。亦大師御影もあり。昔は木像成しを石に改。

とある。弘法大師の木像はすでになく、弘法大師の父母と称する二体の石仏もそれぞれ阿弥陀如来・弥勒菩薩と呼ばれるようになっていた。

ついで元禄二年（一六八九）、寂本の『四国徧礼霊場記』は『玉藻集』によっていて、特に上と異なる記述はみられない。

さらに約五〇年後の元文二年（一七三七）、『讃州剣御山弥谷寺略縁起』[24]は、

又阿弥陀如来の尊像並に悲母阿刀氏の肖像各一軀を造して、以て御両親に擬へ、大師とともに連座し玉ふ。母公阿刀氏は即ち慈氏菩薩なるが故に、古へより是を石崛の二親仏と称す。

と述べている。

このようにみてきた弥谷寺の八五年にわたる記述の変化がそのまま実態の変化を反映しているのだとすれば、同寺において大師の両親は、

〔父〕　藤新太夫　→阿弥陀如来

〔母〕　あこや御前　→弥勒菩薩　→阿刀氏

とかわってきたことになる。このうち母親の後段の変化は真言宗のいわば正史に近づいたわけであるからしばらくおくとして、問題にすべきは前段の変化がいかなる要因によっているのかという点である。本節では父親の変化の問題にのみ簡単にふれておく。

弥谷寺は四国の北岸はいうまでもなく、中国地方の南岸にまでひろがるイヤダニマイリの習俗で知られている。この地方では死者がでると、近親の者が弥谷山に参り、持ってきた死者の遺髪と着物とを寺に納めていく風習がある。このとき墓へいって「イヤダニへ参るぞ」と声をかけ、まるで生きている人を背負うようにして弥谷山へのぼる土地もあったという。要すれば、弥谷寺はこの地方に生きた人々の霊魂が死後集まっていく山だったのである。(25)

このような風習が少なくとも近世初頭までさかのぼりうることは、先の『四国遍路日記』の引用の後半部分からも明らかである。今日寺に納めるのは遺髪のみであるが、かつては骨を納めることもあったのだろう。そして死霊ののぼる山というおそらくはこの風土の根生いの信仰のうえに、納骨の習俗を作りだし普及していったのは、この山に無数の五輪塔をきざみつけ、水向の舟に阿弥陀仏の種字をほり、崖のおもてに弥陀三尊像と六字の名号を残していった念仏の聖たちであったにちがいない。さらに教学的理念に基づき、大師の父を藤新太夫とする伝承を排して阿弥陀仏におきかえていったのもまた彼らであったのだろう。(26)

次にもう一つ、ここで海岸寺の問題にも少しふれておきたい。

澄禅は弥谷寺から峠をこえて白方屏風が浦に出た。(27) 先の『四国八拾八ヶ所山開　全』および「高野の巻」で大師誕生の地とされたところである。ここで彼は大師の産屋跡と伝える海岸寺や藤新太夫の屋敷跡などに参詣した。

> 藤新太夫ノ住シ三角屋敷在、是大師御誕生ノ所、御影堂在、御童形也、十歳ノ姿ト也。寺ヲ八幡山三角寺仏母院ト云、此住持御影堂ヲ開帳シテ拝セラル。堂ハ東向三間四面、此堂再興セシ謂ハ但馬国銀山ノ米屋源斎ト云者、讃岐国多度郡屏風カ浦ノ三角寺ノ御影堂ヲ再興セヨト霊夢ヲ承テ、則発足シテ当国エ来テ、先四国辺路ヲシテ其後御影堂ヲ三間四面ニ瓦フキニ結構ニシテ、又辺路ヲシテ皈国セラレシト也。又仏壇ノ左右ニ焼物ノ花瓶在、是モ備前ノ国ノ伊部宗二郎ト云者、霊夢ニ依テ寄附シタル由銘ニミエタリ。猶今霊験アラタ也、住持ノ僧演説ナリ。

今この地に三角寺はすでになく、海岸寺が番外の札所を名乗っているのみであるが、かつては両寺あいたずさえて弘法大師の誕生所を主張していたことがわかる。元禄五年（一六九二）の『讃州多度郡白方屏風浦迦毘羅衛院海岸寺縁起』(28)によれば、三角寺は同じ白方にあって「大師之氏神」といわれる八幡社の別当寺であり、かつ「大師母堂閑居之家地」であったという。ちなみにこの海岸寺縁起はかの真念のブレーンの一人であった雲石堂寂本が筆を染めたものとされていて、しかも弘法大師誕生所の伝承にも言及しているところから察するに、のちに誕生所問題をめぐって訴訟沙汰になる善通寺との間もまだ平穏であったのだろう。けれどもいっぽうで但馬国米屋源斎・備前国宗二郎などのように霊夢をこうむって御影堂の再興に尽力したり、金品を献納したりするほどに熱烈な支持者がすでにあらわれていたことも澄禅の日記からわかるのである。

さて乾千太郎によれば、かつて『空海混本縁起』なる一巻が存在したという。(29)乾の紹介にしたがってその内容をみるに、この縁起もまた弘法大師の両親を藤新太夫・阿古屋とするものであった。夫婦の間に子供のないのを悲しみあれこれと願をかけて祈ると、西の海から金の魚が阿古屋の胎内に飛び込むという夢をこうむり、やがて一人の男子が誕生した。いうまでもなく、のちの空海である。さらに捨て子、救出、勉学、渡唐と続く展開は、大筋で「高野の巻」を思わせるものがある。ただし捨てられた先が善通寺近辺の仙遊が原をもじった千誉が原であったり、金魚丸を救ったのが善通寺の徳道上人であったり、学問の最初の手ほどきが善通寺でなされるなど、善通寺の比重も同時にたかまっていた。また『空海混本縁起』そのものの書誌的検討がまったく行われていないので、残念ながら同縁起の成立年代の問題には踏み込むわけにはいかない。乾は本文中の記述から室町時代末期の成立と考えている。もしもこの推定が可能ならば藤新太夫・あこや御前のモティーフは「高野の巻」よりもさらに半世紀以上時代をさかのぼることになるはずである。

五　慈尊院の伝承

慈尊院はその名の示すように、慈氏尊すなわち弥勒菩薩を本尊とする高野山山麓の名刹である。本章の最後にこの寺をとりあげようとするのは、ほかでもない、同寺の本尊が弘法大師の母公であると伝えてきたからである。『紀伊続風土記・高野山之部』（天保十年〔一八三九〕成立）は次のように説いている。

承和元年母公大師を慕ひ来り玉ふ事ありとも云。同二年二月五日の縁尽給ふ時聖齢八十三とぞ。山史に大師奉為慈母氏加持其屍成全身舎利蔵廟窟期慈氏下生と記し或肉身転せすして今に厳然たりと云。（中略）是より母公を即ち弥勒菩薩と尊敬し奉る。

また、

弥勒菩薩尊影／堂内の西奉念建壇の本尊なり。秘重の故に厨子の内に安し奉る。母公慈尊入寂の春にいたりかの無垢の橋下水中に浮ふ。自らこれを見玉ふに宛も弥勒菩薩の如し。（中略）聖母は元より弥勒の化身なれば(下略)

ともいう。

もともと慈尊院は空海の高野山開創と壇上伽藍の整備にあたって根拠地とされたところである。したがってここには聖教や諸道具類を保管する倉庫や、別当・所司など政所の諸機関および山僧の居住施設がもうけられた。その一角にあった慈氏堂がやがて山上の都率内院にたいする山下の外院として位置づけられ、慈尊院が成立する。『紀伊続風土記』の記事は続いて、此伽藍は其外院なれは、此所に於てまつ男女道俗を結縁し、有縁の浄土に往詣せしむる方便の土なれは結縁寺とも号す。

といい、盛況の一例として、康和二年（一一〇〇）三月に高野山経蔵の完成を祝って慈尊院でも落慶供養をいとなんだところ、多数の道俗男女が群参結縁したことを伝えている。さらに山麓と山上を結ぶ一八〇町の参詣道の町数を示す卒塔婆、いわゆる町石の列の出発地点となるにおよんで、慈尊院はますます発展していくことになった。

もちろん慈尊院発展の契機は高野山参詣道の出発点にあたったことだけにあったのではない。空海は承和二年（八三五）三月十五日、入定するにあたって弟子たちに、

吾閉眼之後、必方往生兜率他天、可待弥勒慈尊御前。五十六億余之後、必慈尊後共下生祗候、可問吾先跡。（『御遺告』第十七条）

と言いのこして息をひきとった。『御遺告』のこの記事に基づき、やがて空海不死不滅の信仰が高野山を中心に生まれてくる。このいわゆる弘法大師入定信仰には、したがってまた弥勒菩薩への信仰と重なる部分が非常に大きかったのである。

慈尊院にとってもう一つ見のがせないのは、慈尊院別当中橋家の存在である。中橋家は始祖を空海の母の兄弟、阿刀大足の二男元忠としている。しかも『紀伊続風土記』によれば、空海が母親を慈尊院においたとき、自身にかわって阿刀元忠を仕えさせたという伝承もあった。

これらの点から、慈氏すなわち母公という伝承がこの寺に生まれうる条件は早くからそなえられていたことがわかる。そしてこの伝承の成立・普及に別当中橋家が大きな役割を果たしていたであろうことも、想像するに難くない。ただその唱導がいつごろからはじまったのかという問題になると、和多昭夫は古代末期すなわち十一世紀におこり、

以後中世を通じて道俗男女の崇敬を得たとしているのに対し[30]、日野西真定は鎌倉末期以降を想定している点で[31]、従来の研究は必ずしも一致していないようである。

しかしその不一致はいま重大な問題ではない。右の見解のどちらであるにしろ、弥谷寺の弥勒菩薩の伝承は、紀伊国高野山のふもと慈尊院に発した唱導の波が、中世末か遅くとも近世初頭までに四国の弥谷寺のあたりにまで及んでいったであろうことを示しているのである。

とはいっても慈尊院自体が広い範囲にわたる活動能力をもっていたわけではなかったから、実際の普及にあたっては、より聖（ひじり）的性格の強い宗教者たちの力をかりなければならなかったに違いない。たとえば近世初頭に流布された『弘法大師御母君之御文章幷大師御返事章』と題する空海母公の唱導は、承応四年（一六五五）、聖的性格をもつ五之室谷真蔵院によって書かれ、山内の行人の寺々の間にながされていたというように[32]、聖・行人などの関与するところは大きかった。

慈尊院の弥勒菩薩の場合は、けれども、実際の唱導の任にあたったのが誰であるのか、直接に物語る資料を見出せない。今はこのモティーフが、唱導の文芸である「高野の巻」にも取り入れられているという事実に注目しておくとしかできないだろう。そこで最後に、大師の母公が弥勒菩薩としてまつられるまでのいきさつを、慈尊院側の伝承である年代不詳の『慈尊院弥勒菩薩略縁起』[33]と、聖たちの唱導の物語である「高野の巻」の双方をみておきたい。

前者ではまず大師母公が「四国讃岐国屛風が浦の御人」であることを述べた上で、次に高野山に登ったわが子を追って母公もまた高野山に登ろうとしたことを語る。大師はしかし、この山は「女人結界の地」であって、たとえ母親であろうとも女性の登山はなりがたいむねを告げて母公の登山を押し止めようとした。母公はどうしても承服せず、やむなく大師は袈裟を石にかけて、母公がこの上をわたってもし子細がなければ高野山に同道しよう、もし不思議があればやはり登山は認められないといった。そこで母公が袈裟をこえようとすると、八十三歳の年齢にもかかわらず月水が一滴こぼれおち、袈裟はたちまち大炎とともに燃えあがった。ついに登山をあきらめた母公に大師は、「さいわいこれより三里ふもとにれいじやうこれあり。此地へ御下り有へし。我が加持力を以て弥勒菩薩といわひこめ申べし。末世女人の高野となし衆生さいどあそばすべし」といって、不転肉身弥勒菩薩といわいこめたという。

以上が先に結縁寺と呼ばれ、いままた女人高野と名づけられた慈尊院と、その弥勒菩薩の由来の概略である。

そして慈尊院から山上の大門にいたるまでの登山道には、大師が袈裟をかけた袈裟掛石、母を守ろうとして石を押しあげたので手形がついた押揚石、登山をあきらめた母がくやしがって石をねじった捻石など、この縁起にゆかりの事物が点在する。こうした伝説上の旧跡を背景に、中世から近世にかけての庶民信仰の興隆のなかで慈尊院の伝承は広く知られていくことになったであろうと推測される。

またいっぽうで、たとえば紀州熊野妙法山の熊野比丘尼のおこりを説いた『比丘尼縁起』なる一巻をみてみよう。これには、高野山上での大師と母公のやりとり、「ねぢ岩」の由来、寺の名はあげられていないが、麓の寺に弥勒菩薩としてあがめたといういきさつなど、慈尊院の母公の伝説がほとんどそのまま取り入れられている。[34]すなわち高野山の母公伝説は、高野山に割拠する宗教者の手をはなれて他の宗教集団の縁起の一部となるほどの人気を博した題材であったことが理解できるのである。

その人気が内にむかって一層のものであったことはいうまでもなかろう。[35]先に述べたように、「高野の巻」もまた大師と母公あこう御前の物語が最後に配される。このくだりは慈尊院縁起よりもややくわしく描きこまれているほかは、大筋でほとんどかわりがない。むしろ、

自らは讃岐多度の郡白方の屏風が浦の、とうしん太夫と申す御内に、あこうと申す女なるが、この山に新発意を

一人持ちてござあるが、延暦八年六月六日に相離れ、けふに至るまで対面申さず、我が子の恋しきままに、これまで尋ねて参りた。

と、目の前にいる弘法大師がわが子とも知らずかきくどく母あこう御前の姿は、「高野の巻」冒頭の四国遍路の場面と重なって、ことさらに聴衆の涙をさそったことであろう。こうした効果の上に、慈尊院の弥勒菩薩の縁起は高野聖の唱導にとりこまれたのであった。

六　結　語――高野山から四国霊場まで――

十七世紀の後半に四国霊場を歩く行者宥弁真念がふと耳にしたとうしん太夫・あこや御前の「つくりこと」から出発した私たちは、ゆくりなくも二つの道筋をとおって高野山にたどりついたようである。なかでも高野山の麓に弘法大師の母公を弥勒菩薩としてまつる慈尊院の信仰に関心をひかれるのだが、もう一つ萱堂の聖たち、あるいはもう少し範囲を広くとって高野山の聖たちの活動にも注目しないわけにはいかない。しかしどちらの宗教グループにしろ、彼らの四国における足跡を追跡するのは、現在の研究段階ではきわめて困難である。

ところで信仰体系の内実もしくは構成要素という観点からみたとき、本章で検討してきた一連の四国霊場縁起、とくに弥谷寺における、とうしん太夫＝阿弥陀如来、あこや御前＝弥勒菩薩という伝承は実に興味深い面をもっていることに気づく。この伝承が単に弥谷寺一ヵ寺の伝説にとどまる性格のものでないことは、とうしん太夫・あこや御前の物語があくまで四国霊場開創の由来との関連で語られていることから明らかだろう。つまり四国遍路の信仰をば、阿弥陀如来・弥勒菩薩二尊それぞれへの二つの信仰の複合として捉えうることを、弥谷寺の伝承は示しているのである。

さていっぽう中世高野山に対する民衆の信仰は、阿弥陀信仰と弥勒信仰とに集約される。このうち阿弥陀信仰は高野山への納骨習俗と念仏に代表され、弥勒信仰は弘法大師のカリスマ性と結びつきながら多様な信仰を獲得していった。これらいずれも古代末期〜院政期に源流を発する信仰は、鎌倉時代にはいると高野聖の精力的な活動に支えられて急速な普及をみる。とくに一遍智真のひらいた時衆の念仏信仰は、この山の聖たちにきわめて大きな影響を与えた。南北朝から室町期にかけては高野聖のほとんど全部が時衆化してしまう事態にさえいたったという(36)。納骨の習俗の広がりが、このような阿弥陀仏＝念仏信仰の隆盛によっていっそう拍車をかけられたであろうことはいうまでもない。

また釈尊の滅後五十六億七千万年ののちに予定された弥勒菩薩の下生を待望するという弥勒信仰は、高野山において独特の発展を遂げた。都率天の内院で菩薩に仕えようとする、弘法大師の死にあたっての誓言はやがて不死不滅と観念される大師の肉体とカリスマ的人格そのものへの信仰に発展していく(37)。したがって大師信仰には救世主出現への期待もしくは奇跡の実現に対する希望が常に底流として存在し続けてきたのである。

これら二つの信仰の潮流が四国霊場の開創縁起や、特定の寺院ではあれ四国八十八ヵ所霊場の札所の信仰にまで流れこんでいたという事実を確認したいま、四国霊場信仰の唱導に高野山の聖やその末裔たちが深く関与していたであろうという推測をも、いまや事実として認めなければなるまい。

その場合ここでもう一つ、是非とも触れておかなければならないことがある。それは、いわば高野聖の行方についてである。厳密な意味での高野聖は近世社会の成立とともに消滅する。しかし彼らが持ちあるいた信仰は、確実に全国各地に根をおろしていった。たとえば念仏信仰は村々の念仏講などの習俗として定着するし、納骨の風習をもつ山も地方に分散する。さらに奇跡の実現者としての弘法大師の伝承は全国至らぬところはないというほどの大師伝説のなかにあとをとどめているのである。またこの伝説のなかにも姿をみせた、いまなおこの世に生きて津々浦々を巡錫する大師の観念は今日の四国遍路にとっても不可欠の信仰となっている。

そして都市においては「高野行人」なる宗教者とも芸人ともつかぬものが出没したという。その姿を『只今御笑草』によってみれば、

浄衣に白股引、てつこう、頭は白木綿にて宝冠につつみ、其上に菅笠を着て、笠のうへへ小さき手桶に水を入れ、しきみの花をそへて戴き、鉦鼓の大きなるを、千日参りのごとく竪様にはさみてうちならし、高サ壱尺二三寸ばかりに、鉄ののべがねにてこしらへたる一本歯の足駄はき、町々を遊行するに（下略）

とある。このようないでたちで町を流しては足もとの銭を拾いあげてみせ、しきみにて頭上の水をそそいでは腰の経木に何やら書きつけてねんごろに回向した。この間、桶の水は一滴もこぼさないというので評判になった。『只今御笑草』ではこの行人の出現を「明和（一七六四〜）のころ、天明（一七八一〜）のはじめ迄」としているが、元禄三年（一六九〇）の『人倫訓蒙図彙』にのせられた「高履」と呼ばれた行人とまったく同一かと思われる。(38)

ただし興味深いのはそうした時代的上限ではなくて、あこや御前の伝承との関連である。というのは、とうしん太夫のもとにあるあこや御前が申し子を祈った際のいでたちが、「高野の巻」には、

屋の上に一尺二寸の足駄をはき、三斗三升入りの桶に水を入れ頂いて、（下略）

となっていて、しかも寛永八年（一六三一）刊行の『せつきやうかるかや』にのせられたさし絵のなかのあこや御前のすがたにきわめて類似しているかと思われるのである。

もちろんこれだけの類似で高野行人をあこや御前の伝承の担い手たちの一角に位置づけてしまうわけにはいかない。

しかしかつての高野聖のいわば流れをくむこうした宗教者たちが、おそらくはおりにふれて説いたにちがいない弘法大師の霊験が、近世以降、今日にいたるまで四国遍路という宗教習俗の盛行を支えた、一つのしかも重要な基盤になったことを疑うことはできないであろう。

注

（1）ただし四国八十八ヵ所霊場にかぎっては巡礼といわずに、ヘンロ（辺路・遍路）と呼ぶのが普通である。歴史的な表記にしたがうならば「辺路」とすべきだが、いまは今日一般に使用されている「遍路」と書くことにしたい。

（2）一定の本尊をまつる寺を巡拝する「本尊巡礼」にたいして、開宗の祖にゆかりの遺跡を巡り歩く巡礼をこのようにいう。「本尊巡礼」の代表例に西国・坂東・秩父等の三十三観音巡礼がある。いっぽう、四国遍路とは成立の年代も事情もまったく異なってはいるが、たとえば浄土宗の法然上人二十五霊場や、浄土真宗の親鸞上人二十四輩などは、特定の宗派・教団に公認され、巡拝者もまたその宗派・教団の信徒にかぎられる典型的な祖師巡礼であるといえよう。

（3）近年八八の寺院が「四国八十八ヵ所霊場会」という組織を結成しているが、これは宗派をこえた連合体であり、その活動もあまり活発ではない。

（4）真野俊和『旅のなかの宗教―巡礼の民俗誌―』（一九八〇年三月、日本放送出版協会）など。

（5）近藤喜博編『四国霊場記集』（一九七三年五月、勉誠社）所収。

（6）日野西真定「玉依御前論考」（『伊藤真城・田中順照両教授頌徳記念　仏教学論文集』所収、一九七九年一一月、東方出版）。

（7）柳田国男『妹の力』（一九四〇年八月、のち『定本柳田国男集』第九巻収載）所収。

（8）近藤喜博編『四国霊場記集　別冊』（一九七四年四月、勉誠社）所収。

（9）注（5）近藤喜博編前掲書。

（10）管見にはいったもののうちでは本文に引用した明治十六年のもの（香川県立図書館所蔵）が初見である。奥付には同年十一月二十五日出版、編輯人井上佐七、出版人松本善助（ともに大阪府）とある。なお同書は出版人をかえて現在でも入手可能だが、内容・文章ともにほとんど一致するところをみると互いに相承関係にあるか、典拠が共通するのであろう。

また昭和五十五年の筆者調査によれば、昭和初頭まで、愛媛県今治地方の人々が四国遍路に出かけるとき、霊場案内などのほかに「とうしん太夫とあこや御前のことが書いてあった本」を持って歩いたという。おそらく『四国八拾八ヶ所山開全』に類するものだったのだろう。

(11) 原文は文章の首尾もととのっていないうえ、総ルビつき、変体がな使用、句読点はすべて句点に統一されているが、引用では本文のように改めた。

(12) 一般に四国八十八ヵ所霊場の開創は空海が真言密教をたずさえて帰国した翌年の大同二年（八〇七）のこととも、空海四十二歳の弘仁六年（八一五）のことなどとも信じられている。これらもまた今日の歴史研究の見地からは否定されなければならない伝承なのだが、いまはその真偽を問うところではない。捨て子譚にしろ空海二十一歳での四国霊場開創説にしろ、当時の社会における常識に相反していることが指摘できればよいのである。

(13) 説経『苅萱』のテクストには室町時代の絵入り写本『せつきやうかるかや』（仮題）を最古として、江戸時代にはいると各種の説経節正本が刊行される。代表的なものに、寛永八年（一六三一）刊、しやうるりや喜衛門板『せつきやうかるかや』（三巻本）や、寛文初年頃（一六六一〜）刊、江戸板木屋彦右衛門板『かるかや道心』（六巻本）などがある。いずれも横山重の『説経正本集』におさめられている。このうち「高野の巻」を含むのは、前記三種のうち後の二本であるが、本章で引用する場合には『新潮日本古典集成・説経集』で注釈をほどこされた、しやうるりや喜衛門板『せつきやうかるかや』（三巻本）を使用した。

(14) 原文には「へんと」とあるのみ。今日の四国地方では通常の巡拝者をヘンロと呼ぶのに対し、札所への参拝よりももっぱら物乞いへの施与を目的として各地を移動したり住みついたりする「遍路」をヘンドと称して、両者を使いわけている。しかし、もしも歴史的な用字法であるヘンロ＝辺路が「辺境の路」からきているとするならば、ヘンドの方は「辺境の土地」に由来するという解釈が可能かもしれない。

なお、詳しくは真野俊和『四国遍路』（一九八一年一一月、佼成出版社）を参照されたい。

(15) その第一は現在の香川県仲多度郡多度津町白方の地に比定する説で、第二説では同県善通寺市善通寺近辺の山々をさしている。白方には弘法大師誕生地を名乗る屏風が浦納経山海岸寺があり、その奥の院は後説するように伝大師自刻稚児像と両親の木像を安置することで四国霊場巡拝者たちに知られている。
(16) 文化二年（一八〇五）から文化十三年にかけて、注(15)にあげた善通寺・海岸寺両寺の間で誕生地の正統性をめぐって訴訟がくりひろげられた。その経過については、乾千太郎『弘法大師誕生地の研究』（一九三六年二月、善通寺）および蓮生観善編『善通寺』（一九七二年一二月、善通寺）等に詳しい。
(17) 高野聖が唱導につとめたり関わりをもった文芸には、俊寛僧都と有王丸、滝口入道と横笛、平維盛の物語など数多いが、なかでも苅萱道心と萱童丸のそれはのちに説経節・浄瑠璃・祭文などの大衆的芸能にとりいれられて爆発的な人気を獲得した。苅萱の物語と萱堂聖との関係について、古くは筑土鈴寛が「かるかや考」（『国語と国文学』六―一一、一九二九年一一月、のちに同著作集第三巻『中世・宗教芸文の研究』に再録）で論じ、近年では五来重が『高野聖』（一九六五年五月、角川書店。一九七五年六月に増補版発行）で、より総合的な立場から検討した。なお萱堂のあとの苅萱堂ではいまもなお苅萱道心・石童丸の物語の絵解きを行っている。
(18) 柳田国男「大師講の由来」（『日本の伝説』所収、一九四〇年一二月、のち『定本柳田国男集』第二十六巻収載）。
(19) 今野円輔『馬娘婚姻譚』（一九六六年五月、岩崎美術社）所収の縁起による。ただし同書に蚕影山縁起の影響下に成立した伝説・昔話・和讃などは紹介されているものの、縁起本文は収載されていない。なお常陸の蚕影神社は東北地方南部から中部地方にかけて養蚕農家の崇敬を集める、もっとも著名な信仰センターの一つである。
(20) 柳田国男『赤子塚の話』（一九二〇年二月、のち『定本柳田国男集』第十二巻収載）。
(21) 菊池仁「説経苅萱と高野聖」（『伝承文学研究』二一、一九七八年三月）。
(22) 澄禅が同年七月十八日から十月二十六日まで、九一日間をかけて行った巡拝の記録である。のちに宮城県塩竈神社に奉納された。近年、宮崎忍勝（『澄禅「四国遍路日記」』一九七七年一〇月、大東出版社）、近藤喜博（『四国遍路研究』一九八二年一〇月）らによって翻刻されている。
(23) 『香川叢書』第三巻（一九四三年三月、香川県）所収。
(24) 『香川叢書』第一巻（一九四三年三月、香川県）所収。
(25) 武田明『巡礼の民俗』（一九六九年七月、岩崎美術社）。
(26) 彼ら念仏聖たちの宗教的出自までは追求できない。ただし鎌倉期末には時衆の祖、一遍が瀬戸内海に面した四国八十八ヵ所の寺々を遊行しており（『一遍聖絵』）、後世の時衆＝念仏聖たちもこの道を歩いたと考えられる。弥谷寺からさほど遠くない綾歌郡宇多津町の郷照寺は四国霊場中唯一の時宗寺院で、踊躍念仏を歌いこんだ詠歌を伝えており、また代々止住した木食上人をまつる木食堂が寺内にあることでも知られている。周知のように中世においてはこうした念仏聖が高野聖の主体をなしていて、たとえば高野山苅萱堂の苅萱道心の物語にしても、実は信州善光寺の親子地蔵の霊験を説くために、ここを拠点とする時衆聖が管理する唱導の文芸でもあったのである。弥谷寺の念仏聖にしても、こうした念仏信仰の広域ネットワークのなかで考えなければならない。

（27）現在の香川県仲多度郡多度津町白方にあたる。

（28）『香川叢書』第一巻（一九四三年三月、香川県）所収。

（29）注(16)乾千太郎前掲書。

（30）和多昭夫「慈尊院弥勒菩薩像の作者」（『仏教芸術』五七、一九六五年三月、毎日新聞社）。

（31）注(6)日野西真定前掲書。

（32）注(6)日野西真定前掲書。

（33）東京都立日比谷図書館所蔵。

（34）萩原龍夫『巫女と仏教史』（一九八三年六月、吉川弘文館）。ただし本来この縁起は故庵逧巌が入手し、「三熊野の『比丘尼縁起』」（『論纂・説話と説話文学』一九七九年六月）で公にしたものだが、のち萩原が同書中に再録したという。

（35）もっとも山内でもこの伝説に対する意義づけの方向は必ずしも一枚岩的でなかったらしい。宝暦二年（一七五二）に成った代表的な高野山案内記の一つ、『野山名霊集』は、一般むけの書でありながら、大日如来の密厳浄土観・金胎両部曼荼羅観などむしろ真言密教のより正統的な教学的観点を強調する点で特徴づけられるというが（同名書、一九七九年五月、名著出版。中の日野西真定解説による）、この本で、押揚（上）石・捻（ねぢ）石・袈裟掛石については一括して「別に由来なし」とかたづけてしまっているばかりでなく、慈尊院の項でも、かの伝説を完全に黙殺してしまっている。

（36）五来重『増補　高野聖』（一九七五年六月、角川書店）。

（37）宮田登『ミロク信仰の研究　新訂版』（一九七五年一二月、未来社）。

（38）近藤喜博『四国遍路研究』（一九八二年一一月、三弥井書店）。

第五章　四国遍路の行者とその宗教活動

——宥弁真念『四国偏礼功徳記』を中心に——

一　四国霊場記三部作の成立

貞享四年（一六八七）、抖藪の沙門宥弁真念の手により、『四国辺路道指南』と題して、一四八丁ばかりからなる一冊の四国八十八ヵ所霊場案内記が上梓された。たなごころにのってしまうほどの小さな本でありながら、四国霊場信仰史のうえでこの出版は実に画期的な〝事件〟であったといってよい。というのは、真念以前の数種の私的な巡礼日記の類をのぞけば、四国霊場の全貌がまとまったかたちで一般道俗の目にふれるようになったのは、おそらくこれが最初だといえるからである。この書は内容の適切さと正確さとで江湖の好評を博し、明和四年・文化四年・文化十二年・天保七年と若干の修正を加えつつも、江戸期をとおしてしばしば重版された(1)。

もちろん各種の遍路記・霊場記が執筆されるはるか以前から四国霊場はあった。その淵源がどこまでさかのぼりうるものなのか、またいつごろから弘法大師にたいする信仰の場となってきたのか、いくつもの解決しえない難問がいまだに残されているけれども、たとえば『今昔物語集』巻第三十一の第十四話は、「今は昔、仏の道を行ひける僧三人ともなひて、四国の辺地と云ふは伊予、讃岐、阿波、土佐の海辺の廻りなり。その僧どもそこを廻りけるに、……」

と語りだし、四国の海岸伝いの道をあるく修行僧たちの一群があったかもしれないことをうかがわせるのは、おそらく四国の霊場に関するもっとも早い時期の史料であった。

またたとえば大勧進として東大寺の復興に大きな功績のあった俊乗房重源も、保延三年（一一三七）、十七歳のときに「四国辺の修行」におもむいたことを、後年の『南無阿弥陀仏作善集』に書き残している。さらに重源とも親交があったとされる西行の四国修行のことも忘れてはならない事実だろう。

あるいは時代をもう少しくだれば、正応元年（一二八八）から翌二年の春にかけてなされた、時衆の祖一遍智真の四国北岸の遊行をみいだすこともできる。念仏者といいながら一遍の弘法大師への帰依には篤いものがあり、彼の晩年の四国遊行がそのままに四国遍路の先駆的なありかたであったとは必ずしもいいきれないにしても、このときの菅生の岩屋・繁多寺・善通寺・曼荼羅寺といった『一遍聖絵』にしるされた寺々がいずれも現行の四国八十八ヵ所中の札所に該当することや、讃岐宇多津の道場寺（現、郷照寺）が一遍再興の縁起を有し、近年まで各種の遊行聖のしばしば止住する場であったことなどに注意をうながしておきたい。

けれども、四国八十八ヵ所霊場の巡拝記となると近世にいたるまでわれわれは目にすることができない。そうしたものとしては今のところ、寛永十五年（一六三八）八月から十一月にわたる大覚寺宮空性法親王の四国巡拝の記録である『空性法親王四国霊場御巡行記』を初見とする。これは法親王の四国行脚に随行した伊予国菅生山大宝寺の僧賢明に命じて書かせたものであるから、この巡行記が一般のために供されることを目的としたのでないのはいうまでもない。

ついでその一五年後、承応二年（一六五三）、京都智積院知等庵の主、悔焉房証禅大徳が、九〇日余にわたる四国巡拝の旅をし、『四国遍路日記』と題する巡礼記を残している。(2) 四国の風物・人情、札所の由来や伝説、遍路の実態等について筆のおもむくままに詳しくしるした、きわめてすぐれた紀行とされているが、これとても個人的な「旅日記」の域をでるものでなく、公衆の目にふれさせることを前提としてはいない。

さらにくだって貞享二年(一六八五)、俳諧師大淀三千風が、四国各地の俳友たちと交流をかわしながら、一二〇日にわたる巡拝の旅をおえた。この旅は『四国辺路海道記』として記されたが、これもまた日記という性格が強く、しかも『日本行脚文集』の一部として上梓されたのは、元禄三年(一六九〇)のことであった。

以上のような歴史のあとに、上述した『四国辺路道指南』(以下簡略のため『道指南』とのみ記すことにする)が公にされたのである。真念はこの案内記で巡拝の作法をとき、八八の札所の本尊および巡礼歌(詠歌)等をもれなくしるし、また当然のことながら道順・道のりあるいは標石、巡礼宿・善根宿などの施設にいたるまでことこまかに書いていったのだから、この本のもつ意義はまことに大きかった。白井加寿志は、八八の札所と順序、および奉唱歌すなわち詠歌さえもが真念の作事に帰せられるべきだろうとするほどである。(3)

ついで元禄二年(一六八九)、真念と高野山奥院護摩堂に寓居する本樹軒洪卓との協力を得て、高野山の学僧雲石堂寂本は大著『四国徧礼霊場記』全七巻(以下これも『霊場記』とのみ記す)を公にした。(4)『道指南』が実際的な道案内のガイドブックであったのにたいし、『霊場記』のほうは八八の札所のそれぞれについて詳述することを目的とした本である。おのおのの札所における記事の内容と、札所ごとに付された克明な寺院の景観図とは、札所のありさまのみならず、当時の四国全土における仏教信仰・民衆信仰の実態を理解するために、このうえない貴重な史料となるはずである。

さらに翌三年、ふたたび真念自身が、上下二冊からなる『四国徧礼功徳記』をあらわした(5)(以下同様に『功徳記』と記す)。これは前二著とはやや趣をかえ、巡礼の信仰そのものについて語った書物である。四国霊場をみずからの足で歩き続け、遍路することへの深い確信に裏付けられて、弘法大師への信仰につらぬかれた特異なものであるが、彼はさまざまな説話・伝説をとおして巡礼することの功徳を説くのである。それはまた今日もときおり見聞することのある、種々の四国遍路霊験譚(6)の原型をなしているといえるのかもしれない。

粗雑なスケッチではあるが、四国霊場記三部作ともいうべき諸作の成立にいたるまでの道筋をおってきた。次節以下では『功徳記』の位置づけと著者真念の信仰のありかたを中心にそれぞれの内容の特質を見、あるいは民衆自身の巡礼信仰とのかかわりといった問題について議論をすすめていきたい。

二　宥弁真念

宥弁真念とはいかなる出自をもち、どのような宗教活動を行った僧であるのか、実は皆目といってよいほどに明らかでない。ただ、上記三部作の叙あるいは跋文などに彼の行業の一端が、わずかにうかがえるのみである。『霊場記』叙で、雲石堂寂本は真念について、

茲ニ真念トイフ者有リ。抖藪ノ桑門也。四国遍路スルコト、十数回。(原漢文)

と言い、『功徳記』の跋辞でも木峰中宜が、

真念は、もとより頭陀の身なり。麻の衣やうやく肩をかくして余長なく、一鉢しばしば空しく、たゝ大師につかへ奉らんと、ふかく誓ひ、遍礼せる事二十余度に及べり。

と真念について書いている。あるいは真念自身もまた「某もとより人により人にはむ、抖藪の身」(『功徳記』下)と

語るように、彼は頭陀行をもっぱらとする僧であり、なかでも弘法大師に帰依するところきわめて深く、四国八十八ヵ所の大師の聖跡を十数回ないし二十数回もめぐるという篤信の遊行僧であった。さらにいうならば、前述した高野山の学僧寂本ならびに同奥院護摩堂に住む本樹軒洪卓(7)らとのつながりから推して、高野山となんらかのつながりをもつ聖――高野山に本拠を有し、納骨や念仏・唱導などを主たる任務とする中世的な意味での高野聖とは、もちろん同じではありえないが――の一人であったと考えてよいだろう。しかし高野山とのつながりが具体的にいかなるものであったかは不明というほかはない。

ところで真念の宗教活動の場、ないしあり方は、四国遍路を軸としても、おおよそ三つの領域からなりたっていることがわかる。その第一はいうまでもなく真言僧あるいは高野山につながる聖としての頭陀抖藪行という領域である。第二には、彼自身の四国巡拝という行為をとおして、四国霊場における作善の課題があげられる。そして最後に如上の目的を達成すべくさらにはそれ以上の意義をもこめて、彼の住居のある大坂寺嶋を根拠地とする勧進活動、すなわち勧進聖の側面をあげなければならない。これら三つの活動領域は当の真念自身のなかに別々のものとしてあるのではけっしてなく、むしろ不可分のものとして、五来重が説くように「聖（ひじり）」の特質のそれぞれのあらわれかたとみるべきだろう(8)。

第一の頭陀抖藪行としての側面からみるならば、真念の行動は、たとえば行基・空也・一遍などと続く、古代以来一所不住の遊行にみずからの宗教的達成の大きな部分をゆだねてきた、民間宗教者の伝統にのっとるものであり、四国とのつながりでいえば、彼は上述した『今昔物語集』に登場する三人の僧、あるいは重源・西行・一遍等々につづく四国修行者の一人であった(9)。本樹軒洪卓はその修行のさまを次のようにしるしている。

真念法師、五相三密の縄牀を出て、南海千里の金場を踏れしに、多岐羊腸、行脚の肝をけし、杳に人家なくして、

岩もる水に枕をかたむけ、遠く客舎を絶てハ、山を帯雲をしとねとせられし（下略）（『道指南』序）

ともあれ、当時すでに民衆化の兆をみせはじめていたとはいえ、十分に整備された交通路・宿泊施設などまずは期待すべくもなかったそのころ、伝えられるごとき二十余度にわたる四国巡拝は、想像を絶する苦修練行であったといわなければなるまい。それは彼の弘法大師にたいする深い信仰にささえられないかぎり、とうてい不可能というものであろう。もちろん神あるいは至上者・救済者としての大師への信仰は真念にはじまるわけではなく、いっぽうには柳田国男が説いたようにオオゴ＝神の子としてのダイシにたいする民俗的な信仰や習俗が、当時といえどもすでにあったであろうし、他方では主として高野聖などによって中世以来おおいに喧伝された、入定伝説を媒介とする弘法大師の復活・再生への信仰があった[10]。四国霊場を現実に弘法大師が巡錫しているという思想はいまもなお生きているし、近世においてすでに存在していたことは、

四国には弘法大師常に化現し給ふよしにて[11]（下略）

あるいは、

四国経歴いたし候へば、弘法大師に逢ひといひ、又高野山にては大師経歴被成候に付、衣裳の裾に泥など付候。又は裾など切候故、年々取かへ候[12]（下略）

などという、ともに近世後期の随筆の一節によってよく知られているが、『功徳記』においてもまた、

大師の御記文とて伝ふるに、身を高野の樹下にとゞめ、魂を都率の雲上にあそばしめ、所々の遺跡を検知して、日々の影向をかゝずとあり。（中略）御遺跡へは大師日々御影向あるにより、八十八ヶ所の内、いつれにて、そは大師に直にあひ奉るといひなせるは此よしなり。

と記し、さらに江戸でも「四国遍礼すれば、大師にかならずあひ奉る」（『功徳記』贅録）と聞いたとあって、同様の信

仰がここに流布していたことを私たちは知るのである。〃高野聖〃真念の四国遍路も、こうした民間の大師信仰を背景に位置づけられなければならないであろう。

けれども現実の世界での大師の四国巡錫が、たんに「……であったそうだ」という伝説や風聞の域にとどまるなら、なんらそれは人々を四国霊場へとかりたてる情熱の源となりうるものではない。物語が手ごたえあるものとして現世に生き、かつ機能してはじめてそうした事態は可能になる。私たちはこれからつぶさに検討するように、真念をつきうごかしていた強い信仰の一端を、なによりもまず『功徳記』編纂の基本姿勢のなかに見出すことになるであろう。あるいは、

大師御遍路の道法は四百八十八里といひつたふ。往古ハ横堂のこりなくおがミめぐり給ひ、嶮岨をしのぎ、谷ふかきくづ屋まて、乞食せさせたまひしがゆへなりと云々。今は劣根、僅に八十八ヶ所の札所計巡拝し、往還の大道に手を拱御代なれハ、三百有余里の道となりぬ。（『道指南』）

などという彼の言葉をみても、「今は劣根」といい捨てる口ぶりのなかに、一種の末法意識とともに、自分自身の行為にたいする真念のひそかな、けれども強い自負を逆にみてとることも可能かもしれない。

さて彼の活動の第二の面は、具体的には四国霊場での遍路屋の開設、標石の設置などの仕事としてあらわれてくる。まず遍路屋について、『功徳記』の木峰中宜の跋辞には、

四国のうちにて、遍礼人宿なく艱難せる所あり。真念是をうれへ、遍礼屋を立、其窮労をやすめしむ。

とある。この遍路屋は真念庵と名づけられ、現在無住ではあるが、高知県土佐清水市市野瀬に残されている。三十七番札所仁井田五社（現在はその別当寺であった岩本寺が札所になっている）から、三十八番札所足摺岬の金剛福寺への途中にあたり、

市野瀬村、さが浦より是まて八里、此村に真念庵といふ大師堂、遍路にやとをかす。これよりあしすりへ七里（下略）（『道指南』）

とあるように、遍路屋とはいうものの、実際には大師堂であった。どのようないきさつでこの場所がえらばれたのか、無住であったのか庵主・堂守などをおいていたのかなどは不明であるし、いつごろここに建てられたのかもわからない。ただ先述した空性法親王の寛永十五年の『御巡行記』に、「仁井田の五社を再拝し足摺までの村里を、数も忘れて過ぎぬれば……真念庵の右左別れる道の所にあり」となっていて、これが『道指南』の真念庵に相違ないとすれば、さかのぼること約五〇年前には真念の四国での作善行がすでにはじまっていたことになる。

また彼の手になる遍路屋＝大師堂が真念庵一ヵ所のみであったのかどうか、これも知ることはできない。しかし現在主として番外札所として伝えられる多くの寺や堂のなかには、旅の僧がそこに止住し、巡拝者の便宜をはかったという前身をもつ者がないとはいえないだろう。

真念の四国でのもう一つの大きな仕事は道しるべの設置であった。ふたたび木峰中宜によると、

又四国中まぎれ道おほくして、佗（他）邦の人、岐にたゝずむ所毎に、標石を立る事、をよそ二百余所（下略）（『功徳記』跋辞）

であったという。『道指南』には三番金泉寺付近、十一番藤井寺から十二番焼山寺にいたる山中の柳水庵付近、十七番井土寺の付近などをはじめとして計二八基の標石が記載されている。これもそのすべてが真念建立のものであったのかどうか不明だが、幾つかは今日各地で徐々に発見されてきているということである。真念自身は標石についてどのように述べているか。

巡礼の道すぢに迷途おほきゆへに、十方の喜捨をはげまし、標石を建おくなり。東西左右のしるべ幷施主の名字

彫刻入墨せり。年月をへて文字落れバ遍路の大徳幷其わたりの村翁再治所奉仰也（『道指南』）

すなわち「十方の喜捨」を勧進し、その施主の名をきざんで標石を設置したのである。また四国巡拝者や沿道の村人にも協力を要請している。ここに真念の勧進聖としての側面がすでにあらわれているとともに、いっぽう勧進に応ずる人々にとっては、そのことによって善根を積むという機能を果たしていることもあわせて指摘しておこう。

標石建立が四国行者の大きな仕事の一つであったことは、時代は下るが、明治二十〜三十年代に活躍した中務茂兵衛にもみることができる。たとえば高知市高知城の下の道に、三十一番札所への道筋を示す一メートル以上もの大きな標石があり、次のように彫られている。

百四十五度日為供養

（正面）　三十一番安楽寺　周防国大島郡椋野村

願主中司茂兵衛義教

（側面）　明治廿八年十一月吉日　世話人宇田久平

中務茂兵衛は弘化二年（一八四五）、周防国椋野村に生まれ、二十歳をすぎたころから大正十一年（一九二二）七十八歳で生涯をおえる直前までに二八〇回におよぶ四国巡拝を達成し、その間に建立した標石も、現在判明しているかぎりで二二〇基にのぼるという[13]。明治時代末ごろのある遍路記によれば、黒装束にサンゴの念珠をもつ中務茂兵衛なる者が四国中を巡拝しているといい、四国ばかりでなく中国筋にまで彼の名をかたって祈禱してあるくものが、五人も一〇人もいたという[14]。したがって中務茂兵衛にも真念同様、勧進聖の面影をみてとることができるのである。

そこで最後に真念の第三の側面について述べなければならない。彼にとっては、『道指南』や『功徳記』の執筆上梓ならびに『霊場記』の編纂にたずさわることそのものが、四国における作善の行為の一環をなしていたのである。

大師八百五十年忌の春、宿願弥萌し、四国遍路道しるべをし、うゐ参の翁、にしひかししらぬ女わらべにたよりを発と、筆を手にし、巡礼かす度して（下略）

これは『道指南』あとがきに記された彼の執筆意図である。弘法大師八百五十年の遠忌を契機として、自分のみならず他をも利する目的をもってこれらの書は出版された。しかもそれは真念単独の仕事ではなく、「こゝに野口氏、我功のなる事をよミして、剞劂氏に命じて、四国遍路道指南となりぬ」とあり、さらに「梓工傭銀喜捨　大坂西浜町野口氏木屋半右衛門　本願主　仝所寺嶋宥弁真念房」としているごとく、『道指南』は真念を本願主とし木屋半右衛門の助縁により現実のものとされたのであった。

『功徳記』刊行にあたっては、助縁者はさらに広範に求められている。上巻の末尾には「刊行助縁者緇素名簿」として大坂下博労木屋市良右衛門妻以下一五名が、下巻には同じく大坂堂嶋堀江橋詰阿波屋勘左衛門以下一〇名の男女が名をつらねている。この内訳をみるに大坂を中心として淡路・阿波・土佐・伊予にまで広がり、うち男八名、女一七名となっている。真念にとっては四国行脚がまた勧進の旅でもあったのだろう。彼の大坂寺嶋を中心とする宗教活動にいかなるものがあったかはこれも明らかでない。ただこの名簿作成にあたって「為六親眷族七世父母菩提也」と書かれているのをみることができるのみである。ともあれ二五名中一七名、すなわち助縁者の三分の二を女性が占めている事実はなかなかに興味深いものがあるにちがいない。

三　『四国徧礼功徳記』と真念および寂本

前節で四国修行のヒジリとしての真念の宗教活動の一端をみてきた。続いて本節では以上を踏まえたうえで、『功徳記』の本文を分析し、彼の宗教とどのようにかかわりあっているかを考えたい。しかもそこで学僧寂本の宗教観と対比させてみれば、その特色はより明瞭な輪郭を示すにちがいない。

釈寂本。雲石堂と号す。俗姓長谷川氏。城州深草の人也。

『続日本高僧伝』巻第四「紀州高野山沙門寂本伝」の書出しである。寛永八年（一六三一）に生まれ、元禄十四年（一七〇一）卒。おさなくして高野山にのぼり、応盛阿闍梨について両部の密軌および灌頂をうける。一時ゆえあって高野山から越前国にしりぞいていたが、のちふたたび高野山にもどり宝光院を嗣ぐ。天和二年（一六八二）大雲院にしりぞき、また家原寺に寓居する。著書に『神社考弁疑』『弘法大師弟子伝』『異字編』など二十余編がある。また常々都率天上生をねがい、みずから弥勒尊像をきざみ、都率天曼荼羅を描いたりもした。詩文にすぐれ、書画彫工にたくみであったという。年譜風にかけば以上のようで、『霊場記』執筆は宝光院隠退後のことになる。『霊場記』のさし絵は、沙弥洪卓が真念とともに四国をめぐって仮図をつくり、それに基づいて寂本が描いたものとされる。

ところで『霊場記』執筆の動機は、ほかならぬ真念の慫慂によるものだったと寂本自身が書いている。「前ニ四国指南一篇ヲ出シ、遍礼ノ人ニ便リス。爾リト雖モ諸刹ノ霊験ヲ尽スニ非ズト」（『霊場記』叙）。そこで真念は洪卓ら数名の同志とともに寺々をめぐって資料を収集し、寂本にその撰述を依頼した。それゆえ『霊場記』は古今の類書のなかでもっともすぐれたものであるにもかかわらず、寂本自身は四国霊場を実際には巡拝していない。途中で小さな寄り道はあったものの高野山でいわばエリートとしてそだてられ、多くの著作をほこり、名声赫々とした寂本と、諸国の行脚にあけ、行脚にくれる生活をおくっていた真念との間には、出発点から大きなへだたりがあったといえる。しかも当時病弱であったとはいえ、四国霊場に足を踏み入れたこともなく、民衆の信仰の実態にふれたこともない寂本に、真念とその周辺に集まる人々が何を願い何を求めていたかということについて、十分な理解がおよばなかったのは、したがってやむをえないことでもあった。ともかく『霊場記』全七巻は完成した。

とはいうものの寂本にも真念の宗教にたいする一定の理解があったのは確かで、奇怪霊異のことはのせないという『霊場記』編纂の方針からもれた大師霊験譚を集めて、同じく元禄二年『弘法大師賛議補』全三巻が編述されている。しかしその理解にも当然限界があったことは、このあとでふれなければならない。

『霊場記』編纂の方針は、本文にさきだつ凡例に明らかである。曰く、

・奇怪霊異の事は、仏教及ひ、本朝神道の常談なり。若異俗膚浅の儒流因果撥無のともがらの為にはいふにあらず。

・凡紀籍は、古を酌、来に伝へて、世の鑑とし、人の迷を解き、道を弘むる器なり。故に浮説妖妄にわたる事は、いまのとらざる所なり。

あるいはまた「世の中には石を玉とするようなまちがいもしばしばある。知らないのならしかたがないが、人をすかさんために聖者にそれを託することもある。……いま急にそれを判別し正すこともできないので、所伝のままにのせておく」といった用意周到な一項もある。ともかく正統な仏教教理からはずれるものは除く、というのが基本方針であった(15)。

そこでいよいよ『功徳記』をみていくことにしよう。

寂本曰く。自分はかつて『賛議補』三巻、『霊場記』七巻を世に問うた。しかし、遍礼の功徳、奇瑞の入べき所なくしてのせざるもあり、又霊異といへども、鄙俗にわたる事とて、取べきにあらざるもあり。これらミな真念遺憾なき事あたはず、ミづからその聞伝えし事を書、一巻として、予か柴戸をたゝき、ふところより一巻を出して、これら俗人にしらしめは、信をおこすたよりならんかしといへり。(『功徳記』序)

と、真念は寂本がまさに「浮説妖妄」としてしりぞけた説話をこそ重視した。おそらくは重視せざるをえなかったのである。ここで二人の根本的な立場の相違があらわになる。もとより真念の収集した一連の遍路霊験譚は「庸俗の物がたりにて、法教の義談」ではない。かえって人のあざけりをまねく体のものでしかないかもしれない。しかし、と寂本は考えた。「さハいへど人に賢愚あり。賢なる人はさらなり。愚なるものハ、法教の深義を聞といへとも、心にわきまへず、しかれは深教も却て俗に益なし」(『功徳記』序)と。結局寂本は真念の要請をいれて『功徳記』序の執筆をうべなうのであった。さらに寂本は、収録された功徳譚の幾つかにたいして、みずから短評の筆をとっている。

さて『功徳記』の本文であるが、ここには上下巻あわせて二七の説話——なかには説話といいがたいようなものも含まれているが——がおさめられている。ここに幾つかのモティーフを抽出することができよう。

まず第一のモティーフAとは、巡礼することの功徳そのものを説くものである。重い病に苦しみ明日をもしれぬ命であったが、意を決して四国遍路にでたところ、ほどなく病はあとかたもなく癒えてしまったという類のもので、現今の四国遍路霊験譚として人口に膾炙するものにはこうした病気治癒譚が圧倒的であるといってよい。もちろん日本の仏教史をひもといてみれば治病が宗教の大きな機能の一つであったのはいうまでもなく、また民衆宗教が流行神化していくとき、これが重要な媒介となっていくことも周知のとおりである。ただモティーフAにあってはそれが「巡礼」を契機としてあらわれてくるところに着目したい。またここでは治病についてのみ語られているわけでは必ずしもないこともことわっておく。

第二のモティーフBは、Aとは逆に巡礼者にたいする態度にかかわるものである。ムラを訪れてきた遍路をあたたかくむかえ、あるいはその乞いを容れたものにたいしてはそれなりの福徳が与えられる。この場合遍路が往々にして弘法大師その人であるとされることがあるのはいうまでもない。反対にそうした遍路を邪険にあつかい、乞いを容れなかった場合には相応の懲罰がある。こちらのモティーフをB′としておこう。

モティーフCとは前述のモティーフB、B′と、ときとして不可分のモティーフで、大師のいわば文化英雄としての側面を説いたものをこれにあてておこう。ここで文化英雄とはなんらかの意味で人類のさまざまな状況を改善したものであり、ふつう「人びとに、農耕・織物・病気治療・建築などの新たな技術を教えることで、文化的恩人として扱われる」(16)ものをさすが、もうすこしひろく、こうした意図をもたずともなんらかのかたちで自然とかかわりあいえたもの、すなわち人間と自然との間にあって自然をコントロールし文化をもたらしえたものをさすことにしたい。その行為が人間のために役立ったか否かはまた別の問題である。そしてよく知られるようにモティーフB、B′およびCの組合せは、外者歓待の信仰を背景に、ことに各地の弘法大師伝説などとなって民衆のなかにあらわれてくる。真念がこれらのモティーフをとりあげたのも、また当然だといわなければなるまい。

さて以上A、B、B′、Cという四つのモティーフは、その一つだけが単独に物語化されることもあれば、いくつかが組合されることもある。全二七話についてそれを整理したものが第3表および第4表である(17)。さらにそれぞれをモティーフに分解したとき、それぞれが通算何回あらわれてくるかをまとめてみたのが第5表である。

これらの表にみえるように、単独で物語化されることがもっとも多いモティーフはAである。一例をあげれば、紀州高野領に、善三郎といふものあり。むまれつきたぐひまれなきどもりにて、一言もわけきこえず、常にこれをくるしみ、一旦おもひより、大師にいのり、遍礼をはじめけるに、三日めにものいふ事、とゞこほりなく、音便さハやかになり、舌のかはれるやうにおほえしとなり。(第二話)

生来のどもりが、大師の力をたのみ四国遍路にでるやたちどころに快癒したというものである。寂本はこれに、むかし天竺の求那跋陀羅が大唐にわたって華厳経を講じたが、唐語ができないのを悩んでいたところ、ある夜観音が夢

第3表　説話別モティーフ構成一覧

番号	モティーフ構成	番号	モティーフ構成	番号	モティーフ構成
1	B	10	A	19	A，B
2*	A	11	A	20	A
3	B—C—A	12*	A	21	A
4*	B—C	13	A	22	A
5	B	14	A	23	B
6	B	15*	B′—C	24*	B′—A
7	A	16*	B′—C	25	A
8	C	17*	B′—C	26	A
9	C	18	B—C	27*	B，B′

注　*は寂本が短評を付した説話である.

第4表　モティーフ構成別説話数

A	:	12	B—C—A	:	1
A，B	:	1	B′—C	:	3
B	:	4	B′—A	:	1
B，B′	:	1	C	:	2
B—C	:	2			

第5表　モティーフ別説話数

A	:		15
B	:	9	14
B′	:	5	
C	:		8

中にあらわれ、彼の首を切って他の首とすげかえたところ唐語がとどこおりなく話せるようになったという逸話を添え、「いまのどもりのなをる事、末世の俗といへとも、信心仏力、跋陀にあはせあんずへし」と結んでいる。

このモティーフにかかわる治病の霊験としてはほかに、首筋に桃ほどのこぶができた娘の話（第十話）、ゆえなくにわかに狂乱した娘（第十一話）、四国遍路でらい病が平癒した人（第十三話）、旅先で痢病をわずらい、あやうく命をおとすところを、夢にあらわれた高僧の加持で救われた紀州の僧（第十四話）、何のゆえか腹が異常にふくれる病におかされたが、善通寺の大師に祈ったところその妙助をえたという讃岐志度の妙にんというらば の話（第二十二話）などが語られる。

こうしたなかで目につくことの一つは、女性の遍路のことである。ことに第二十一話は興味深い。

讃岐高松の城下、なにがしわつらひ、十死一生なりし時、女かなしきまゝ、此度たすかり候ハゝ、それがし遍礼いたすべしと、大師へ立願しければ、忽病平復せり。しかれどもわかき身にて不浄もあり、遠道といひ、自かなひがたしとて、名代をたつべしと、みくじをとりしかども、あがらさるにより、さらバとて自身遍礼にうち出けるに、めくれるあひだは、月のさハりもなく、身きよく、足もすくやかにて遍礼成就せり。かならすわかき女にても、遍礼中にはけがれなしといふ。一つのふしぎなり。

この霊験譚は巡拝中のできごとについてではなく、霊験にたいするお礼参りのおりのものなのだが、問題はむしろ後段にあって、社寺参詣と女人禁制の問題とかかわってくる。たとえば、次のような物語と比べてみれば特色はおのずから明らかであろう。すなわち、

寛文六年五月廿日、越前より女順礼、高野山に登りしを、道掃除の者見とがめ、爰は女の来る所にあらず、とく〳〵帰られよと追いやりしかど、立帰る事三度におよびし。終に夜に入り、登山しけるにこそ、谷二ッ隔てし向

ひの嶽の松の枝に、かの女引さきて懸をきし。次の日見出し、頓ておろし葬りしに、三度まで、同所にかけたりし。[18]

を哀れにおもった法性院の僧が、ねんごろに弔ったという。当時(のみならず近年まで多くはそうだったのだが)多くの有名寺院神社が「けがれ」を理由に女人禁制という掟をしいていた。いっぽう『功徳記』が説くところによれば、四国霊場では若い女性でさえも月のさわりのけがれをまぬかれることができるとする。じっさい四国霊場は女性に開放された数少ない霊場の一つだったのである。一般に近世にあっても、遠隔参詣には家長がその大半を占め、女性の姿が家長にともなわれる以外にはまれであるのに、四国遍路は女性が比較的多く、しかも夫婦づれや家長と同行するほかに、女性だけの遍路も少なくなかったという。[19] また近代以降でも、瀬戸内海地方の島々、伊予や阿波その他の地方で、娘たちが個人であるいは集団で参詣をなし、それが嫁入りの資格とされる習俗が最近まで残っていたのである。[20]『功徳記』の助縁者として大坂の一七名の女性が名をつらねているのも、こうした四国霊場と女性の親縁性を前提として考えたほうがよいのかもしれない。真念もまた彼女らの存在を無視することはできなかったはずである。

もう一つ注目すべき点は、四国遍路をしようという、いわば「誓約」によって祈りがかなえられるとする論理である。ほかならぬ第二十一話がそうだったし、同じく女性遍路のことを語って第二十二話も、業病―誓約―祈願成就―お礼参りの遍路、とまったく同じプロセスをたどっている。あるいは第十四話の主人公は紀州の苔岩という僧で、幼少から高野山にのぼっていた。後年因州におもむいて痢病をわずらい、病おもくなったとき「此度は命を延給へ、四国遍礼いたすべし」と大師に祈誓した。すると夢に高僧が示現して彼の命を救ったのである。

このタイプを中間項として、やがて巡礼者その人あるいは旅の僧侶を介しての誓約の方式があらわれ、さらには他人の巡礼行為が自分自身の福徳に転化するという論理さえもが生まれてくる。

まず前者についてみていこう。土州安喜郡野根浦の天ぢや七右衛門の娘は、生まれつき首筋に桃ほどの大きさのこぶがあり、成長するにしたがって枕ほどにまでなってしまった。父母はこれをなげき、さまざま療治をつくしたが、いっこうに治るようすがない。このうえは「とかく大師へたのミ申へきほか他なし」とおもいつめたそのとき、

殊勝の遍礼僧に宿かしあはせ、此事をかたり、此子十五になり候ハ丶、父母同道にて、四国中遍礼仕へし、それより内は毎年、札を納め奉らんと立願を頼ミければ、その僧しかるべしとて、やがて大師に祈誓し、いよ〳〵わすれ玉ふなといひて、立出けり（下略）

するとまもなくこぶは小さくなり、年のうちにすっかり治ってしまったという（第十話）。つまり本来ならば自分が札打ちした証としておさめるべき納札（遍路札）を、娘が十五歳になるまでは毎年その僧に託して、かわりに各札所におさめてもらおうというわけである。納札などを介してみずからの巡拝の立願を果たそうとする形式、いわば遍路の代参は今日でもしばしばみられる。一九七一年の夏から年末にかけ、小屋掛け芝居の一座をひきいながら逆打ちに四国霊場を巡拝した笹原茂朱が讃岐国分寺の付近にきたとき、一人の婦人がやってきて、「足が悪いのでお遍路したくても足摺岬のような遠くまでとても行けないので、ご迷惑かもしれませんが、札所札所にこのロウソクを灯していってくれませんか」といい、ロウソクの束を託されたという(21)。

第十話にやや似た話として次のようなものもある。紀州伊都郡東家村の中嶋理右衛門はじめ同行八人が、貞享二年の夏四国遍路にでた。阿州焼山寺の麓で宿をさがしたところ、勘七という男が、女房が病気で不自由ではあるが宿をしようと申し出た。みな喜んでその家に泊ると、勘七はその晩、もし薬でももっていたら病人にわけてもらいたいという。そこで高野山でもらった御符をあたえると勘七は喜び、

まことに遍礼衆は、信心清浄の身にて、大師ののり移り給ふとかや、此病人はやく本復候やうにたのみ申候、祈

願して給候へといふ。それよりミな焼山寺に参り、その為にも札を打、これより一々札打申へしと立願し、ふたたび勘七宅にもどってみると女房の病気はすっかり治っており、夫婦の喜ぶことかぎりなかった（第五話）。さらにもう一例追加しておこう。第二十三話では、伊予宇和島のこんや庄兵衛の善根が語られる。彼は弘法大師をあつく信仰していたが、病弱のため遍路にでることができないでいた。そこで巡拝者たちに宿をし、悪病人といえどもことわることはなかった。するとやがて「一旦豁然として病気平癒」したという。

これらの話では祈誓という形をとって、四国遍路への志向はあまり強調されていない。第二十三話ではむしろ、モチーフBに属する善根とその功徳がほぼ純粋なかたちで、第五話のほうではそのモチーフに加えて、巡礼者の側に付随するある種の霊威への期待が、それぞれ説かれている。

「接待」という習俗が、民衆の宗教行動の一形態である四国遍路、のみならず西国・坂東などの諸巡礼を、あるいはもっとひろく、おそらくは社寺参詣一般までを心身両面から実質的に支えてきたであろうことは、筆者ばかりでなくしばしば強調されてきた。(22) そして前田卓がいうように、巡拝者への接待の動機の一つには、明らかに巡拝できない自分自身の身がわりとしての巡拝者へのそれが含まれている。すなわち人々が善根をほどこすということの陰には、みずからの巡拝への願いが多かれ少なかれ反映しているのである。そこにこれらの説話が成立する基盤があった。なお接待するにあたっては、必ず遍路のもつ納札を一枚ひきかえにうけとるという風習がある。この納札が接待者にたいしては呪符として機能するのである。納札はだから、自分と他人とを問わず、巡礼するという行為そのものの象徴であるともいえるのである。

ところで人々が善根へのみかえりとして功徳を求めるとき、そこでは巡拝者におのずから付随するある種の霊威が期待されている。その霊威とは阿波焼山寺の麓で勘七なる男がいみじくも、「遍礼衆は……大師のり移り給ふとかや」

と叫んだように、むしろカリスマとしての大師にそなわるそれがイメージされていることが稀でない。いいかえれば、巡拝者がそうした霊威をそなえるのは、彼らの修行のゆえではかならずしもなく、弘法大師によって意味づけられたある状態に身をおいているからこそ可能なのである。このように考えるとき、霊威はときとしてそれを担う〝人〟からも〝行動〟からもきりはなされ、完結したひとつの〝できごと〟として独り歩きをはじめてしまうことさえある。そこで次の一例をあげることにしよう。江戸の近所の里でのことと伝えられる。

延宝年中、三人遍礼せしに、一人わかきおのこかたりけるは、われさきの年、西国四国遍礼して帰りしに、所のなにがし年寄、疝気さし出し難儀し、此身にて遍礼すべきやうもなし、いかゝその方が此たびの遍礼を、買てんといひけるまゝ、さらはうり申へしといふに、金子三十五両くれてけり、

巡拝の功徳を売買した結果、老人の病気はまもなく平癒したという（第十二話）。もっともその若者のほうはその後病気にかかってしまったというから、彼にとっては不本意な結末になってしまったわけである。近年四国・西国などの巡礼納経帳や納経掛軸が高価に取引きされることがあるといわれるが、考えるに同様の風習は昨日今日にはじまったことではなかったのかもしれない。それはさておき、現在も納経帳や巡拝に使用した杖などが、しばしば呪物としてあつかわれることがあるという事実だけをここで指摘しておこう。

さて次にモチーフB、B′について述べることにする。単独で説話化されたもののうち、第五話と第二十三話はすでにふれた。第六話もほぼ同様で善根をほどこすことに熱心であったため火事をまぬかれたというものである。したがってこれらのモチーフに関して残る主要な課題はモチーフCとの組合せである。しかしまたこのモチーフが結びつくとき、説話はきわめて類型的な様相しか示してくれない。むかし阿波国海部郡のあたりに大旱天が続いたとき、一人の母親が子供に水を飲ませようと遠くの谷まで行き、わずかばかりの水をくんで帰ってきた。その途中一人の遍路僧

に行きあい、水をすこし飲ませてくれと乞われた。女は大切な水であるが と思いながらもその僧に水を与えたところ、僧は女の心に感じ入り、そのあたりを五鈷をもって加持した。するとそこに清い流れの川があらわれたという。以後その川を母川と名づけた。いわゆる弘法清水の伝説にのっとる霊験譚にほかならない。類話としては、旅の僧に織りかけの布を切ってほどこしたところ、それからは布をいくら切っても尽きることがなかったという話(第一話)、伊予の三間という村で旅の遍路が栗の木に加持をし、以後当地の栗は季節ごとに年四度実をつけるようになった話(第十八話)がある。なお第一話の前半部分は十番札所切幡寺につたわる縁起とおなじで、後半は善根の結果として女が観音菩薩に化身し、切幡寺にまつられるようになったという物語である。

またその反対に、村人が遍路に邪険にした結果としての食わず芋・食わず貝・四度栗などの伝説がいっぽうにはある(第十五・十六・十七話)。

これら一連の霊験譚のなかで圧巻はなんといっても第三話、塩井の話であろう。奥州会津の庄のある村に行脚の僧がたちより、一夜の宿をとった。主人の語るには、この地方は塩がとぼしく、なかなか貧乏人の手にははいらない。最近ようやく一包買い求めたものがあるので、御馳走するものとてなにもないが、せめてこれを進ぜようと包をあけてみると、塩はすっかり溶けてなくなってしまっていた。僧は主人の心ざしを感じ、さらば塩を加持しようといって五鈷をもって加持すると、井戸のなかから潮が湧き出てきたという。僧は「我は四国辺にあそぶものなり」といい、忽然と姿をけした。人々は、さてはかの僧は弘法大師であったかとおどろき、報恩のためにみなして四国遍路にでかけていった。塩はますます出て、一族はそれを売ってなりわいとしたが、反面、田地のことはおのずとおろそかになっていった。するとほどなく塩の湧出はおのずと止まってしまったという。

一ぞくふかくかなしミ、(中略)一七日を限り、祈禱立願し、里人のこらず四国遍礼いたすべしと、大師をおがミけるに、三日目に又もとのごとく、塩出けれは、ありがたき事とて、やかて遍礼に出ける。その一族三十六軒いまに至りて、信をとるときこゆ。

この話の前半、大師の加持した塩井のことは『半日閑話』巻六に、奥州会津郡大塩村のこととして語られているものと重なるが、こちらには四国遍路のモチーフはあらわれない。この話が実際に会津で語られたものなのかどうか今はもう確かめようもないが、なにが一族をあげての四国遍路にまでかりたてたのか、そこには狂気にたものさえも感じさせる。

こうしたなかにも前段のB、B′のモチーフをともなわず、大師の験力の強大さのみを強調するモチーフだけが独立したものもある。一つは藤井寺から焼山寺への道に水がなく、往来の遍路たちが難渋しているのをあわれんだ大師が楊枝を加持すると、地面につきさした楊枝が柳の大木となり、その根元から清水が湧き出たというものである（第八話）。これはいま番外札所柳水庵の縁起として知られている。また阿州小野というところのさかせ川の蜷貝はすべてとがりがとれ、丸くなっている。この川をわたる往来の遍路の足に貝のとがりがあたって難儀しているのをみかねた大師が、貝を加持して丸くしたものという（第九話）。これもたとえば土佐岩本寺に伝えられる大師の七不思議の一つにほとんど同じものが伝えられる、先の食わず貝・食わず芋・四度栗などについても同様で、真念はこのような地方に定着した伝説もまた丹念に採集していたのである。

ところで真念が収集したこれらの説話にたいして、序文をよせた寂本はどのように評価したのであろうか。彼の基本的な立場というものはすでに序で表明されている。民衆を教化するための一時の便法とわりきってみはしたものの、各地の事例に直面したとき、彼をおそったのはやはりとまどいだった。それは地方的な大師伝説としての色合を濃厚にもつ説話群にあって、ことに明瞭にあらわれてくる。だからたとえば土州室戸岬の食わず芋の説話について、彼は次のようにいう。

大師乞玉ふにまいらせざるにより、大師のわざにて、芋くはれざる物となれりといふ、なんぞ大師のわざならんや。をよそ仏ぼさつハ、慈悲を本とし、人をたすけんとて、世に出たまへハ、人のくはれざる物も、くふべき物となり、人に利あらん事なるに、芋のくはれざるやうになり、大師いぢわるき人にて、世をすくひ玉ふにあらずときこえ侍る。大師とミないふは、遍礼人の事なり。遍礼人にやらざる、けんどんの自業にて、くはれざる物になれるらし。遍礼人は崇敬し、供養すべしとの、いましめときこえたり。

「慈悲」を仏教の根本教理とする正統仏教学の立場にたとうとする寂本にとって、民衆の大師信仰の実態はあまりにも手においかねるものと眼にうつったのであろう。彼は「大師」を「遍礼人」と読みかえることで、そのとまどいをきりぬけようとした。いわば合理的解釈の城に彼はにげこもうとしたのである。ついで四国霊場説話のなかでも重要な位置をしめる右衛門三郎の伝説（第二十四話）についても、「(右衛門三郎が）遍礼廿一反せしといふをきけハ、大師後の事なり」と判断をくだし、また「一説のはちをこひ給ふは、大師にて、かれを化し玉はん方便にて、八人の子を大師とりころし玉ふなどいふ事、なを応ぜぬ義なり」などという言葉を聞くとき、彼の苛立ちのような感情さえ伝わってくるのである。

他方、『功徳記』における真念の立場をもう一度ふりかえっておくならば、この説話の全編をとおして彼が語ることにもっとも力をそそいだのは、第5表にみられるようにモチーフAおよびB、B′にかかわる主題であった。一つは遍路をすることの功徳を直接説くものであり、もう一つは善根をもって遍路を迎えいれることのすすめである。『功徳記』本文は次のような、もう説話とはいいがたい二つのプロパガンダでしめくくられるのであった。

湯殿山・富士参のごとき、世の人、百日の前行せざれハ、禅定なりかたし。然に四国遍礼の行者は、前行ゆるされて、彼山とても行なく禅行するに、とがめなし。四国遍礼の行者、罪もきえ、身心きよまりて、神仏もうけ玉ふ事しられぬ。(第二十六話)

右の中にも大かた見え侍る、遍礼人をあしくすれば、忽ばちあたり、崇敬しける人は、さいはいあり、四国にハおほくめに見、耳にきける事あるがゆへに、こゝろある人ハ、遍礼をゝろそかにせず、近年分別して善を修する人おほし。接待をし、宿をかしなど、こゝろざしあさからず見えける。惣じて他の善をなすを見聞て、随喜の功徳本人にことならずときさぬ。しかれば遍礼人を崇敬供養ある事、其功徳いひかたし。(第二十七話)

真念の勧進聖としての立場はこの二つの主張に集約される。そしてそれを宗教としてリアリティあらしめるためには、ひたすら大師のさまざまな霊威を強く説かなければならなかった。モチーフCが単独であらわれるよりも、B、B′と組合されることが多いのは、そのあたりの事情を反映していると考えられる。ここでヒジリ真念と学僧寂本とのちがいが一層きわだってこよう。真念にとって四国路の伝説なり霊験譚なりは、たんなる死んだ「話」なのではなく、現に生きている宗教そのものであったのだろう。それともそれらを担う人々のなかで、説話はなお宗教であったというべきであろうか。

四　結　語

雲石堂寂本の宗教のありかたと対比しつつ、宥弁真念なる一人の四国遍路行者の行動と論理とを検討してきた。第二節でも述べたように、彼のなかでいくつかの性格が複合している。一つは古代以来連綿と続いてきた遊行聖としての性格で、それは四国霊場を場とする頭陀抖藪行という行動に現出する。もう一つは中世的な勧進聖にもつながっていこうかという性格で、その勧進活動の内容については多くは不明としながらも、できるかぎり述べてきた。また彼は大坂や四国を中心として、教団ともその萌芽とすらもいえないが、一定の信者群を擁していた。そしてさらに「教理」をもとうとした。彼が寂本に接近したのはおそらくそれなりの権威を必要としたためだろうが、両者の求めるところはすでに見てきたように大きくくいちがっていた。真念が実際に人々のまえに示したのは、思弁的に教理を体系化することではなく、もっと現実の生の材料をつかって人々に行動の規範と指針とを与えることだった。『功徳記』は各地に伝承される伝説を無作為に収集し、またありのままに冷静に記述するというごとき態度と精神の上に成立したわけではない。その編集意識はむしろ、というよりは当然のことながら、彼の宗教家としての活動と宗教観にきわめて強く規定されていたといえるのである。

しかし彼の信者群把握という要請と行動規範の提示とがどの程度有機的に結びつきえたかという問題になれば、おそらくけっして小さくはない限界があったことだろう。というのは四国遍路という宗教行動は、歴史的にみるかぎり圧倒的に個人によって担われる行動様式であって、他の霊場参詣のように代参講を結成してみたり団体で参詣するという風習は、ごく限られた例外を除いて、ほとんど生まれてこなかったからである。そしておそらくは、彼のかかわった四国霊場記三部作にしても、近世の流通経済機構のなかで、彼自身の信者群をはるかにとびこして遠くへいってしまったことだろう。以後近世を通じて四国遍路習俗の隆盛という事態をむかえながらも、そのきっかけをつくりだした遊行宗教家真念の悲劇をそこにみなければならないのかもしれない。

注

(1)『四国辺路道指南』は影印が近藤喜博編『四国霊場記集別冊』(一九七四年、勉誠社)におさめられた。本章の引用はそれによった。なお書誌的な事項も同書の解説に基づくものである。
(2)宮崎忍勝『四国遍路日記』、近藤喜博『四国遍路研究』。
(3)白井加寿志「四国遍路『八十八か所』起源考」(『郷土文化サロン紀要』第一集、一九七四年、高松市立図書館)。
(4)『四国徧礼霊場記』は影印が近藤喜博編『四国霊場記集』(一九七三年、勉誠社)におさめられた。本章の引用はそれによっている。
(5)『四国徧礼功徳記』は影印が、注(4)前掲書におさめられた。本章の引用はそれによっている。なお霊場記三部作の成立過程および寂本・真念らの伝については同書と『四国霊場記集別冊』(注(1)前掲)の解説ならびに近藤喜博「四国へんろの本」(『仏教芸術』九二、一九七三年、毎日新聞社)に詳しい。本章もそれによるところ大であった。
(6)真野俊和「四国遍路霊験譚考」(河合正治編『瀬戸内海地域の宗教と文化』所収、一九七六年、雄山閣出版)でそのアウトラインを述べたことがある。
(7)注(1)近藤喜博前掲書の解説によれば、奥の院の護摩堂は古くは木食庵で、文殊菩薩から弘法大師、さらにその血脈をひく代々の木食聖が居住していたところだという。
(8)五来重『増補・高野聖』(一九七五年、角川書店)参照。
(9)わが国宗教者のなかでの巡礼の伝統については真野俊和「巡礼」(桜井徳太郎編『日本民俗学講座』3所収、一九七六年、朝倉書店)を参照のこと。
(10)宮田登『ミロク信仰の研究・新訂版』(一九七五年、未来社)第三章「ダイシ信仰とミロク」。
(11)『譚海』巻六。
(12)『筠庭雑録』。
(13)中務茂兵衛については、森正康「四国遍路の聖―中務茂兵衛―」(萩原龍夫・真野俊和編『仏教民俗学大系2・聖と民衆』一九八六年、名著出版)を参照のこと。
(14)和田性海『聖跡を慕うて』(一九五一年、高野山出版社)八二ページ、および小林雨峰『四国順礼』(一九三二年、中央仏教社）一七五ページ。前者は明治三十九年（一九〇六）、後者は明治四十年の四国遍路の記録である。

(15) 遍路は歴史的には「辺路」と書くのがもっとも一般的な用字法であるが、寂本はこれに今日通常つかわれる「遍路」のほかに「遍礼」「徧礼」などの字をあてた。「礼」の文字をもちいるところに、彼の意識がうかがわれよう。

(16) 『宗教学辞典』（一九七三年、東京大学出版会）「英雄」の項。

(17) 説話の番号は注(5)前掲書の釈文で附せられたものにしたがっている。

(18) 『新著聞集』第九崇厲編「女人高野に詣で害せらる」。

(19) 新城常三『社寺参詣の社会経済史的研究』（一九六四年、塙書房）七九五ページ。

(20) 武田明『巡礼の民俗』（一九六九年、岩崎美術社）一六二～一六四ページ。

(21) 笹原茂朱『巡礼記—四国から津軽へ』（一九七六年、日本放送出版協会）一五ページ。

(22) 前田卓『巡礼の社会学』（一九七一年、ミネルヴァ書房）第五章「接待と故郷を追われた遍路たち」、および真野俊和「四国遍路への道」（『現代宗教』一—三、一九七五年）、同「遍路の托鉢」（和歌森太郎編『日本宗教史の謎』下、一九七六年、佼成出版社）。

第二部　民俗宗教論

第一章　室町期における宗教の風流化と寺社参詣

一　はじめに

本章は、主に室町時代中期の貴族日記にあらわれた宗教関係の記事をとおして、十五世紀初頭から中葉における京都周辺の寺社参詣の様相を考察しようとするものである。しかし、だからといって当時の貴族たちの宗教生活そのものに関心の的を絞ろうというのではない。むしろ、そのような階層の者たちまでをも、好むと好まざるとにかかわらずに呑み込んでしまった、宗教の圧倒的な大衆化の波の一端をえがいてみようと試みたものである。

二　参詣講の成立

そこで最初に、当時の寺社参詣のありかたの一つの典型とでもいいうる、次の事例から検討をはじめたい。

応永二十四年（一四一七）九月二十四日、かねてからの約束により勘解由小路猪熊式部季国の屋敷に、中原康富ら数名の貴族たちが集まった。この日不参の者を加えて、計一〇人のメンバーにより、神明講、すなわち伊勢講をはじめるべく、その打合せのためである。講親を季国、講宿を同邸とし、初回は翌十月十五日の予定であった。(1) 以後この講はほぼ四年半にわたり、おおむね月に一度のわりで続けられた。もっとも期日は、どうした理由かはじめの予定とちがって、毎月二十五日もしくは二十四日とされたようである。

けれども月々の講がどのように執り行われたのか、残念ながら康富の日記にはあらわれない。ただし彼らの講の最終目標は伊勢神宮に参詣することにあったようである。というのは、応永二十九年（一四二二）四月に講衆一同がうちそろって参宮をすませると、翌月からはもう神明講がひらかれていないからである。参宮を果したことによって講は解散してしまったらしい。

それでは彼らの参宮の実際をみておくことにしよう。

参宮のことがきまったのは、応永二十九年三月二十五日の神明講のときである。出発の前日四月十三日には参宮の参加者全員が講宿である季国邸に集まった。参宮にあたっての精進にはいるためである。このとき、それまでおのおのが拠出していたかとおぼしい銭一貫文ずつが講衆全員にわたされた。

翌十四日は、雨をおしての出発であった。参加の講衆は、講の発足時からだいぶ増えていたとみえて、総勢二〇人余りとなっていた。輿に乗ったのは一人だけで、数人は馬、メンバーのほとんどは徒歩であったから、貴族たちの旅といいながら、参宮は比較的質素なものだった。

行程は、十四日が水口泊り、十五日が津の窪田泊りで、十六日には伊勢山田の御師、三日市場太夫太郎のところに到着した。その日の夜は連歌の会をもよおし、十七日には伊勢の内宮外宮を参拝した。両宮のほかにどのようなところをめぐったかは詳しく記されていないが、「天の岩戸一見」などとも書かれている。

さて、一行は両宮参拝のその日のうちに山田を出発した。帰りも往きとほぼ同じコースを逆にたどり、二十日の昼ごろにはもう季国邸に帰着している。あわせて七日間、彼らには手ごろな行程であっただろう。なお、帰途にはよく酒を飲んでいる。十九日の草津の宿では、当国の知人が訪ねてきて「大飲」におよび、二十日にも道々酒を飲み、講宿で解散のまえにもまた祝の酒がだされた。さらに翌二十一日も講衆が集まって、「道振」と称する宴会がひらかれた。「道振」とは今日の民俗例に照らしてみれば、ドウブレもしくはドウブルイとでも読むのであろうか。近年にいたっても伊勢参宮から帰郷しての宴会をドウブレとかハバキヌギなどと呼ぶのである。

以上中原康富の日記にあらわれた神明講（＝伊勢講）に関して整理すれば、さしあたり次のような性格が指摘できそうである。

(1)　この集団は、伊勢神宮という遠くへだたった地にある神社への信仰に基づく結社であったこと。

(2)　その結社（＝講）の最終的な目的は、伊勢神宮そのものへ参詣するところにあった（らしい）こと。

(3)　参詣にあたっては、神宮側に御師と呼ばれる宗教者が介在していたこと。

まず第一点については、当時の「講」の一般通念に比べて、彼らの神明講は特異な性格をもっていたことがわかる。というのは、このころの貴族の日記類に頻出する「講」の用例をひろいだしてみると、「大宮社八講（法華八講）(2)」「五条観音講(3)」など、寺社において開催される講経・講会のたぐいか、あるいは「涅槃講(4)」「地蔵講(5)」「法華八講(6)」「仁王講(7)」「懺法講(8)」などのように、同じ講経・講会であっても特定の寺社とは直接にかかわりをもたず、俗家において開催されるというものなどがほとんどすべてといってよいからである。後者の場合は後世の講と同じく、同信者たちによる恒久的・半恒久的な宗教集会であるといえるが、その信仰対象はより抽象的・普遍的な価値をもつ神仏や聖典である点で、伊勢神宮という特定の神社やその神とのかかわりなしには存在しえない右の神明講とは、はっきり異なったものであったことが指摘できる。

伊勢講は、山科教言の日記『教言卿記』応永十四年（一四〇七）正月十三日の条にあらわれるものが史料上の初見とされており、(9) 前述の神明講はそれにおくれることちょうど一〇年、さらにややおくれて永享四年（一四三二）には後崇光院貞成親王とその近習らによる伊勢講衆も伊勢神宮に参詣している。伊勢以外には熊野山や信貴山にたいする同様の講の存在をあげることもできるが、(10) 神明講＝伊勢講はいわば、この時代にようやく成立しはじめた、遠隔地の神仏への新しい信仰形態のさきがけであった。

しかもその信仰の性格からいって、先の第二点であげたように、講自身の最終的な目標であったか否かは別にしても、これが参詣をともなうものであったことは容易に想像される。すなわちそれ以前の寺社参詣にあっても、多かれ少なかれ集団で行うものは珍しくなかったのだが、その前段階に「講」と呼ばれる集団的・組織的な日常の信仰の営みが加わったことには注意をはらうべきであろう。いいかえれば、遠隔の地にある神仏にたいする信仰的講集団の出現とは、同時に、遠隔地の寺社への新しい参詣形態の出現でもあったのである。

その新しい参詣形態とは、講衆による日常的・定期的な信仰的会合、メンバー間のある程度の対等性、総まいりの方式、参詣にともなう費用のあらかじめの拠出および頼母子講的な相互貸し付けの方式、(11) 等々によって特徴づけられよう。しかし全般的な講の運営の組織化の程度には、室町中期のこの段階では、なお幾つかの留保が付されなければならない。

まず第一は講の永続性に関してである。先にもふれたように中原康富の参加した講にしても、後崇光院と近習らによる講にしても、参詣達成後も続けられていたようには思われない。この点で、戦国期以降の郷村におけるそれ、つまり、一定の集団の結集の拠点として、あるいは永続的な集団意識の表象としての機能をもちうるような伊勢講の段階にはいたっていなかったと考えられるのである。

第二は、先の第三点としてあげた伊勢御師、つまり、信者と信仰対象との間に介在する宗教者の果たした役割である。

古代以来の伊勢神宮にたいする私幣の禁制が、鎌倉期にはいるとほとんど有名無実化され、私的な参詣・祈禱が伊勢信仰の主流となろうとしていたこと、それらを神宮にとりつぐ役割として伊勢の御師なる者たちの活動が活発になってきていたことなどは、よく知られているとおりである。康富一行および後崇光院（実際には室である幸子が名代として参詣した）一行の参宮も、その風潮のあらわれの一つであったのはいうまでもない。けれども応永二十九年の参宮に登場する山田の御師、三日市場太夫太郎が、このたびの参詣全体にどのような役割を果たしていたのかは不明である。まして、神明講自体の成立や運営がこの御師とかかわりをもっていたのかどうかという点にまでおよぶとさらに明らかではないのである。参宮によって講が解散してしまった点からみても、日常の神明講と御師とを結びつけるのは、少々むずかしそうである。[12]

すなわち、総じていえば、古代以来のもろもろの宗教権威が再編され、貴族や民衆の自発的な信仰と寄進のなかに新たな経済基盤を見出さなければならない寺院神社が、京畿内外からの参詣者を誘致する際にきわめて有効なシステムとして働いた、恒常的な講の組織を各地に本格的につくりだすまでには、御師らの盛んな活動にもかかわらず、この時代からまだもう少しの時間が必要だったのである。

三　寺社参詣の諸相

経済条件の変質に直面した多くの寺院神社が生き残っていくためには、状況の変化にみあう新たな信者群のほりおこし、さらには再編成・再組織といった方策が必須であるのはいうまでもない。そしてこの時代になって寺社が目をむけはじめたのは、一般的にいえば在地の武士・商人・農民など着実に経済力を蓄えはじめた民衆たちであった。彼らを参詣者として誘引することは、いわゆる勧進活動とならんで、時代の趨勢にまでなっていた。この波のなかでは貴族さえもがもはや「大衆」の一人にすぎなかったといってよい。

しかしながら前節で確かめたように、寺社側が信者を参詣者として組織的に把握する能力は、いまだ十分にそなわってはいなかった。したがってむしろ京都という都市にかぎってみるならば、寺社側のとった基本戦略は、いわば宗教的浮動層の獲得であった。彼らは講のような形で永続的な組織に結集することは少なかったが、ひとたび評判となった神仏・寺社の名声は、都市特有の情報伝達システムによって速やかに広範な都市住民の間にいきわたり、多くの参詣者を集めることができた。そのうちあるものは激しい流行現象を示したのち、あとかたもなく忘れさられてしまったであろうし、またあるものは時代をこえた霊場として地域社会の内外に根をおろしていったであろう。そのいずれにせよ都市における信仰習俗のありかたをよく示しているのであって、宗教的浮動層によって主導される信仰は都市のなかから生み出されうるものであると同時に、それ自身が都市を創出する原動力の一つでもあったのである。

それでは次にそれらの諸相を、寺社への参詣とのかかわりに留意しながら順次みていくことにしよう。叙述は寺社側が都市住民をとらえていく契機にしたがい、(1)霊験、(2)芸能、(3)開帳、(4)勧請、(5)法談、に大別してすすめていく。ただしこの分類は必ずしもすべてを完全に網羅したものではないし、ある一つのできごとをとってみれば、多くの場合複数の契機によって成り立っているものであることはいうまでもない。

(1)　霊　験

都市における神仏流行の現象は、具体的な霊験をきっかけとするのが普通である。室町期においては、応永年間（一三九四～一四二八）の桂地蔵の一件が、流行の発端から意外な結末にいたるまでの経過がたどれる点、そしてそのおりおりに人々がどのように対応して流行をつくりだしていったのかを知ることができる点で貴重である。

この一件は応永二十三年（一四一六）の夏、京都郊外桂の里で、阿波国の男と近在の竹商人の二人にたいし、辻堂の地蔵が不思議な霊験をあらわしたというところからはじまる。(13) 以来、桂地蔵の名は京都中に知れわたり、貴賤の参詣があいつぐまでになったのだが、同年十月にはいってから、一連のできごとは阿波からきたと称する男を首謀者とする一味の大掛りな謀略事件であることが露見して、事件としてはひとまず落着した。(14)

この間、後崇光院貞成親王の『看聞日記』には、次のような記事をみることができる。

○（前略）此事世ニ披露アリテ、貴賤参詣群集シケル程ニ、銭以下種々物共奉加如山積テ、造営無程功成ケリ。祈請モ則成就シ、殊病者盲目ナト忽眼モ開ケレハ、利生掲焉ナル事都鄙ニ聞ヘテ、貴賤参詣幾千万ト云事ナシ。種々風流之拍物ヲシテ参ス。（七月十六日）

○源宰相、三位、長資朝臣、寿蔵主等、払暁桂地蔵参詣下向。語云地蔵尊顔疵如聞奉拝見。此疵次第愈合云々。（七月二十三日）

○今日桂地蔵へ風流拍物参。室町殿幷武衛勘解由小路中間等寄合、田植之風情ヲ作、金襴曇子等裁着、結構驚目云々。又自或方山臥峯入之躰ヲ摸シテ負以下道具共唐物作之。希代見物云々。（八月九日）

○桂地蔵、御所様為御代官行光三ヶ日参詣。予以次願書奉納。令所願成就者可参詣者也。（八月十五日）

○桂地蔵へ当所地下人等拍物参。早旦御所ニ先参。雖無指風流出立美麗也。警固随兵卅余人、色々鎧腹巻金銀作太刀刀帯之練歩。次御幣持法師、次棒振鬼面ヲ着ス。次拍手卅余人、色々風流之小笠各持之。又風流大笠一本各金襴曇子印金等着之。雑々兵士等二百余人。見物雑人群集。（八月十七日）

○地蔵拍物、自四条烏丸通唐人入洛之躰学云々。以前諸方風流ニも是程無結搆。（八月二十三日）

○抑桂地蔵、御所様御悩幷御訴詔等御祈請廿四人参詣。近衛局、三位、重有朝臣、長資朝臣、寿蔵主、周侍者、地下侍男共被駈集了。冥慮定有御納受者歟。（九月二日）

このほか醍醐寺座主満済准后も桂地蔵に参詣しており、「道俗群集、希代事也」と記している。(15)すなわちこれらの記事から、桂地蔵の評判は、病気平癒の霊験を中心にたかまっていったことや、群参する人々の階層は、病気になやむ一般庶民から最上層の貴族にまでおよんでいたことなどが読み取れる。

なお桂地蔵が室町期における神仏流行の典型的な例として広く知られているのは、秋になって事件の首謀者たちが摘発されたあとも、市民たちからの人気がいっこうに衰えをみせなかったことにもよっている。後崇光院の「地蔵霊験不可及人力者哉」(16)という述懐の言葉は有名だが、実際、事件発覚後の十月二十二日には御所の代官として参詣を続けていた沙弥行光のことがあいかわらず記されているし、数年後に後崇光院の近習らが寺社詣の帰途たまたまここに立ち寄ったところ、「御堂造営奇麗也。暫念誦之間門前有放歌、以太刀跳狂。男女見物」していたさまを奉上している。(17)

さらに一世紀以上も下った弘治二年（一五五六）には、上下二巻からなる長文の縁起書『桂川地蔵記』が作成されており、これをみるにあいかわらず群衆の参詣熱はおとろえることなく、諸芸能の奉納もおびただしかったことが記されている。しかし応永二十三年に世上の話題をさらったであろう謀略事件のことは影もかたちもない。京都市民の参詣霊場として完全に定着してしまっていたのであろう様子がうかがえるのである。

さて、当時京都の民衆がしばしば参詣した地蔵尊はもちろん桂地蔵だけではない。すでに矢田・壬生・清和院などの地蔵は著名であった。なかでも矢田の地蔵堂は応永二十四年に炎上し、その再建のために翌二十五年勧進平家がもよおされた。ところがその最中に地蔵が錫杖を振り、尊体が動いたというのである。平家を聴聞していた群衆は「火災瑞相也、先例有如此事」と取沙汰したとある(18)が、矢田寺にしてみれば、たとえ凶兆ではあれ、こうしたことが噂となるだけでも、勧進興行以上の宣伝となったであろう。

地蔵信仰史全体の流れからみると、この時代は一つの大きな転換点にあたっていたといってよい。というのは旧来の地蔵信仰の主流が、主に貴族や一部の僧侶に担われ、末法思想を背景に地獄からの救済者としての面にあったのにたいし、中世にはいると地獄というよりはもっと民間信仰的な色彩のこい、賽の河原の信仰にともなうものにかわってくる。

そしてそれとほぼ揆を一にして、地蔵の現世利益の側面が強調されるようになってくるのである。桂地蔵をめぐるさわぎや矢田地蔵の不思議なできごともそうした流れの一齣にほかならない。

ただ、地蔵尊への現世利益の信仰そのものは、この時代になってはじめてあらわれたものでないことはいうまでもない。しかし旧来の現世利益の仏といえばまずなんといっても観音菩薩であり、また薬師如来であった。地蔵菩薩が現世利益の仏として、あるいは遊楽をかねた参詣の対象として前二者と肩をならべるようになるのは、ようやくこの時代以降なのである。

実際、室町中期には京都周辺の観音寺院あるいは薬師寺院を巡拝する七観音もしくは七仏薬師参詣の風習が非常に盛んになっていた。七観音については、『康富記』に関係記事が頻出するのをはじめ[19]、わずかな例をあげるにとどめれば、応永十四年には山科教言が[20]、永享五年には将軍足利義教が[21]、ややくだって寛正六年（一四六五）には蔭涼軒主季瓊真蘂らが[22]それぞれ七観音詣を行っている。

しかも蔭涼軒真蘂は、きょうは午の日であるので世人はみなこれを行うといい、ややさかのぼった『看聞日記』嘉吉元年（一四四一）五月二十五日の条には、後崇光院の娘の性悪の病気平癒のため七観音に「七人七度参」をしたこと、七度まいりをすれば必ず効験があるとされていたことなどが述べられている。

似たような例としては、七仏薬師には三十三人参り[23]、鞍馬寺の毘沙門天には三千三百三十三度の拝礼[24]などの記事もみうけられる。これらある定まった方式にのっとる参詣が存在するということは、その参詣自体が当該社会のなかに風俗慣習として根をおろしていることを物語っていよう。

ところが、おなじ時期の地蔵信仰に関しては、独特の参拝方式といったものは見出せない。のみならず地蔵参詣はこの段階では、桂・矢田・壬生・清和院・六角堂など個別の地蔵堂への参詣にとどまっていて、それらを一連の霊場として巡拝する風習はまだ一般化していなかったようである。それゆえ六地蔵詣の記事は、早くは『看聞日記』応永二十七年（一四二〇）七月二十三日の条に、「明日六地蔵詣事」とあるのをみることもできる程度で、より集中的にはこのあと文明年間（一四六九〜一四八七）まで待たなければならない。

以上、京都周辺の地蔵菩薩への参詣の模様を述べてきたが、霊験・奇瑞を示した神仏の例をなお若干あげておこう。おおむね年代順に並べていくことにする。

応永二十四年四月十四日の晩、河原院の聖天が、前夜の矢田地蔵堂に続いて炎上した。ちかごろ霊験があったというので評判の聖天で、貴賤群集し、御堂も造営されたばかりだったという。(25) その霊験の具体的な内容を知ることはできないが、前年にはここで奇妙な事件も生まれている。五月のころ、ある女房が七日間の参詣の満願の日、藪で小用をたしていたところ、蛇が陰門よりはいりこんでしまい、騒ぎのかいもなくついに死んでしまったというのである。これは霊験というよりは奇談・風説に類する話だといえるけれど、霊験譚であれ奇談・風説のたぐいであれ、信仰の霊場を舞台にある話が生まれ、ニュースとして社会に広まっていく構造は、両者ともに本質的な違いがあるわけではない。都市およびその周辺の霊場は都市民にとっての盛り場にほかならなかったのである。(26)

永享八年（一四三六）夏、後崇光院は公方より酒をおくられた。これは河内国の住人が困窮して沙門天に祈ったところ、切った竹から湧き出たものだという。ついでに味噌もでてきた。(27) これと同様の話が塩小路西洞院のあたりにもあって、稲荷社の忌竹の切り口からやはり酒が湧き出るという事件もあった。(28)

また嘉吉三年（一四四三）正月十二日には大坂の天王寺が消失し、このときにも霊験譚と流行仏が一つ生まれた。これは上方と中方の確執があり、中方が諸堂にたてこもったために火災をおこしたものである。太子堂に安置された太子像もまた灰となったが、太子像の腹中に小（金）太子が奉籠されており、これのみは無事であった。奇特のことだというので「万人群集奉加之物出来、児一人五百貫奉加」したとある。(29)

さらに山城国水無瀬在の、行基作と伝える阿弥陀像も流行仏となった。これは三尺あまりの金泥の像で、堂内に安置されていたのだが、近年その堂がこわされて行方不明になってしまっていたのである。ところがそれがにわかに有名になり、「盲者忽継離朱之明、瘖瘂俄若予賜之言、或者女之喎僻反而成倩眄之貌、白禿変黒髪之粧、貧者遇福海、短折保寿山、其効験非一」というわけで、遠近をとわず善男善女が利生を求めて訪れてくるありさまだった。中原康富もこの噂をきいて、数人と同道してこの阿弥陀像に参詣している。[30]

(2)　芸　能

ここでいう寺社参詣にともなう芸能には二つの種類のものがある。その第一は勧進猿楽・勧進平家などのように寺社側の勧進のための手段、いわば勧進興行としての芸能と、それに類するものである。二つめは参詣者自身が行う芸能で、前者とは意味あいを異にする。いわば神仏への奉納行為としての芸能である。

そこでまず第一のものであるが、中世におこった諸芸能の多くが、寺社側の勧進興行の舞台を重要な活動の場としてきたことはよく知られている。なかでも猿楽は、いうまでもなく当時成長のいちじるしい芸能の筆頭格で、勧進猿楽の例は枚挙にいとまがない。興行の場としては京都郊外の広場、とくに三条・四条・土御門・たゝす河原などの河原で行われる場合と、洛中洛外の寺社に舞台がもうけられる例とに大別される。前者はともかく、後者は京都市民にとっては芸能の見物をかねた参詣と考えられただろう。嘉吉三年（一四四三）三月十八日から三日間にわたって、亭子院で観世座による勧進猿楽があった。「桟敷大名共見物、万人群集。殊勝之由見物人語之」とある。[31]また宝徳二年（一四五〇）三月二十三日には唱門師の小犬なるものが、六波羅の珍皇寺で勧進猿楽を行おうとしたところ、管領の命により中止させられるという芸能史上有名な事件がおきた。これは観世座・金春座などが、洛中での勧進猿楽の独占を画策したことの結果だったといわれる。[32]

勧進興行のほかの芸能についても、全般的な状況については大差なかったと思われる。猿楽におされて影はやや薄くなったものの、あいかわらず田楽の興行も、はやいところでは貞和五年（一三四九）に四条河原で、[33]応永二十五年（一四一八）に法勝寺五大堂で、[34]同二十八年十二月には祇園社お旅所やさる河原などで、[35]それぞれ開催された。

いっぽう当時ではまだ新興の芸能である曲舞もしばしば顔をだしている。応永三十四年（一四二七）には妙法院で、その前々年には清水寺で興行があり(36)、永享四年（一四三二）には下京のあたりと、伏見稲荷のお旅所で(37)、さらに宝徳三年（一四五一）三月七日には千本炎魔堂にて越前香若太夫による演舞があった(38)。ただし最後のものは、あるいは奉納の舞であったかもしれない。

勧進平家の例も猿楽と同様にあまりに数が多いのですべて割愛する。

勧進相撲の例は応永二十六年（一四一九）十月三日から三日間にわたって、法安寺造営のために行われたものがあり(39)、もう一例は勧進のためかどうかわからないものの、後崇光院伏見宮の名字の荘園であった伏見の里即成院でも、念仏のあと相撲がなされている(40)。

また厳密には芸能とはいいがたいが、念仏や施餓鬼などの法会も、芸能と同様の性格をもっただろうと考えられる。とくに盛んだったのは念仏で、嵯峨清凉寺の大念仏は京都でももっとも著名な仏教年中行事の一つであった(41)。

それよりもここでもう一つ注目しておきたいのは、そのころ諸国から京都に流れこんでくる男女の遊行聖たちである。彼らの多くは勧進や説経を目的としており、それについては後述するが、なかには芸能的・見世物的要素がきわめて強いものも少なくはなかった。

たとえば中原康富は次のような宗教的パフォーマンスについて書きとめている(42)。

妙行寺談義聴聞。次綾小路河原村岡経聴聞。件僧衆十四人也。凡珍読様也。不遑記、此聖道自武蔵国村岡上洛云々。或仁云。播磨書写山比読様始云々。一向如早歌之曲。

すなわち武蔵国から上洛した僧らの講経は、その内容よりも、経の珍しい読みようのほうが康富らの興味をひいたようである。

さらに典型的なのは文安六年（一四四九）に上洛した若狭の白比丘尼の場合であろう。この一件はほかにも幾つか記録があるが、『康富記』によればこうであった。[43]

或云。此廿日頃、自若狭国、白比丘尼トテ、二百余歳ノ比丘尼上洛、諸人奇異之思、仍守護召上歟。於二条東洞院北頬大地蔵堂、結鼠戸、人別取料足被一見云々。古老云、往年所聞之白比丘尼也云々。白髪之間白比丘尼ト号歟云々。

若狭の白比丘尼とは別名八百比丘尼ともいい、人魚の肉を口にしたために八百歳にもおよぶ不老、もしくは不死の寿命を得てしまったという伝説上の女性である。今日でも八百比丘尼の伝説を残す土地は日本全国にわたっているといってよい。その白比丘尼を名乗る女性の一人が上洛したというわけである。一般にこの名を名乗る女性が各地でどのようなことをしていたのかは、[44]ほとんど確実な記録がないのでわからない。文安六年の白比丘尼についても事情はかわらないようである。料足をとって一見させていたというから、だれかはからう者があって見世物とすることのほうが主たる目的だったようにも思える。それにしても得体のしれない老女を比丘尼と名乗らせて地蔵堂で見世物にし、それを見るために人々が集まってきていたということは、これが民衆の参詣行動の枠のなかにあったことを示していよう。

これより数年前、奥州から上洛したという異形の比丘尼も、白比丘尼と同じく見世物のたぐいであったのかもしれない。この比丘尼の形相は、顔の片側に大きなこぶが額からたれさがり、顎までとどいている。目はその下にかくれているのだろうという。「片顔ハ普通之人也。片顔ハ異形如妖物」というわけで、のち公方により伊勢守に預けられたという。[45]

さて、先に述べたもう一種類の寺社における芸能についても一言しておかなければならないのだが、あらためて指摘しなければならないことは、さしあたってはほとんどない。代表的な様相は前項の桂地蔵の一件を述べたところであげてしまったから、これ以上のデータを提示する必要もないだろう。寺社の主催する勧進芸能などとならんで、参詣者にたいするきわめて強い誘引力となったであろうことは、いまさらいうまでもない。

(3) 開帳

開帳もまた人々が参詣におもむくにあたっての重要な契機である。教理的には、平素、厨子などの奥に扉をとざして秘してある仏像や霊宝を、親しく人々に結縁させるためのセレモニーをさすが、その実、寺院にとっては財政政策、つまり一種の勧進である場合がほとんどであった。また一般に鎌倉時代末期までは比較的少なく、南北朝以後急速にその数が増えるといわれ、いま主に見てきている室町中期でもいちいち列挙しがたいほどに例は多い。したがってこれについては目についたものをあげるにとどめておく。

応永二十七年（一四二〇）には四月八日から醍醐の一言観音の開帳がはじまった。御堂がこわれ、その修理費勧進のためである。

内陣には一尺あまりの千手観音が安置され、そのかたわらには少納言信西入道の娘で、建礼門院につかえた阿波内侍の絵像もかけられていた。これはくだんの尼公が夢に観音像を拝見し、その夢にしたがって千手観音をつくったという由来によるものである。縁起そのものは勧進帳に載せられたので、参詣の人々もこんな機会に改めて由来を知ることができたであろう。(46) なおこの観音では、その後応永三十四年にも勧進猿楽を主催している。(47)

永享九年（一四三七）には丹波で穴有観音と称する観音の開帳があり、内裏などからも参詣する人があった。後崇光院が人から聞いた話を記すところによると、この観音の奇妙な名前は像の胸のところに疵があって穴があいていることに由来するらしい。本仏と新仏と二体あって、本仏の胸の疵はくちて頭もかたむいており、新仏のほうも同様に胸に疵があって、血が流れ出ているようにもみえた。「新仏事は其後奉造、本仏之様ニ穴出来云々。猶奇特事也。雖末代霊仏殊勝渇仰無極」とは院の感想である。(48)

ついで永享十二年六月から嘉吉三年（一四四三）十一月まで、三年半にわたって長谷寺観音の開帳があった。長谷寺ではこのほかにもたびたびの開帳が行われた。(49)

また当時すでに定期的な開帳の方式も生まれていたようである。三十三間堂の本尊のわきに伝教大師の作と伝えられる毘沙門天の像があり、三三年に一度開帳することになっていた。文安四年（一四四七）がその年にあたり、ほぼ九月いっぱいがこれにあてられた。

さらに開帳は寺院で行うのが普通だが、まれには神社のそれもあった。文安元年の九月から十月にかけて栂尾で栂尾春日大明神の御影が開帳された。南都大乗院の所望によるもので、南都の僧衆による法楽ののちに公開された。この開帳もおおいに賑わい、「諸人群集、頗狼藉之体也」だったとある。(50)

(4)　勧　請

ついであげなければならないのは、分社の造営や新（写し・移し）霊場の勧請である。いずれも遠隔地にある霊場への参詣が困難な大多数の人々の顕在的もしくは潜在的な要求にこたえてなされるものである。そのかぎりでは、のちの出開帳の発想にも通じるものがある。

こうして他の土地に勧請されていった末社・分社・新霊場はそれこそ無数といってよいほど多いが、ここでとくに記しておきたいのは、神明社の造営である。伊勢信仰の歴史のなかでも十五世紀の前・中葉は今伊勢・今神明・飛神明などと称して伊勢神宮の分社が各地に成立したことで知られている。

なかでも京都の市民に親しまれたのは宇治の地に勧請された今伊勢であろう。『看聞日記』には応永二十三年（一四一六）以後毎年のように参詣の記事があらわれており、そのうち永享四・五・七年には貞成親王自身が参詣し、他の大部分の年にも名代を遣わしたというものである。また中原康富も応永二十七年に聖護院の道興とともに宇治遊覧に数日をおくり、その初日に宇治の神明社に詣でたのをはじめ、何回か参詣を行った。

康富の嘉吉二年（一四四二）の参詣のおりには和歌をよみ、うち一首には「外宮ニ手向」とあるから、すでに伊勢の本社と同じく内宮・外宮をそなえたものになっていたことがわかる。(51)

また伊勢系の神楽は湯立をともなうことで特徴づけられるが、これら今伊勢でも湯立がしばしば執り行われた。(52)

さらに今伊勢に参詣したおりには伊勢本宮への参詣になぞらえて「坂迎え」などもなされた。(53) 中原康富らの伊勢参宮のおりの坂迎えについてはすでにふれたとおりである。もっとも開帳などによる近郊の寺社への参詣の際にも坂迎えはしばしば行われたから、当時の参詣にともなう習俗として定着したものではあった。

以上のほかにも京都周辺の今伊勢の勧請は、後世のものまで含めて一〇社ほどにもおよんでいる。しかしそれらはもちろん伊勢神宮本社の主導もしくは公認のもとになされたわけではない。むしろ永享十年（一四三八）、内宮・外宮ともに今伊勢の取り締まりを要求する注進状を神祇官に提出したほどであった。それにもかかわらず、各地の今伊勢の隆盛は先にみたとおりであり、伊勢神宮と同様の神格として受け入れられていった。(54)

さらに興味深いのは、本来の神格からややはなれた福神的な性格さえもこれに付されたらしいことである。『看聞日記』応永二十三年七月二十六日の条には「風聞巷説」として次のような話を載せている。

京の下方に住む男が宇治の今伊勢に詣で、社頭で小さな白蛇をみつけた。そこで男は扇をひらき、「若宇伽ナラハ、此扇へ来ルヘシ」というと、白蛇は扇にはいのぼってきたので家へつれてかえり、家の乾のすみに安置した。するとそれ以来、思いもかけず財産もたまり、人も物を貸してくれるようになり、だんだんと裕福になっていったので、いよいよ、かの白蛇は宇伽神だったとして供え物もそなえ大切にした。もっともこの話には後段があって、日を追って大きくなる蛇を男はやがて恐れるようになり、あるできごとからついに刀で切りかかると蛇はどこへともなく姿を消してしまった。以後、男の家はもとのとおりの貧乏にもどってしまったという。

福神信仰はこのころから大黒・恵比寿などを中心に発展しはじめた新しい信仰であり、ややあとのものであるけれども、東寺の大黒天のように貴賤がきそってもの詣でするなど、(55) 新興の霊場霊仏が成立しつつあった。今伊勢にも福神信仰がはいりこんだとすれば、伊勢信仰のいわば都市的な変容の一つの形態と考えることができよう。(56)

勧請という現象をめぐってもう一つ注目しなければならないのは巡礼霊場のそれである。応永年中にはすでに七観音とか七仏薬師の巡拝が隆盛をきわめていたことは先に述べた。もうすこし時代がくだれば、京都周辺を含む六ヵ所の地蔵堂をめぐる六地蔵巡拝も盛んになってくる。しかしこれらはもっと早い時代に京都の文化そのもののなかから生まれてきた、京都独自の宗教習俗であって、他の場所にあった本来の霊場を移してきたというものではない。

それにたいして、十五世紀のなかごろから史料のうえに姿を見せはじめる、洛中洛外の三十三観音霊場は京都に固有の出自をもつことのない霊場であった。

那智にはじまり、畿内の観音の寺をひろく巡拝する三十三観音巡礼の風がはじまったのは、平安時代末のことであった。それが若干の曲折をへたのちに、室町期までには、現行のものと同じコースをたどる巡礼霊場が成立したと考えられる。その間、東国には西国のそれを模して同程度の規模の観音霊場が成立し、同時に西は「西国」を、東は「坂東」の名をそれぞれ冠して呼ぶようになった。同様に、洛中洛外の三十三観音霊場も、いわゆる西国三十三ヵ所を模してつくられたのは明らかである。

享徳三年（一四五四）に成立した部門別の辞書『撮壌集』は、行願寺（革堂）にはじまって朝日寺（北野社中）におわる三十三観音巡礼霊場をあげている。そのしばらくまえ、『康富記』文安六年（一四四九）五月一日の条には、

今暁予夢飯尾二千、対合会釈之後、新三十三所之注文折紙与余云、此処々可参詣之由示之間、可参之由領掌之気在之者也

とある。この「新三十三所」が先の『撮壌集』所収の霊場と一致するのかどうかは判然としないが、参詣者への便宜をねらった巡礼霊場の勧請のあったことがわかる。

ただ、一般にはこの当時、本来の西国霊場のほうにも、かなりの数の参拝者がくりだしていたことは、五山の僧翱之恵鳳の著した『竹居清事』に、

永享上下之交、巡礼之人道路如織、関市相望、小簡書某士某人三十三所巡礼之字貼之仏宇（下略）

とあるのをみてもわかるとおりである。

『竹居清事』はこのあと、備前霊鷲寺の僧玉仲瑛が画工に描かせた「搏桑西州三十三所巡礼観音堂図」なる金碧装飾の図三三幅が享徳元年に宮中において乙覧されたことを述べている。いっぽう宝徳二年（一四五〇）、中原康富は訪れてきた伊勢塔勧進の聖から「三十三所巡礼観音摺本」をおくられておおいに喜んだ。(57)

かくして都の貴族たち、さらにはより広範な民衆の間に、この霊場そのものにたいする崇敬の念もしくは霊場巡拝の風習が広まってきたことを知ることができた。いっぽう三三の観音霊場そのものでなく、それらの寺院を巡拝してあるく風習のおこりを花山法皇に求める縁起が、右のいわゆる民衆化と併行して語られはじめたらしい(58)ことは、当時の寺社参詣の習俗と霊場の縁起との間の関係を考えていくうえでは、きわめて注目すべき現象といえるかもしれない。

(5) 法　談

京都の寺々ではたびたび法談が催された。これも一、二の例をあげるにとどめるが、応永二十七年（一四二〇）七月二十四日から法安寺において、長期にわたる『法華経』の談義がはじめられた。後崇光院はまだ法華経談義を聞いたことがないというので、相当に関心をもったらしく、ほとんど毎日のように法安寺に参詣している。

このときの談義僧は淀に住む月庭という曹洞宗（「蒼頭宗」と本文にはある）の僧で、『法華経』の一部を読誦しては説法するというやり方のくりかえしですすめられていった。この一連の法談もだいぶの賑わいだったとみえて、その模様が次のように記されている。[59]

西局二ヶ間懸簾楊柳寺、蒼玉庵之比丘尼、女房等聴聞。仏前左脇南西懸翠簾御所方人々、局女、女官、比丘尼等為座。御堂後戸光台寺僧達、地下男共為座。御堂正面敷畳、寺庵僧為座。礼堂雑人群集。

すなわち、殿上人や貴族・高僧からはじまって「地下男」や「雑人」などと一括される一般庶民にいたるまでが、この日の法安寺には集まっていたのであった。そして右の状況は法談がおわる日までほぼ続いていたようである。

さておもしろいのは、これにほとんど対抗するようなかたちで、もうひとつの法華経談義が併行していたことである。

伏見荘の鎮守御香宮のお旅所（新堂と呼んでいる）で、法安寺におくれること二日目の七月二十六日から竜山という旅の僧（おなじく曹洞宗）が法談をはじめた。もっともこちらは「弁説未練」とのことで、聴衆もほとんど近辺の地下人にかぎられていたらしい。といっても所領内のことゆえ、女中・近習らも興味をひかれてだろうか、顔をだしたこともあった。

旅僧による法談といえば、比丘尼がこれを行ったこともあった。文安六年（一四四九）のことで、東国から上洛した五十歳ばかりの比丘尼とその同行二〇人ほどが、一条西洞院北頬地蔵堂において、やはり法華経談義を行ったとある(60)。ちなみに中原康富がこの話を耳にしたのは、先にふれた若狭国の白比丘尼の記事を書いた翌日のことである。

彼らのほかにも地方から上洛しては法談などを行った者はおびただしくいたことだろう。彼らの動向が逐一貴族たちの耳にとどいたはずもないが、若狭の白比丘尼などのように、その他の要素で人を集めようとすれば、風聞巷説をとおして後世への記録に残されることは少なくなかったのである。

さらに発展して、都の内外を徘徊する宗教者たちのなかには、強力な験力や多大なカリスマ性を発揮して、信者や見物人の群集ひきもきらない、という状況も想定しえようが、なぜか管見の限りでは目にすることはできなかった。

四　宗教の大衆化——風流と遊楽——

およそ十五世紀のはじめから中葉にかけて、いいかえれば室町時代のなかばに相当するころ、京都という日本第一の都市に住む人々の間には、以上のごとくさまざまな契機や形態による寺社参詣の行動がみられた。もちろんそれは本章における方法上・史料上の制約により、主に貴族たちの目にうつり耳にはいってきたかぎりでの京都市民の宗教風俗にすぎないから、多くの限界はつきまとう。多少なりとも参詣のありさまが具体的に描かれるのはやはり貴族仲間や上級の僧侶たちのそれであって、群集と一括されてしまう一般庶民や下級宗教者の日常的な宗教生活はどうであったのかという点などになれば、当然のことながら本章では直接につかみきれない。

しかしたとえ貴族の日記であろうとも、この時代の寺社参詣のもつ、もしくはもちつつあった全般的な相——それが他の時代からのきわだった特色と規定できるかどうかは別にしても——の一端は、いやおうなしにあらわれているように思われる。というよりは、世相に支配的な宗教風俗が、日記の筆者たちの意図をこえて彼らの意識や行動を規制してしまうところにこそ、たんに一般論としてでなく、この時代の時代たる所以をみるべきなのかもしれない。

その相の一つとは、参詣の遊楽化という、参詣者の側に属する動向である。貴族たちにかぎっても、ときによってはほとんど毎日のように神仏詣でに出歩いたりする。行き先もまた人によっての傾向はあるものの、旧来の有名霊場はもちろんのこと、そのときどきで世間の話題になった神仏はまず見のがさないとさえいってよい。中世におけるこうした動向については、いまさらくりかえし指摘するまでもないだろう。

そして二つ目の相とは、寺社神仏、つまり参詣者をむかえいれる側や場にみられる、いちじるしい「風流」化とでも呼ぶべき傾向である。ここで「風流」とは元来、趣向をこらした意匠とか飾りものというほどの言葉である。転じてはなやかな仮装とかきらびやかな芸能といった意味あいが生じ、曲芸のように特異な身体芸までもが含まれた。これら「風流」が人々の信仰の場の前面に姿をあらわしてくるのである。

たとえば先に桂地蔵の門前でのにぎわいを見ておいたとき、「風流」という言葉がたびたびでてきた。その内容をかいつまんでくりかえせば、大笠小笠の飾りもの、田植の風情や山伏の峯入りを豪華な衣裳や道具で飾りたてた仮装行列、太刀をもって跳び狂う曲芸等々、右にあげたものはひととおり姿をみせているのである。

ただこれらの風流はいずれも参詣の場で参詣者自身が演ずるところに特色があるのであって、また別の意味をもつことになろう。それよりもさしあたって注目したいのは、寺社が人寄せのために催す種々の出し物である。仏寺仏像の新造修理勧進のための諸芸能、神仏との結縁をキャッチフレーズとしながらその実財政上の収益を目的とする開帳などはいうまでもないこと、念仏・施餓鬼などの法会、聖上人による講経のたぐいさえも、本来の意義を逸脱して人寄せの目的が濃厚にみえてくる。そのあいまをぬって、若狭の白比丘尼のように、いささかのいかがわしさをともなった宗教的見世物も出没した。さらには種々の不思議な利益や出来事を説く霊験譚にしても、人々の目をひくという点では同じはたらきを担っている。これらを総称して、言葉の本来の意義からはややずれるけれども、当時ごく一般的に口にされた「風流」の名で呼ぶことは、けっして不自然ではないだろう。

さて以上指摘した、いっぽうの遊楽化と他方の風流化という、寺社参詣習俗の両端における二つの現象は、もちろん別々のものであろうはずがない。というのはすでに述べたように、この時代の寺社側にとっての最大の課題とは、霊場や信仰行為そのものの世俗への開放と、新しく信者となるべき層の未発見・未組織という二つの現実の過度的なはざまにあって、都市の宗教的浮動層をいかにつかんでくるかという点にあったはずだからである。だから宗教を一種のショーとして演出することは、成功する可能性のきわめて高い一つの選択肢であったにちがいない。

ただここでもう一つ強調しておかなければならないのは、風流という現象自体は宗教の下位システムである寺社参詣にのみ固有にあらわれていたわけではないという、周知の事実である。毎年正月や盆になると松拍と称する風流の一団が何組も洛中を巡回していたし、祇園御霊会や稲荷の祭礼などに風流の山車やさまざまな芸能があらわれ、きそって人の目をうばったのもこの時代であった。

しかも都市の祭の風流化は、社会のなかでの祭のありかたそのものにも大きな変化をもたらした。すなわち「見物人」の発生がそれである。祭にとりいれられた風流は、来臨する神々の目をなぐさめるところに本来の目的があったはずなのだが、他方ではおもいもかけず、信仰をともにしない「見物人」をも大量に発生させる結果をもたらした。見物人は次第に無視しえない存在にまで成長し、やがて祭自体が神と神への奉仕者と見物人という三極構造のうえで発展していくことになる。すなわち風流とは、中世後期の都市や都市周辺の住民のなかから生みだされ、新たな時代を創造しつつあった大衆文化そのものなのである。ある意味では、この時代の宗教世界を根底から揺り動かしている地殻変動の象徴であったといってもよい。

かくして〔風流の出現――見物人の発生〕を軸とする祭の場での大衆化への道と、先に述べた〔風流化――遊楽化〕を軸とする、寺社参詣の場における世俗への転回とは照応する。祭礼がその都市に住むすべての人に開放され、見物人を不可欠の構成要素として位置づけることにより、共同体的な伝統をひとつ断ち切ったところで時代の牽引力となっていったのと同様、寺社参詣の場にあっても、聖俗・貴賤の別をこえた都市ならではの大衆的現象としての宗教風俗が現出するにいたったのである。

先の桂地蔵での門前での賑わい、ことに参詣者たちによる連日の風流の奉納は、彼らが寺社神仏にたいしてたんに受け身の存在にとどまらず、宗教状況の積極的な担い手の一人として着実に成長しつつあることを雄弁に物語っているといってよい。あるいは前節の最後でふれた法談の場において、上はのちの太上天皇たる後崇光院から、下は一介の「地下男共」や「雑人」にいたるまでの人々が一堂に群集し同座する空間にあふれる熱気は、この時代の文化のありようをみごとに示している。そしてまたこの出来事を日記に書き残した後崇光院貞成親王をこの場にみちびいてきたのも、実をいえばここに述べた時代精神の発露としての尽きることない「好奇心」[61]にほかならなかったのである。

注

（1）『康富記』同日の条。ただし初回の講が予定どおりの日にひらかれたのかどうかは、同日記の十月の分がたまたま欠けているために確かめることができない。

（2）『康富記』応永八年（一四〇一）五月十三日。ただしこれは日記のなかの一例で、ほかの日にも記録されることがあるのはいうまでもない。以下も同様である。

（3）『康富記』応永八年五月十八日。
（4）『看聞日記』応永二十三年二月十五日。
（5）『看聞日記』応永二十三年七月二十四日。
（6）『看聞日記』応永二十四年五月二日。
（7）『看聞日記』応永二十四年五月九日。
（8）『看聞日記』応永二十四年十一月十四日。
（9）新城常三『社寺参詣の社会経済史的研究』（一九六四年、塙書房）二四五ページ。ただし、この会合は前年来の継続で、開始時期は明らかでないという。
（10）熊野講については、嘉吉元年（一四四一）の室町幕府追加法のなかに、徳政令の摘要をまぬがれる例として「諸社神物付神明、熊野講要脚事」とあって、これがかならずしも熊野講の初見史料ではないが、庶民層の間に神明講とならんでかなりの程度に普及していたことを知ることができるのである。なお新城常三前掲書（注（9））によれば、右文書は同時に民衆のなかの神明講の存在を示す史料として初見であるという（同書二四六ページ）。
　また信貴山講については、『康富記』嘉吉三年（一四四三）十一月二十五日の条に、中原康富を親とし丹波隼人保内の寺院百姓ら八、九名ほどをもって結ばれた「信貴憑子」の例がみえる。これは各三年宛の米を拠出する頼母子講だが、また信貴山への参詣をも目的としていたのであろう。
（11）この段階ではまだ、講員のうちから代表者を順番にえらび、定期的に参詣におくりだす、いわゆる代参の方式は一般的でないようである。
（12）実は後崇光院のもとにも「三カシキ太夫」なる伊勢御師があらわれている（『看聞日記』永享七年〔一四三五〕八月二十一日）。このときは「御祓熨蚫千本」を献上しているのだが、彼がいかなる目的で参上したのか、また永享四年の参宮およびその母体となった神明講ともかかわりのある御師であったのか、等々の疑問については残念ながらこたえるすべがない。
（13）『看聞日記』同年七月十六日。
（14）『看聞日記』同年十月十四日。
（15）『満済准后日記』同年八月十七日。

(16)『看聞日記』同年十月十四日。
(17)『看聞日記』応永二十七年（一四二〇）二月十日。
(18)『看聞日記』同年三月十二日。
(19)『康富記』応永八年（一四〇一）五月十八日以降。
(20)『教言卿記』同年六月十八日。
(21)『満済准后日記』同年六月十八日。
(22)『蔭涼軒日録』同年六月十八日。
(23)『看聞日記』嘉吉三年（一四四三）七月十八日。
(24)『康富記』宝徳元年（一四四九）八月六日。
(25)『看聞日記』同年四月十五日。
(26)『看聞日記』応永二十三年七月二十六日。
(27)『看聞日記』同年七月五日。
(28)『看聞日記』永享九年六月十九日。
(29)『看聞日記』同年正月二十三日。
(30)『康富記』文安元年（一四四四）八月十九日。
(31)『看聞日記』同日。
(32)『康富記』同日。
(33)『師守記』同年六月十一日。
(34)『看聞日記』同年三月九日。
(35)『花営三代記』同月二日、『看聞日記』同月十五日。
(36)『満済准后日記』同年五月十日。
(37)『看聞日記』同年五月二十四日、六月十五日。
(38)『康富記』同日。

(39)『看聞日記』同日。
(40)『看聞日記』応永二十九年六月十六日。
(41)『看聞日記』応永二十六年三月十四日の条以降。
(42)『康富記』応永二十九年六月五日。
(43)『康富記』同年五月二十六日。
(44)柳田国男「八百比丘尼」(『増補　山島民譚集』平凡社、東洋文庫)参照のこと。
(45)『看聞日記』嘉吉元年(一四四一)五月十六日。
(46)『看聞日記』同年四月二十日。
(47)『満済准后日記』同年四月二十三日。
(48)『看聞日記』同年四月二十二日。
(49)『建内記』嘉吉三年五月十六日。
(50)『康富記』同年十月二日。
(51)『康富記』同年九月二十八日。
(52)『看聞日記』嘉吉元年三月二十八日の条には高橋神明社の、また『康富記』宝徳三年(一四五一)九月二十九日の条には粟田口神明社の湯立のことがそれぞれ記されている。
(53)『看聞日記』永享四年九月二十一日。
(54)今伊勢勧請の全般的動向に関しては、三上左明「神明社に就いての一考察」(『歴史地理』五五—四、一九三〇年)、および萩原龍夫『中世祭祀組織の研究』(一九六二年、吉川弘文館)補論第一「伊勢信仰の発展と祭祀組織」などを参照のこと。
(55)『蔭涼軒日録』延徳二年(一四九〇)閏八月二十一日。
(56)瀬田勝也「伊勢の神をめぐる病と信仰—室町初中期の京都を舞台に—」(『武蔵大学人文学会雑誌』一二—二、一九八〇年。のち萩原龍夫編『民衆宗教史叢書1・伊勢信仰I』一九八五年、雄山閣出版に再録)は、ちょうどこの当時の伊勢信仰の変化の様相を論じたものである。
(57)『康富記』同年二月二十五日。

（58）真野俊和「花山法皇と西国巡礼」（『大法輪』五四―四、一九八七年四月）。
（59）『看聞日記』同年七月二十四日。
（60）『康富記』同年五月二十七日。
（61）阿部猛「中世後期における都市貴族の生活と思想―『看聞御記』の世界―」（和歌森太郎先生還暦記念論文集刊行会編『古代・中世の社会と民衆文化』一九七六年、吉川弘文館）五七五ページ。

第二章　山の法師と里の勧進

一　山の法師の飛鉢法

日本のおよそ十二世紀から十三世紀のはじめ頃まで、すなわちおおまかにいって古代末期から中世初頭にかけての一時期、山中に修行する行者たちによる飛鉢の験力がしきりに説かれることがあった。周知のようにこの時代は、仏教史の面からいえば古代的貴族仏教のいわば爛熟期にあたり——ということは同時に大がかりな転換期でもあるのだが——、既成の教団体制から離脱したりその周縁部に寄生していた修行者たちによる、さまざまな新宗教の胎動の時代であった。

それにさきだって、十一世紀末から十二世紀初頭のころに成立したとされる『本朝神仙伝』などの説話集は、みずから天空を飛び、もしくはなにか身のまわりのものを自在にあやつる能力をほこる「神仙」たちの活躍であふれている。たとえば天空飛翔をよくする行者としては大和葛城山の役小角、加賀白山をひらいた泰澄、大和国子島山の報恩大師などがあり、能登の陽勝仙人は、これよりも半世紀ほどはやい『大日本国法華経験記』では飛行する仙人とされているが、この『本朝神仙伝』には飛行のことはみえず、陽勝が鉢と瓶にむかって呪を唱えると、たちまちに美膳と水とで満ちあふれたと伝えている。

また空海については、唐から帰朝のおり、鈴鈷をなげて本朝の勝地を占おうとすると、一つは東寺に、一つは紀州高野山に、最後の一つは土佐国の室生戸山におちたという。(1) いうまでもなくはじめの二ヵ所は真言宗屈指の名刹霊場であるが、最後の室生戸山、すなわち四国の室戸岬もかつて空海の重要な初期の修行地であり、ときには補陀落渡海をめざす行者たちの信仰の拠点の一つであり、そして今日では四国八十八ヵ所の札所ともなっている。

そうしたさまざまな能力のなかでも、いま問題にしている飛鉢の術にかぎってみれば、永観二年（九八四）の『三宝絵』に、役小角が唐に渡るにあたってみずからは草座にのり、母を鉢にのせて行ったとあるのが、おそらくはもっとも古いところであろう。

それから一世紀あまりもたって『続本朝往生伝』と先の『本朝神仙伝』がともに大江匡房によって撰述されたころから、空を飛ぶ鉢のモティーフはだいぶふえてくる。

『続本朝往生伝』におさめられた説話では、大江定基（寂照）が大宋国に渡り、さる寺で安居に参加したところ、宋国の僧たちが飛鉢の法をもちいて食事をとりよせていた。それではと、みずからも日本の神仏に懸命になって祈ると首尾よく鉢が飛び、三度仏堂のまわりをまわったあと食事をうけとることができ、面目をほどこしたという。

『本朝神仙伝』のほうをみると、役行者が母を鉢にのせて唐に渡ったという話がふたたびでてくるが、こちらでは海に浮んでいったとされていて、若干趣が違っている。おそらく空を飛ぶのも海に浮ぶのも本質的な違いとは考えられていなかったのであろう。

また浄蔵という僧が山中で禅僧に逢い、種々験くらべをしたあと、浄蔵が山をくだろうとすると、禅僧のつかわした水瓶が空を飛んで麓までの道案内をしたとある。これも一種の飛鉢法かと思われるが、これから一世紀ほどのちの『古事談』では、浄蔵自身が鉢法を行ったとされている。

『本朝神仙伝』のもうひとつの話は次のようなものである。

比良山の僧某は、神験方ぶものなし。兼て仙の道を学びて、また飛鉢の法を行へり。大津に来りたる船に、この鉢去らずしてあり。挾杪水手、頗るこの鉢を厭ひて、米一俵をもて鉢の上に投げ置きつ。この鉢飛び去るに、船の中にありし俵、皆悉くに相随ふこと、秋の雁の雲霄に点ずるがごとし。綱丁はもて帰命頂礼したり。その後、米は船の中に反りたり。(2)

物語の大筋は、院政期から鎌倉時代の初頭にかけて、『信貴山縁起』をはじめ、『古本説話集』や『今昔物語集』、さらには『宇治拾遺物語』などにあらわれる命蓮の「飛倉」(3)の物語にきわめてよく似ていることは明らかである。ただ比良山の僧が住んでいたのは命蓮と異なって琵琶湖という水上交通の要路をみおろす山であり、鉢を飛ばせて供料を求めたのも、沖行く船であった。

船を対象とする飛鉢法に着目すれば、その類例は少なくない。すこし時代がくだって、元亨二年（一三二二）の『元亨釈書』には白山の開創者でもある越知山の泰澄、播州法花山の法道仙人の飛鉢譚がある。

このうち泰澄には臥という名の沙弥が弟子としており、臥行者が北国から都に官租を運ぶ船に鉢を飛ばしては食物を乞うていた。ところが和銅五年（七一二）のこと、いつものように羽州からの船に供物を求めたところ、舡師神部浄定が官米であることを理由に拒絶したので、船中の米はことごとく帰っていく鉢のあとについて空を飛び、泰澄のもとに行ってしまった。浄定はあわてて泰澄に謝罪し、かえしてもらった米を都に届けたのち、再度越知山にのぼって泰澄の弟子となったという。(4)これは今日もなお泰澄にまつわる伝説としてよく知られている。

法道仙人の場合もほぼ同様で、彼は千手空鉢法という法をつかい、土地の人々からは空鉢仙人という名さえたてまつられていた。そして大化元年（六四五）の秋、やはり官租を積んだ船が沖をとおるのをみて供料の米を要求したが、船頭が拒絶すると、米は雁のように連なって飛んで行ってしまった。船頭はあわてて謝罪し、ようやく米を返してもらったが、そのときも米俵が鉢のあとについて空を飛んだとある。[5] 一列に空を飛ぶ米俵のイメージには、かの『信貴山縁起』のそれを思わせるものがある。

さらに瀬戸内海をはさんだ対岸の讃岐国屋島寺にも、かつては空を飛ぶ鉢が伝えられていた。

承応二年（一六五三）十月十九日、四国八十八ヵ所のうち、今日ならば八十四番の札所にあたる屋島寺をうちおえた京都智積院の学僧沙門澄禅は、この旅のはじめから書きつづってきた『四国遍路日記』[6]に、この寺に伝わる次のような話を書きとどめた。

扨、当寺ニ鑑真和尚所持ノ衣鉢ヲ留玉フ。此鉢空ニ昇テ沖ヲ漕行船共ニ飛下テ斎料ヲ請。舟人驚テ米穀ヲ入時本山エ飛還。如此スル事度々ナル故ニ真俗此山ヲ崇敬スル間、次第ニ繁昌シテ四十二坊迄在ケルニ、或時此鉢猟師ノ舟ニ飛下ル。舟人周章シテ魚類ヲ此鉢ニ入ル、其時微塵ニ破テ舟トモニ海底ニ沈ム。

かつて当寺には鑑真所持と伝える鉢があって、空を飛んでは沖行く船に米穀を乞い、大勢の僧侶をやしなっていたというのである。のちに弘法大師がこの寺を再興する以前のできごとであったという。

延享二年（一七四五）の増田休意著『讃州府誌』巻五[7]は、屋島寺の沖にあたる「鉢ノ廻戸〔鉢ヵ瀬〕」の項で「屋島ノ北端ヲ長崎ノ鼻ト云。其下辺ノ海面ヲ廻戸ト称ス。往昔空鉢上人（鑑真）鉢ヲ飛バシテ常ニ往来ノ船ニ食ヲ乞」と飛鉢の法の存在にふれ、さらにその鉢が海底に沈むにいたったくだんのいきさつを述べている。

もっともこの話は屋島寺の伝承のなかでは、必ずしも一般的ではなかったようである。澄禅の巡拝におくれること約半世紀のちにあらわされた讃岐国の地誌『玉藻集』[8]には、先の『四国遍路日記』と同様に、鑑真来朝のおりに屋島沖をとおりかかると「船中におゐて、はるかにこの山の瑞光のたつを見て、船をよせ登臨有しに、一老翁鳩の杖をつき出現していはく、此山は七仏説法の霊区、天仙遊化の砌也」と言いおわるや、忽然として姿を消したという話が載せられている。けれども空を飛ぶ鉢についてはなぜかふれられていない。

さらにくだって元禄二年（一六八九）の大著、雲石堂寂本の『四国偏礼霊場記』(9)の屋島寺の項も、内容はほとんど『玉藻集』の記述をかりるばかりで、同様に空を飛ぶ鉢にはひとこともふれることはなかった。

屋島寺の飛鉢譚が、こうして同寺の鑑真創建伝説のかげにかくれて忘れられるばかりになっていた、いわばもう一つの屋島寺縁起に相当するものだったことは、同じく四国霊場第六十八番札所神恵院の住僧光遍法印が弘化年間に編んだ同院の寺記『弘化録』(10)にしるした、次の記事からもうかがうことができる。

唐楊州竜興寺苾蒭鑑真和尚先建二立唐招提寺一当年三月来二当国屋島一而造二立ス普賢堂ヲ一号二千光院ト一、（或云千手院）、此時屋島ニ有二異僧一飛行自在、又投シテ二鉢ヲ空中ニ一而乞レ食、又鉄鉢浮レ海向テ二往来ノ船ニ一乞レ穀ヲ、一時漁船試ニ入ルニ生魚ヲ於鉢中ニ一、其鉢忽沈二海底ニ一而不二再浮一云々、鑑真悪ンテ二其異術ヲ一嘗テ不レ語遂ニ去ル。

すなわち鑑真創建伝説に関しては他の本に説かれたところとあまりかわらず、また空を飛ぶ鉢（もっとも海に浮ぶ鉄鉢でもあったようだが）についても、澄禅が屋島寺で聞いたものとおおむね類似している。とはいうものの『弘化録』にあっては、飛鉢の術は、みずからも自在に飛行をなしうるような験力ある僧の手によってほどこされている旨が明記されること、それだけでなく、この術が鑑真によってしりぞけられていたとする二つの点が、『四国遍路日記』の記事とは異なっている。いうなれば同寺においては、飛鉢伝説は、鑑真による創建を説く正統な縁起からやや距離をおいたものとして伝えられていたのであろうことが、ここから推測されるのである。

さて『元亨釈書』に載せられた飛鉢譚のうち、山崎寺の慈信のそれはもう少し異なった色合をもってあらわれてくるようである。慈信もまた法花山の法道と同じく空鉢上人と呼ばれあがめられていた。しかし注目すべきは彼の飛鉢法の目的である。

初め摂州中山に十一面観音像有り。昔上宮太子百済の仏工をして之を刻ましむ。像成て時々に光を放つ。古老伝えらく。像光を放ち巌を照す時に、其の崛金色と成ると。延喜中に、信、像に対して啓して曰く。我が此の日域、何れの地を霊区と為さん乎。我願わくば力を営幹に殫さんと。其の夜夢にみらく。像告げて曰く、我平等慈悲、刹として現ぜざること無し。然るに山州山崎、其の民の円熟すと。信乃ち像を彼に移し、又鉢を飛ばして営造を求む。(11)

慈信にとって飛鉢の法とは、慈信の日々の食糧を手に入れるためもさることながら、みずからが信仰する十一面観音をまつるべく、一字の寺を建立するために不可欠の手段だったのである。

かくしてわずかの例外を除けば、十二世紀を中心におよそ三〇〇年あまりの間に書きつづられた飛鉢法を、それが使用された目的にしたがって、おおむね、

Ⅰ　単純な験力の発現または誇示のため
Ⅱ　日々の食物を得るため
Ⅲ　勧進のため

の三つの類型に分類できるように思われる。

第Ⅰ類は寂照の宋における飛鉢の法（『続本朝往生伝』）や、ヴァリエーションではあるけれども、浄蔵法師の道案内のために水瓶を飛ばせた術（『本朝神仙伝』）などがこれにあたる。この説話には役行者が鉢に母をのせて運んだという話（『日本霊異記』）も含まれようから、少なくとも十世紀の末まではさかのぼることができる。

第Ⅱ類の物語群は、比良山の僧の説話（『本朝神仙伝』）あたりを上限に、命蓮の信貴山の縁起などをへて、『元亨釈

書』のころにまで達している。したがって時期的にもっともながく、もっとも量の多いのが第Ⅱ類の話型だといえよう。なかでも浄蔵伝のように、はじめは飛鉢法の相手にすぎなかったのが、のちには浄蔵みずからがこの法をつかうようになる変化（『古事談』）や、泰澄のように最初はたんに空を飛ぶことができる行者でしかなかった（『本朝神仙伝』）ものが、のちには日々の食糧を得るために飛鉢法をつかうようになる（『元亨釈書』）変化などを思いあわせると、第Ⅱ類のモティーフとは、この時代における飛鉢法の本質的部分にかかわっているのだということが理解できる。

かつて五来重は民間の宗教者たる聖（ヒジリ）の特質として、隠遁性・苦行性・遊行性・呪術性・世俗性・集団性・勧進性・唱導性、の八点を数えあげたことがある。[12] もちろん以上の性格はいかなる場合にも平等に表出されるものでは必ずしもなく、時代に応じて状況に応じてあらわれかたの比重は異なってくるものである。いま問題にしている時代の聖（持経者とか沙弥とか呼ばれるものも含めて）たちにしても、存在形態は多種多様であり、したがって右の性格のどこに重きがかかっているかという点はさまざまであろう。しかし一一〇〇年前後から、密教的呪法の一つである飛鉢法にかかわる説話が精力的に記録されはじめていること、しかもその話の核心が、聖たちが日々の食事をどのようにして得ているのかという点にあったことをみていくと、当時の宗教界の構造変化に呼応しておびただしく輩出されつつあった聖たちの関心がどのあたりにあったのかが理解できそうである。

聖たちにしてみれば、超自然的な験力をたかめる最善の方法は、官大寺における修行よりも、深山幽谷にこもりながらのそれであっただろう。もちろんそれは律令的あるいは鎮護国家的古代寺院が力を失い、その担い手であった貴族たちが、聖・沙弥・持経者などと呼ばれる体制外的民間宗教者に大きな関心をむけはじめたことに対応しての要求であった。だから山中にこもって修行する聖そのものはこの時代になってからはじめてあらわれたのではないにしても、やがてスポンサーたちからの要求が高まれば高まるほど、人里はなれた場所において食事を調達するという、いわば世俗的な行為さえをも「飛鉢法」というような魔訶不思議な験力によって飾りたてる必要がでてきたのである。

このように飛鉢法そのものがすぐれて歴史的性格を帯びているのであれば、いっぽうでたとえば重源のような官大寺の造営にさえかかわりをもちうるほどの聖（ヒジリ）的宗教者がでてくると、飛鉢法もまた即自的ないとなみから脱してやがて社会性を獲得し、第Ⅲ類のようなモティーフを含んだ性格も生じてくるのである。だから鉢をとばして観音堂の造営にのりだした慈信（『元亨釈書』）の物語に、「邪輩多く侮慢を作す。此類咸疾を受く。邪衆過ちを悔いて像に帰す。疾尽く愈ゆ」とあるような、祟りともいうべき勧善懲悪的モティーフがともなうのは、かの法の社会的性格のゆえとも考えられる。

ところで先の屋島寺と同じく四国八十八ヵ所霊場に属する、土佐室戸岬の先端近く、第二十六番札所金剛頂（定）寺には、飛鉢法の社会的基盤を考えるうえで興味深い伝承があった。

室戸岬は若き日の空海の修行の地であったことは前に述べた。空海の著『三教指帰』に「阿国大滝嶽に登り攀ぢ、土州室戸岬に勤念す」(13)とあるのがそれである。空海ののちいつのころにかこの地に道場がつくられ、修行者たちの拠点になっていった。寛治三年（一〇八九）、空海から数えて第八代の弟子にあたる経範が撰述した『大師御行状集記』(14)なる一書には、

土佐の国室戸崎は、悉地成就の地にして、仏法修行の為に金剛定寺に寄住して、一宇の伽藍を建立す。数の房舎を作り、棲息の所となす。

と、道場を建立したのは唐から帰朝したのちの弘法大師自身のこととしている。これが大師自身の仕事であるかどうかはともかくとしても、同じ『御行状集記』のうち「金剛定寺御乞食の条」と題された次の一文は、「棲息の所」と表現された金剛定寺の実態を伝えるものと思われる。

金剛定寺は是無縁所にして、住僧の供料を支配されず。官裁を請い、勅に准じて、当国隣国より往反の船に、皆粮料を乞い、施与するを恒例となす。件の物を寺家に納めて、寺中の衆僧食堂に集会して、日に一度一坐して食せり。食し畢れば、次に維那槌を打ち、衆僧等施の報恩了りて、各々住房に帰る。是の如くして年月を送る。是を金剛定寺の御乞食と名づく。

つまり金剛定寺は時の支配者から一切の住僧供料をうけないかわりに、官許を得て、沖をとおりかかる船から粮料を乞いうける権利をもっていたというのである。文字どおりの官許を得ていたかどうかはともかくとして、記述の内容からみても一人、二人の修行僧が人里はなれて住んでいたというていのものではなさそうである。相当に規模も大きく、組織もととのった寺院がここにはすでに存在していたかのようであり、この記事は大師存命中というよりは、経範がこの大師伝をあらわした時点からそうさかのぼらないころの同寺の様子を描いたものと考えてよいだろう。じっさい『御行状集記』の成立から二〇年ほどさかのぼる延久二年（一〇七〇）の「土佐国金剛頂寺解案」[15]（東寺百合文書）には、

寺四至者、東限海岸、（脱アルカ）西限波禰中山、北限佐貫河

とあって、ほぼ現在の室戸市に相当するほどの寺領を有していたと思われ、しかもそれ以前はさらに広大な奈半庄も寺領に含まれていたのである。[16]

「金剛頂寺の御乞食」はその後中世にはいってからも依然として活躍したらしい。近世もおわりにちかいころの土佐国の国史、『土佐国編年紀事略』[17]の大同二年の条には、観応三年（一三五二）九月十五日の日付のある金剛頂（定）寺『乞食帳』の記事をひいて、

頃年、弘法大師官符を申成し、土伊阿讃の四国に勧進奉加して金剛頂寺に乞食を留む。是国土福田、吏民快楽且

つ僧徒の達進を絶す仏法を行、寿命を三会に継しめむ為なり。

としている。ここでは金剛頂寺の「乞食」は弘法大師に由来するものとされ、その背景には「寿命を三会に継しめむ」とあるように、弘法大師信仰もしくはそれと結びつく弥勒信仰があったことがわかる。

それよりもここで注目しておきたいのは金剛定寺のもっていた特権的性格である。二つの記事は時代のちがいにもかかわらず、同寺が住僧たちの日々の食事を得るために沖合をとおる船に供料を要求したこと、もしくは同寺の住僧が四国一円に勧進奉加したことは、それを「官裁」「勅」「官符」などどんな表現をとるにせよ、官から許された一種の権利であったとする点で一致している。彼らは一切の住僧供料を供給されないかわりに、いわば海の関所としておりかかる船から物資を調達していたのである。その権利が（彼らが主張するように）国家によって許可もしくは保証されたものなのか、あるいは国家その他の世俗権力の手がとどかないため、治外法権的にそうなってしまったのかは、この文面からは不明である。そのどちらであろうとも、金剛定寺を「無縁所」とも称するのは、俗世界での秩序や権力関係とはまさに無縁であると云う原理(18)によって、この寺が維持運営されているのだという実態をなによりも明瞭に語っているといってよいだろうし、同時に「御乞食」という呼び方にもそうした体制外者的なニュアンスが含まれているだろう。

さてここで問題を先の飛鉢説話にもどすことにしたい。

本節でみてきたさまざまな飛鉢譚のうち、当面の屋島寺縁起に関連する第Ⅱ類として一括した説話群、すなわち日日の食物を確保するために飛鉢の法をもちいた行者たちの話をもう少しこまかくみていくと、さらに二つのサブグループにわかれることに気づくであろう。それを仮にA類・B類とすれば、

A　信貴山の命蓮（『古本説話集』など）

金剛山の聖人某（『今昔物語集』巻二十第七話）
比叡山の浄蔵（『古事談』）
B
江州比良山の僧某（『本朝神仙伝』）
越州越知山の泰澄（『元亨釈書』ほか）
播州法花山の法道（『元亨釈書』ほか）
讃州屋島寺の異僧

となる。

ここでA類に含めた行者たちは畿内の比較的都にちかい山中にこもり、ときおりは人里におりていくことも可能な地に住む者たちである。

これにたいしてB類の説話に登場する行者たちの修行地は、ほとんどが都から遠くはなれた辺境の地にあり（比良山だけはやや例外といってよいが）、いずれも海か、ときには湖をのぞむ山上に位置し、彼らが鉢をとばして食物を乞う相手はもっぱら往還の船である点で共通している。しかもこれらの話がいずれも要求を拒絶したものにたいする懲罰のモティーフをともなうことをみれば、この托鉢が一種強制的な性格をともなっていたと推測される。すなわち彼らの修行の拠点は同時に、土佐の金剛頂（定）寺と同じく、往還する船にとってはある種の関所にほかならなかったのである。とすれば彼らの寺々は、程度の差はあるかもしれないにしても、公の支配体制・秩序体系の外にたつ「無縁所」の性格をもっていたとも考えられるであろう。

この推測を多少とも裏づけるのは泰澄と法道の説話である。二つの話がほぼ似た構成をとるのはすでにみたとおりだが、泰澄の飛鉢による托鉢はもっぱら北国から官租を積んで都にむかう船にたいして行われ、法道が法花山から飛ばす鉢は、瀬戸内海をとおって西国筋から都にいそぐ船におりたのであった。つまりこれら海の関所ともいうべき寺寺からの供料の要求は、金剛定寺が「官許」をうけて同じことを行ったという、まさにその「官」にたいしてすらむけられたのであった。

かくして私たちは、中世社会に簇出した飛鉢霊験説話の背後に、さまざまな地域性の相違をもちながらも、交通の要所に位置するという共通項のもとに里の社会とするどく対立する山岳寺院の経済・社会基盤の存在を指摘することができたのである。

二　会津恵日寺のイナバツ

前節では山岳行者の社会と里人とのかかわりかたを、もっぱら虚構の世界をとおして考えてきた。しかし同様の関係は、当然のことながら、この現実世界のなかにも表出されているはずである。飛鉢譚に語られた時代と時期的には大きくずれるが、次にそうした事例をいくつかとりあげてみよう。

古くから会津嶺・会津山の名で呼ばれて、会津を象徴する山とされてきた磐梯山、そしてその麓に位置する恵日寺は、会津地方の宗教文化にも大きな役割を果たしてきた。信仰の山としての磐梯山をひらいたのは、平安時代の法相宗の碩学徳一といわれる。徳一はこの山を拠点にして、当時新興の仏教教派のリーダーである最澄と、「三一権実論争」と呼ばれるはげしい論戦をくりひろげたことで知られている。もちろん彼の背後には、磐梯山によって修行する多くの山岳行者がいたことであろう。(19)

いっぽうこの山は近在の農民により、農耕の神のいます山として信仰の対象となっている。ことに雪消の時期には、山腹に虚無僧の雪形が現われるころをめやすに種籾をまくとよいと、いまもなおいい伝えられている。(20)

ときはなす磐梯山のすそわ田に、沢水をせき入れて、清水をいせきかけて、とるやさなへ、うるや若苗

などと歌う恵日寺の田植歌(建治元年〔一二七五〕書写とされる)(21)も、こうした信仰のなかから生み出されたのであろう。そしてここで述べようとするイナバツも、実は会津一円の農民たちからの信仰と、長い歴史を踏まえたこの地方でならぶもののない宗教的権威の両方があいまってつくりだした風習なのである。

イナバツとは「稲初穂」であろうといわれる。毎年秋、稲の収穫がおわったころになると、恵日寺の僧がイナバツの徴収にあるいた。巡回の範囲は俗に磐梯山をあおぐ地域といわれるが、実際にはもうすこし広く、会津盆地一円と周辺の山間部、いわゆる裏磐梯を含む磐梯山麓のムラムラ、そして猪苗代湖の反対側の地域にまでおよんでいた。また徴収にあたるものは、そのシンボルとして、長さ三尺ほどの木製の鉾をもつ。鉾の先端ちかくには直径七寸ほどの曲物の円盤状のものがとりつけられており、これには日月の形がくりぬかれている。この鉾には大頭・小頭と呼ばれる二基があって、徴収にあたるものがそれぞれ一基ずつをもった。つまり恵日寺(磐梯明神)のイナバツは、俗にそれ自身大頭・小頭と呼ばれる法師もしくは神官によって集められたのであった。(22)

イナバツの徴収に関して、近世の史料によってさかのぼるならば、古くは寛文十二年(一六七二)の『会津旧事雑考』の恵日寺の記事や、貞享二年(一六八五)の恵日寺の『書上げ』、さらに上記の『書上げ』の筆者であり恵日寺中興とも目された実賀の残した記録などに求めることができる。(23)そのうち最後の『実賀記録』によれば、

累年諸勧進、雖為制禁、任旧例当役人承仕四人之者共ニ御正躰為奉負、郡中毎年稲初尾取ニ出之候、所務之分者、右四人之者共渡世ニ為仕候事。

と、諸勧進が禁じられているにもかかわらず、イナバツのみは「旧例」にしたがって容認されていたこと、四人の「役人承仕」がこれにあたり、これがいわば生活の糧とされていたことなどが知られる。

ここでその四人の「役人承仕」なる僧とは、実は貞享二年の『書上げ』に、

本村観音院、同清僧壱人、寺之内修験壱人、妻帯之坊主四人白袴ヲ着し勤有。之因玆白袴之者云寺内ニ灯明之坊主壱人、但妻帯、同村ニ橋姫明神別当壱人、以上九人是を役人と名付、其勤初夜後夜之鐘ヲ撞御堂之掃除幷堂庭之掃除仕候事。

とある九人の「役人」のうち、白袴を着用する「妻帯之坊主」に相当する。彼ら妻帯僧のうち二人は大頭の役、他の二人は小頭の役にあたる。また大頭は正座主とも呼ばれる住寺方へ毎年、小頭は観音院等へ隔年に役銭をだすことになっていた。すなわち恵日寺にあってイナバツの徴収にたずさわっていたいわゆる大頭・小頭とは、役人＝承仕という呼称、妻帯していたという事実、また鐘をついたり御堂の掃除にたずさわったりという役割などから、一山のなかでは比較的下級の宗教者であったと推測される。(24)

また御正体としての大頭・小頭は通常金堂からややはなれた一画に安置されていた。近世後期の『新編会津風土記』には、

金堂の辰巳の方に柵をめぐらし、その中に二本の柱を建て、上に二つの鉾を置きて仏体を封ず。秘仏にして見る者なし。

とある。そして「病悩山とて魔魅住み居」る山としておそれられた磐梯山の麓に位置する古刹、恵日寺の本尊たる薬師如来への信仰に深くかかわっていたことは、これも先の『書上げ』二月十六日の条に、

辰ノ一天ニ御堂ニ出仕し、大頭小頭之御正躰を薬師之宝前ニ勧請し、勘行あり。（中略）畢テ神（磐梯明神）ヲ本

社ニ送。

とされているところからも明らかである。

この行事は二月十三日から十六日まで執行される「お国祭」の最後にあたる。ちなみにお国祭とは会津藩主から用材の下賜をうけて、磐梯明神をむかえるための仮屋をたてて祈禱を行うという、一山最大の祭であった。大頭・小頭の御正体をもって廻村するイナバツの徴収にあたって、このような世俗の権威をも背景にしたお国祭のなかでの位置づけは大きな意味をもったにちがいない。

いっぽう徴収される側の村々にも若干の記録が残されている。先の『書上げ』と同じ年に会津の村々から藩に提出された風俗書上げ(25)をみるに、たとえば次のごとくである。

耶麻郡大寺村より、大塔小塔と云、毎年来り稲初穂とて、家々を廻り、稲弐把つゝ取。進退不如意之者ハ稲不出、麻苧少々出す。不作者は何成とも不出。吉例如此。（『貞享二年地下方万定書上帳』大沼郡高田組弐拾弐ヶ村）

毎秋壱度宛、大寺村薬師之衆徒、大塔小塔之稲初尾と申、稲弐抱宛取申候。并岩崎之神社、御摩之初尾と申稲一抱宛取申候。（『貞享二年五月五日耶麻郡猪苗代川東組風俗翰書』）

徴収されたイナバツ＝初穂米がどれほどの分量になったか、また恵日寺の経済全体のなかでどれほどの比重をもっていたか、詳細は不明であるが、山口弥一郎が紹介した明治期の記録(26)によると、一〇％は「大払祭其他諸祭典」の費用に、一五％は神社修繕、その他什物類の保存費に、四五％は神社に関する一切の諸雑費および神官の年給に、二〇％は初穂募集者の報酬にあてられるとされている(27)。山口はこうしたことを踏まえて、かつて恵日寺の経済的維持もまたこのイナバツによって支えられていたと推測している。

さて廻村する大頭・小頭は、かつて会津地方の人々にたいして威勢ただならぬものがあった。たとえ農家で大人たちが不在の場合でも、家の前で「大頭小頭」と音声たかく訪問を告げるや、いあわせた子供がおそるおそる一升ますに米をかきすくって差し出したものだという。子供が一升ますに手をかけるというようなことはこのとき以外にはありえないことであり、少しでも躊躇しようものならたちまち持っていた鉾の先で萱屋根の軒をつきさされる。そうされた家は必ず火事になると恐れられた。「大頭小頭といえば泣く子もだまる」とまでささやかれた所以である。それゆえ反対に、大頭・小頭の廻村にあたって常宿とされていた家はけっして火事にあわないともいわれた。じっさい猪苗代湖南のあるムラで大火があったおりにも、常宿であった某家を焼け境として鎮火し、従来の信仰をはからずも裏づけるかたちになったことがあるという。

もっともイナバツに米を供えるようになったのは最近の傾向で、先の貞享二年の風俗書上げの記事をまつまでもなく、もとは農家の持ち田のうちからもっともよい稲束二把をあらかじめ準備しておき、おさめたのであるという。そのほか山間部の米のとれないところでは、麻二掛けとかカラソバ二升もしくは大豆二升などということもあった。こうして収納した稲は村はずれか常宿で千歯をかりて籾にして運ぶ。これが恵日寺・磐梯明神の祭典費・寺社維持費・僧侶の報酬にあてられた。

そしてこのとき大頭・小頭は大札と厩祭札と、お守り四ツ切り札とを各戸にくばった(28)。いかに地域の住民に恐れられた廻村であろうとも、彼らはただ恐怖の権威をカサに着て強制的なイナバツの徴収を行っていたのではもちろんなく、このような宗教的互酬の心意とシステムがあればこそはじめて可能だったのである。

三　能登石動山の知識米勧進

さて歴史上よく知られているもう一つの事例は、能登石動山の知識米勧進である。

石動山は「いするぎやま」もしくは「せきどうさん」と呼ばれ、能登半島の根もとにある六〇〇メートルたらずの小さい山ながら、北越鎮護の霊場として、白山・立山にもけっしてひけをとらないだけのあつい尊崇をかちえてきた。この山のおこりについては法道仙人による開創や泰澄の来住を伝え、中世期にいたれば詳細は不明なものの、俗に五〇町四方の神域に三六〇余坊、三〇〇〇人にのぼる衆徒を擁するほどであったといわれる。しかし南北朝の戦いでは一山すべて灰燼に帰し、また前田利家との一戦にも敗れるなど、盛衰もはなはだしかった。近世にはいると朝廷や加賀藩とのつながりをテコにして復興もいちじるしく、明和九年（一七七二）には後桃園天皇より、加賀・能登・越中・越後・佐渡・飛驒・信濃の七ヵ国を産子として知識米と称する奉加米の徴収を許可するむねの綸旨を得るなどして、ふたたびかつての繁栄の道を歩むこととなった。けれども明治の神仏分離によって一山の衆徒は大半が還俗・離山し、山の権威も崩壊した。

以来、いわゆる「いするぎ法師」の知識米勧進の横暴はまことにすさまじいものであったらしい。会津恵日寺の大頭・小頭と同様「泣く子もだまる」といわれ、かつて子供たちはいたずらをすると、いするぎ坊主がやってくると脅されながら成長した。また彼らは勧進にあたって少しでも意にそわぬことやトラブルがあれば、直ちに村役人宅に呼び出してこれを責め、村役人におちどがあれば寺社奉行にかけあったというほどに権威も気位もたかかったといわれる。

こうしたいするぎ法師の活動について、近世の状況をもう少し詳しく述べてみよう。(29)

よく知られているように、石動山の法師による廻檀は、先の知識米を徴収する知識廻りと称するものと、僧正廻りと呼ばれるものとに大別される。前者は秋の収穫後、先の後桃園天皇の綸旨によって認められた七ヵ国をまわるとするものである。これにたいして僧正廻りとは「古へ悪魔毒竜万民を悩メ候ニ付、泰澄大師為祈禱四月晦日ゟ五月晦日迄執行有之」由来によってはじまったというもので、石動山衆徒は四月の晦日に山を出立し、能登一国の泰澄修行の跡をめぐったのち五月晦日に帰山した。

もっとも文化四年石動山目代心王院の口上書には「年中三ヶ度程度相廻申候」ともあって、春秋の廻檀のほかにも定期的な廻檀があったようである。もちろん同様の機会はこのほかに数多くあったであろう。はやくは寛永年間の講堂本尊建立にあたって「当国越中何れ茂町方諸旦那中御奉加頼入度」といったような勧進奉加の廻檀もたびたびにおよんだだろうし、たとえば越中村々より天平寺使僧あてだされた年末詳の一札によれば、「七ヶ国御産子中為五穀成就、別而御領国虫除御祈念先月廿七日ゟ一七ヶ日御修行、当御郡一村江御札一枚充御使僧を以被為贈下」という配札をもっぱら目的とする廻檀のあったこともわかる。ただしこの折の廻檀は「去年中他国田畑虫付凶変之義ニ付」行われたものであるから、先の知識廻り・僧正廻りとはやや性格が異なる。またこれら臨時の廻檀がどのように行われたか、詳細は明らかでない。けれども後述するように祈禱札の配札は知識廻り・僧正廻りにあたっても欠かすことのできない要素だったことを思えば、そのかぎりでは一連の宗教行為にちがいなかった。

さて山内の各寺院は固有の廻檀先をもっていて、それぞれにその地域をめぐっていた。文化三年の衆徒廻檀先書上によれば、山内五八ヵ寺のうち七ヵ寺は能登方面、一〇ヵ寺は越中方面、四ヵ寺は越後方面、一ヵ寺が飛驒方面にでかけることとされていた。他の三六ヵ寺は兼帯・無住・住職の死亡そのほかの理由でこの年は廻檀を行っていなかった。

さらに知識米の収受はおおむね次のような手順で行われたようである。もちろん時代によっても廻檀する地域によってでも一様ではなかったろうから、ここで述べるのは近世中期から後期にかけての一つの典型的な方法であろうと考えられる。

毎年しかるべき時期になると山内各寺院の僧は小者をひきつれて廻檀に出発する。このときあらかじめ天平寺役僧より村々あて初穂米をさしだすよう依頼の文書が送付される。

前段御免可被下候。然ハ石動山御初穂米、例年之通り柳田村肝煎方迄指出可被下候様願上候。早々以上

辰九月廿四日　　天平寺　役　僧

来月二日迄ニ指出可被下候

千路村　肝煎様

ここで注意すべきは、石動山は直接千路村に知識米を受け取りにおもむこうというのではなく、「例年之通り」柳田村まで届けておくようにと指示している点である。近世をつうじてこうした方法がとられていたかどうかは問題があるが、少なくとも効率的であることはまちがいないところであり、さらにいうならばそうした方法を可能にした社会的・政治的システムこそが問題になるはずである。ともかくこれをうけて各村々では知識米が集められ、中継ぎになるべき村まで送りとどけられる。

覚

一、八斗四升六合　　知識米

右斗り置之通り指出候間、御受取可被下候

卯十月廿二日　　石動山御宿いくろ村　間兵衛（略押）

中居南村
肝煎藤九郎様

（裏書）

内八斗弐升五合　斗立

残弐升壱合　ふそく

右之通り請取申候、以上

卯十月廿二日　　南　藤九郎（略押）

伊久留村
間兵衛様

但し壱斗升ニ而斗り取ニ仕候

すなわち伊久留村から中居南村にあててその年の知識米八斗四升六合（実際には若干の不足があった）が送りとどけられ、それにたいして受取状がだされた。ついでこの米は石動山に納入され、石動山からも伊久留村にたいして受取状が発行されて、一連の知識米の収受が完了したことになる。

覚

一、八斗九升七合　御初穂米

右之通り御座候、以上

十月十五日　　石動山　役僧

伊久留村
間兵衛殿

もっとも同じ日付のある次の史料がこのときの受取状の一部をなしているのだとしたら、知識米の徴収がすでに村を単位とする一種の賦課という性格に変質してしまいながらも、形式的には個人の自発性に基づく喜捨であった時代の名残をみせているといえるかもしれない。

覚

一、壱升　久右衛門
一、五合　岡次郎
一、五合　喜三郎

（中略）

〆弐升七合

右之通り御座候、以上

十月十五日　石動山
役　僧

伊久留村
間兵衛殿

また知識米には米でおさめられるもののほか、金銭で納入される場合もあった。次の史料はそうした例である。

覚

一、六斗九升八合　米
代四貫五百三拾七文
六五かへ

此金弐歩ト壱貫弐百三拾七文
右之通売渡し代金慥ニ請取申候、以上
巳十月十三日　　　天平寺　役　僧（花押）
駒渡り村
肝煎殿

この米納か金銭納かという問題は、時代によっても変化があったにちがいない。そのなかで享保元年（一七一六）、「石動山衆徒中」が一山にあて、「越中新川郡智識廻御供米幷旦那廻初尾米」について、近年までは徴収した所々で売り払っていたが、「米高直ニ付飯米仕」たく、越中の港より能登まで船による廻米の許可を奉行所まで願い出てくれるよう願書を提出したのは、そうした変化のなかでの一つの動きであった。

こうして集められた知識米その他の収納米は山内に分配されるわけであるが、一山そのものの組織と密接にかかわることでもあり、不明な点が多い。ただ明和九年（一七七二）の史料には次のように、大宮坊および宝池院以外の衆徒は、一臈以下二〇人の僧侶が座順にしたがって配当するとある。

一、七箇国収納米配当方之事、大宮坊・宝池院者可為格別、衆徒中者一臈以下弐十人僧侶座禄、応其座辺可有配当事

とはいえこのようにして徴収された米が一山の経営にとってどれほどの比重をもっていたのかは、今後の検討をまたなければならない。またその全般的な歴史的な経過の詳細についても別の機会にゆずりたい。

さて以上のいわゆるいするぎ法師による知識米勧進の習俗に関して、ここでもっぱら問題にしたいのは、「泣く子もだまる」といわれたほどの強制的な徴収がどのような社会的根拠に基づき、どのようにして行われていたのかという点である。

石動山にとって加賀・能登・越中等七ヵ国にまたがる知識米勧進を正当化する第一の根拠は、近世後期以降にかぎっていえば、先述した明和九年の日付をもつ後桃園天皇の綸旨と称する文書であった。もっともいわゆる知識廻が綸旨の下賜にさきだって行われていたのは、先に享保元年の日付の史料にみたとおりである。そのおりの根拠になっていたのも、朝廷への巻数献上にたいする反対給付としての勅許であった。享保十五年(一七三〇)、すでに一定のいきづまり状態におちいっていた知識廻りをたてなおすべく寺社奉行所にあてた願書のなかで、彼らは、

当山開基天平勝宝八年、蒙従孝謙天皇勅命御祈願所ニ罷成、其節七箇国知識回御免、権現御供米屋並ニ相集一山致入用、毎歳天子御祈禱相勤、御巻数指上申候様ニ以勅使蒙仰、(下略)

という由緒に基づいていると主張するのである。巻数の献上は近世にはいって一時中断したが、貞享三年(一六八六)にこれを願い出て再開されていた。ちなみに享保十五年のおりの願書は藩当局の勧化一般にたいする禁制・統制にもかかわらず、「石動山之儀ハ外勧化と者品違申趣ニ付」許可された。宝暦年中からは禁裏より撫物の下賜をうけており、この往来をとおして石動山の権威はいよいよたかまっていったであろう。

もちろん巻数や祈禱札の献上は朝廷にたいしてだけではなかった。石動山一山で最大の祭礼である三月二十四日の梅宮祭にさいしては巻数が作成され、神供物とともに藩におさめられることになっていた。祈禱という宗教行為をとおした時の支配権力への臣従は、中世にさかのぼるまでもなく、幕藩体制下にあっても常に大寺社が求められるところであったが、知識米徴収の権利はその反対給付という性格を当然もっていたにちがいない。藩当局もまたおりにふれて、石動山の知識廻りにたいする配慮をみせるのである。

急度申遣候、仍石動山大宮坊より、河北郡中勧進に被参候由に候条、宿借馳走可申候。先奉行千福縫殿助方よりも、例之由に候間書状遣者也。

寛永七暦十月六日　　　大島甚兵衛　印判
高松村　新左衛門
木津村　十左衛門
荒屋村　新　助[30]

すなわち石動山の廻檀は、以上のような伝統的権威と公権力の保護とにささえられながら実施されていった。とはいってもその間には山もあり谷もありで、必ずしも順調に推移するばかりではなかったのだが……。

では次に、いするぎ法師たちと地域にくらす民衆とが直接接触する場面で生起している諸現象に目をむけてみることにしよう。彼らが会津恵日寺のイナバツを徴収する法師たちと同じく「泣く子もだまる」と恐れられたことは再々述べてきた。実際の廻檀はどのように行われていたのだろうか。

例年五月十七日珠洲郡羽根村ゟ網筒舟ニ而当所江御越、間口江ほらの貝を吹立、是を入貝と云也。夫ゟ藤七方江一統着被致、藤七座敷床ニ仏絵を掛御祈禱有之、其夜一宿被致、翌十八日未明町中被相廻候而発足之時粽昼食也。

これは年不詳ながら、能登宇出津地域を僧正廻りのため廻檀する石動山の法師のようすである。季節はちがうものの、秋の知識廻りもほぼこうしたありさまであったろう。[31]

また宇出津の場合は藤七という人物の家が定宿となっていたが、各地の石動山衆徒のための定宿のなかには、泰澄以来の伝承をもつ家も少なくなかったようである。『能登名跡誌』には輪島のちかく、稲舟村の藤太（笠原家）という十村役の家に伝わる次のような由来をのせている。[32]

昔この地方にひどい旱魃があり、藤太の先祖がこれを嘆いて、この田に水を入れてくれるものがあれば自分の娘をめあわせてやろう、と誓いをたてた。すると一人の若い男が一夜のうちにこの家の田に水を引き、約束だからといって、娘をつれていこうとした。しかし主人は誓いを破って娘をつれていくのを許さなかった。男はおおいに怒り、大蛇の正体をあらわして彼の家を七巻まとい、あわや戸口からはいろうとしたとき、家の内にいた大きな蟹がこの蛇を九つにはさみきってしまった。蛇の骸は九つにわかれて飛び、おちたところがいまに蛇池として伝わっている。なかでも惣領村の深見というところの親池という池には蛇の霊魂が住んで、笠原家に代々祟りをなしていた。しかしあるとき泰澄上人がこの家に泊ることがあってこの話を聞き、法力をもって悪霊を退散させた。その例によって、毎年五月八日にはこの家に僧正廻りの途中の石動山衆徒が泊り、翌日には深見の池で加持をするならわしとなっている。またその子孫にあたる笠原家では、いまなお蟹を殺すことがタブーとされている。

いうまでもなくこの伝承の中心部分を構成するのは、いわゆる蛇婿入りの物語と、蟹満寺の縁起とも共通する蟹による助力譚——ただしこのテキストにみるかぎりでは報恩のモティーフは語られない——との合成であり、それ自体は能登地方にも石動山の信仰にもなんら固有の物語ではない。どちらが先にこの土地に根付いたのかは別にして、石動山の僧侶が在地の伝説を廻檀の風習のなかにとりこんだものであろう。ただそれにしてもかつて泰澄が十村の家の祟り伝承を克服すべくあらわした験力こそは、おそらく石動山の信仰圏にあって、この山の法師たちが一般的に求められていた類のものであったにはちがいない。(33) それはかつて奥能登上戸村（現、珠洲市）の修験正覚坊が安産祈禱にもちいる霊石を「弘法大師ノ賜之加持石也」とし、「うふかみ□らの御宮ノ前ノ池、難産の時病人ニ天目ニ水ヲ入、そのなかゑ右之石ヲ入候而用ひ候者、無疑安産可仕候」(34) と信者たちにアピールしたのと揆を一にする宗教世界であった。これほど具体的ではないにしても一般に五穀成就の祈禱札は必須の反対給付として用いられていたのである。

知識廻りの僧侶に期待されたもう一つのものは薬である。山内の寺院はそれぞれ固有の秘伝薬を製造し、祈禱とあわせてこれらの薬をほどこしていた。花王院・延命院・宝池院などでは黄蓮という薬草を煮つめた五霊膏と呼ぶ薬をつくったり、三蔵坊の末裔である広田家に伝わる『医要方一覧記』なる写本には、紫胡桔橘湯・清肺湯・加味三柳湯・丁字湯などなどの成分と効能が詳しく載せられていたごとくである。古来、医療や施薬が宗教の果たすべき重要な社会的機能であったのはいうまでもないことであるが、それが特定の民間薬としてしばしば地域社会から期待されたのは、富山の売薬の起源などによってもよく知られるところでもある。こうしたこともあって石動山の法師が村に宿泊するとき、村人はあたかも神仏にたいするがごとく、脱いだわらじをいただいて神棚にかけ、身体にいたみをおぼえる場所があればこれでたたくとよいといい、足を洗った水はありがたくおしいただいて飲んだとさえ伝えられる。それもまた地域社会における石動法師の一つの姿にはちがいなかった(35)。

もっとも反対に在地には次のような伝承もあった。能登光浦村にかつて伝えられた伝説である。

此村は石動山智識米を不出。此謂は此村の七海川と云に、昔鮭の多くあがり、一村是を取て業とせしに、或時石動山の僧行暮れ食に飢て、此鮭取小屋にて無是非外の食物なきゆゑに鮭の焚たるを喰ひ、夜明て此事を悔て、石に真言を書てあまた沈めければ、其後此川へ鮭あがらず、村の業なくなり、漸堀田などして口すぎせし所に、夫より石動山家並三升充の米、今も此村は出さず(36)。

いわゆる弘法清水型の伝説とは正反対な方向に展開するこの物語をどのように解釈したらよいのか、ただちには決しかねる内容である。かるがるしく結論をだすのは避けたいが、後述するような、在地の農民・漁民と石動法師との間に頻発したトラブルを背景においてみるというのが一つのありうる方向になるにちがいない。とともに、この地方では石動法師に知識米をださないことさえも、一つの村の歴史的アイデンティティを支えるモティーフになりうるのだというように、反対に石動山の圧倒的な影響力を読み取ることもできるであろう。

そのトラブルとはしばしば、強硬な勧進方法をめぐって引きおこされるものであった。知識米勧進に応じようとしない、もしくは量目の不足した村々にたいして、石動山は次のようにきわめて強硬な姿勢をとるのが常であった。

其村御初穂米之義ニ付、否成之御返事早貸村迄早々答ニ被及候様貴家様申入置候処、何等之御返書茂御座なく候、如何之儀ニ御座候哉、余り等閑之心得方何ニ候哉、村方厳重ニ御詮議之上十二日四ツ時迄ニ氷見堀田屋清三郎方迄、貴家様ニ而茂役人ニ而茂御越否成之御返答承り度存候（下略）

こうしたトラブルがどのように解決されるかは時代によっても状況によっても、もちろん一律ではないが、藩当局の手厚い保護のもとにあった江戸期にあって、石動山側に圧倒的に有利だったのは当然である。

例歳之智識廻御出被成、今日私方へ御出之所、往古格式之御供米違背仕、其上法外過言申ニ付、十村江迄御付届可被成候所ニ、肝煎・長百姓を頼達而御詫言申上候得者、御慈悲上ニ而御赦免被成忝難有奉存候、向後智識廻之時分一言茂過言申間敷候、別而初尾米家並三升宛急度指上可申候為其誤書付を以申上候、以上

元文元年十月廿一日　　　　　　　興徳寺村　右衛門三郎

石動山智識使僧　安養院様

右、右衛門三郎誤書付之趣相違無御座候、自今村中我儘不申様ニ急度縮可仕候、為其奥書相添上之申候、以上

興徳寺村肝煎　太右衛門

同　村組合頭　太郎二郎

一、毎歳智識廻り御出被成候所、何れも我儘成ル法外・過言・無礼成仕形一々御とかめ被成候段、御尤千万ニ奉存候、向後智識廻り刻無礼仕形無之様ニ、急度相嗜可申候、別而往古格式之初尾幷無相違急度為勤可申候、為其連判書付を以申上候、以上

元文元年十月廿一日　　興徳寺村　たれ
石動山智識廻御使僧中

すなわち当時石動法師の廻檀にあたっては、家並に三升——米の量については別の記録もある——の米をさしだすことが通例になっていたこと、しかしそれがときにはトラブルの原因になったこと、そして肝煎・長百姓など村の上層部ばかりでなく十村をもまきこむほどの事件であったことなどが、ここから察せられるであろう。彼らをむかえる村人にしてみれば、年貢米さえもときにはねらいかねない知識米勧進は、巻数・祈禱札や秘伝薬等のみかえりにもかかわらず、生活の脅威であっただろうし、それだけに反発も大きかったにちがいない。石動山の法師たちも、会津恵日寺の法師と同様、里人たちからの依存・尊敬と恐怖・反発というきわめて強い二つのあい反するベクトルのなかで生きていたのである。

四　山の法師の里勧進

ところで前節にみた石動法師の知識米勧進に関連してはなはだ興味ある伝説が能登地方では語られていた。それは能登七尾湾の能登島が泰澄の弟子、かの臥行者の里であるとする伝承である。『能登名跡誌』によれば、(37) この島の祖母ヵ浦というところは行者の母の住む所であるといい、その塚というのもあること、行者は朝暮れ眠り暮して霊術あるゆえにその住む所を閨村ということ、寝島といって奇瑞を示した観音をまつる観音堂があること、などがまず述べられる。ついで北海を航行する船に米を乞うたという、前述した『元亨釈書』にも載せられた飛鉢の物語——同書ではその鉢を「鉢の子」といっている——が語られるのだが、そのおり泰澄がいたのが実は石動山であったという。

其米我師へ捧げし也。石動山へ行き、我師に其事を申べしとありければ浄定山上しけるに、石動山の講堂の前に千石の米積てあり。（中略）其鉢の子の至る所を今鉢ヶ崎村と云。

すなわち『元亨釈書』で越前の越知山としているところを、『能登名跡誌』はそっくり石動山でのできごとにおきかえてしまうのである。

この伝承は同時に二つの可能性を示唆していると考えられる。すなわちその一つは、石動法師の知識廻りもしくは僧正廻りを、実際に行われていた近世をこえて中世にまでさかのぼる行動と考えることの可能性である。また二つめには、前節で検討したように、多くの飛鉢伝説が現実の勧進活動に根拠をもって成立したにちがいない、という先の推測が強い妥当性を帯びることになるであろう。

実際、応永二十三年（一四一六）、石動山が五重塔供養のために舞楽曼荼羅供をもよおしたおり、能登・越中両国から棟別銭を集めたという次の記録[38]は、後世の知識米勧進とは異なる臨時のそれであったとはいえ、共通した姿をみせてくれている。

抑今度供養元由者、当寺檀那山下入道性元発頭也。（中略）即又山下入道勧進能登・越中両国守護方、申請棟別、令充供養料足也。（傍点筆者）

ところが、中世末期から近世初頭にかけて、なぜか北陸地方には次のように多くの類例を見出すことができるのである。

その一つはほかならぬ先の越前越知山である。『越知山年中行事』なる記録の三月五日の条[39]には、

同五日ノ御神事、御供ハ知識之請代ヲ以テ可被備《そなへ》

としるされる。越知山は石動山とともに泰澄に起源をもち、したがって白山とも深いかかわりをもつ修験の山であったが、『越知山年中行事』とは文明十年（一四七八）という戦国時代末期の年紀をもつ一山の行事の記録である。またこの「御神事」は三月一日、山伏の行儀としての小木つみ、三日の神輿御出以前の内の御人供、四日暁雨の山伏出峰、そして一日おいた六日に後延の規式、さらにすこし間をおいた十八日の山上の神事へと続く、修験の山としての春先の重要な行事群の一環をなしており、内容は法華八講会であるといわれている。ここでいう「知識」は先の石動山の場合でいう知識に相当する概念と考えられるが、残念ながらここの記述からは具体的にどのようなカテゴリーの人々がこの場合の知識とされたのか、とりわけ中世石動山のような棟別銭とか近世の知識・僧正廻りというような強制力を背景にした知識であったのかどうかは、いまだ解明しえない。ともかく、一山規模の定例の法会の経済基盤を信者たちからの勧進活動に求める「知識」事例の存在については、これにより確認されたことになる。

ほかに奥能登地方珠洲郡の法住寺や、越中射水郡二上山養老寺（現富山県氷見市）でも、かつて次のように郡中からの勧進や知識米の徴収が公認されていた。まず法住寺については次の二つの史料をあげておく。(40)

①法住寺弘法大師御影堂造営勧進之事、能州之内壱通利家御教書之故、庄官等可存此旨之状、仰執達如件

　　天正拾弐年三月七日　　　　　　利　家　在判

　　　法住寺御坊

②当山護摩領知識之事、奥郡之内居住之輩可奉加之由、百姓等可存其沙汰旨、可被宛取行所者、御祈禱御家門長久、可被精清子孫堅固如意之旨、奉寄進状仍如件

　　天正拾弐年七月廿八日　　　　　利　家　在判

　　法住寺御坊

前者は御影堂造営という臨時の寺堂経営にたいする勧進の許可であり、後者は武運長久の祈禱とひきかえに寄進された恒常的な知識米徴収の権利であった。ここに通常の造営勧進と特定寺社のみの特権たる知識とのちがいがあったといえるかもしれない。

ではもう一つの二上山はどうであろうか。

定

二上山権現知識初穂米、従越中四郡軒別一升充永代取集、弥為精誠、武運永久国家安全成就被抽懇祈、長日勤行不可有怠慢之状如件。

慶長十五年三月十八日　　　　利　長　判

祈願所　養老寺

この文書(41)の発給者である利長とは、いうまでもなく加賀前田家の二代目当主、前田利長である。すなわち近世初頭において、加賀藩は「武運永久国家安全」の祈禱への反対給付として、越中四郡一円より「軒別」に一升ずつの知識米徴収を保証していたことがここからわかる。すなわち法住寺にしろ養老寺にしろ、あるいは石動山にしても、支配権力の求めに応じた祈禱こそが、知識米の特権とひきかえに課せられるオブリゲイションにほかならなかったのである。

いっぽう能登一宮である現羽咋市の気多神社でも知識廻りが行われており、これもまた少なくとも戦国時代末期までさかのぼることができる(42)。天正十六年氷見屋善徳から一宮大宮司にあてた書状には次のようにある。

然者、蔵寂坊高野江のほり被申候間、智職（識）之儀、其方江まかせ申候之間、如何様ニも御はからい可被成候。

この蔵寂坊とは、天正十年（一五八二）、前田利家と石動山衆徒とが戦ったおり、前田方に味方して戦死した七尾の氷見屋善徳の子の坊号をつぐもので、天正十六年の段階では石動山の蔵寂坊が沙汰していた知識を、彼の高野山登山にともなって一宮大宮司にあずけたものである。すなわち蔵寂坊の知識米勧進の公許もまた、前田家からの恩賞という意味あいをもっていた。いっぽう文禄五年（一五九六）、石動の法師と思われる行慶なる人物から気多社大宮司にあてた書状に、

一宮地蔵山ちしきの儀、監物殿より我等を御やといニ付て、当国へちしきニ出申候

とあるように一宮、とりわけ地蔵山に固有の知識米もあった。二つの知識の関係はすぐには明らかにできないが、文禄五年の書状からはその差配を石動側の法師が行っていた、というように推測することも可能であろう。しかし「一宮気多社地蔵山知識」はその直後、慶長六年（一六〇一）には石動山に寄進されていった。

そればかりでなく、石動と気多社は古来因縁あさからぬものがあった。石動側にはかつて気多社の知識米の権利が石動山に吸収されたとする伝承――おそらく右の一件をさすのであろう――のほかにも、気多社の祭礼のあるものには石動山の法師の参加が不可欠だったようである。

能登一国家並三升知識米石動山受納之事、年古根源慥成儀右一山相尋候得共不知。世説ニハ往古石動山分二升、一宮社分壱升ヲ石動山江質ニ入、限月相流石動山分ニ相成ト申伝候得共、是も不慥。乍併一宮社江ハ格別由緒有之躰ニテ、知識米札三枚之内大宮・火宮・一宮トアリ。又毎年二月申日一宮出成祭礼之節、神輿所口ヨリ還御シ上祭有之、石動山衆徒中十六人一宮社江行、一宮寺社家相同シ祭礼行ヒ来ル。三月四日鉄祭モ石動山衆徒従行相勤来候。十一月鵜祭ニも罷越候歟。

これら能登半島一円に分布する四つの寺社の歴史的・社会的性格と知識廻りとをめぐる関係については、今後究明されなければならない点がきわめて多いが、いずれにせよ加賀藩および前田家とのかかわりを除いて考えることは不

可能である。

ところで、一山の経営基盤というほど根本的ではないにしても、一山の重要な祭礼を勧進・知識に依存する事例は、ほかの地方にもしばしばみられるところである。そうした例を一、二あげてみることにしよう。

その一つは奥州、というよりは東日本における最大の修験センターでもあった、出羽羽黒山の冬の峰に際してである。

羽黒山の冬の峰とは、この山の四季の峰のうちの一つで、麓の手向のムラのなかからえらばれた二人の松聖（先途・位上、と呼ぶ）がそれぞれに毎年九月二十日より一〇〇日間の修行（潔斎）にはいり、最終日の大晦日の夜、ツツガムシ[43]と呼ぶ巨大な松明を焼き捨て、新年をむかえるべく火の切替を行う一連の行事である。大晦日の行事をとくに松例祭と呼ぶこともあるのはよく知られている。松例祭にいたるまでのさまざまなシンボル装置や行事の意義については、はやくから多くの研究者が関心をよせ、活発な議論が展開されてきたのも周知のとおりである。

しかし筆者がここで着目するのは、古くは冬の峰を「松勧進」ともよび、両松聖が日を定めて羽黒山麓の村々や鶴岡市内を勧進してきたという事実である。明治十二年（一八七九）に出羽三山より山形県令あてに提出した松例祭再興願い[44]の書面には次のようにある。

出羽神社松例祭の儀は松勧進共唱え、年々旧暦九月二十日より百日間、祭典に関するもの螺を吹き、五穀豊饒・家内安全の祈禱を執行し、田川・飽海両郡の各村を巡廻、其節、有志者より差出し候初穂を祭典費に供し、（下略）

修行にはいった松聖たちは翌々二十二日からさっそく各方面への勧進にでかける。しばらくは、元文五年（一七四〇）の松聖の手記『松聖旧事記』[45]に記されたそのありさまを、戸川安章の説明[46]にみちびかれながらたどってみたい。

廿二日

宿明学坊先達ニ而玉泉寺江参　　玉泉寺江

一巻数 大杉原弐枚折 灯明一丁　扇子箱一ツ　　訳柄別記ニくわし

是を進入直ニ本尊観音を拝ス

一守巻数但シ 神酒壱合五勺　大方紙ニ而摺　　同村肝煎江

一同断　　同村組頭江

一同断　　宿明学坊江

此日小聖三組ニ而勧進ニ出、国見村近郷勝手次第、宿明学坊所ニ而賄有之、両聖ゟ酒ハ振舞也、則出米之内ニ
而壱人ニ付弐升五合宛無高下宿払

戸川によれば、大正九年まで両聖は東学坊という里山伏の案内で国見の玉川（泉）寺に行き、鬼を追い入れて本尊の観音菩薩と開山照見大菩薩を拝し、経文をとなえて法楽をつとめたあと、鈴の間で馳走にあずかった。玉川寺に鬼を追い入れるのは、松聖の行の起源が悪鬼を調伏するところにあるためだという。なお羽黒山上の松例祭では両松聖が火のきりかえをめぐって験くらべを行い、勝った聖方の火打道具は羽黒の本社にとどめて神前にともす灯明の火をきりだすのに用いられるが、負けた聖方のそれは玉川寺にわたされ、近郷の家々で、死のけがれにふれた火を清浄な火にきりかえるときに用いられたという。

『松聖旧事記』にかえって、両松聖は翌二十三日には玉川村明王院、二十四日は添川村の両所権現に詣でる。この間、松聖に付属する小聖たちがそれぞれに近郷の村々を勧進して歩くのは二十二日に同じである。

その後も各地で勧進が行われるが、地域によっては松聖が直接勧進におもむき、ほかのところでは小聖がでかける。

そのなかには庄内藩の支藩である松山藩の城下町松山や酒田湊まで含まれた。そのさいに郡渡しと呼ばれる勧進方法がとられることがあった。これはある方面ごとに、勧進高を競争入札にして請負わせるというやり方である。入札するのはもちろん手向に居住する修験者である。そして落札した者がその方面を勧進してまわる。聖へは入札高のみをわたせばあとは請負者の得分になるので、主に霞場をもたない平門人がかってでた。勧進者は法螺貝を吹き、松聖が発行した巻数札をたずさえ、「羽黒山、松の勧進」と声をかけながら家々を訪れたという。[47]『旧事記』によれば酒田方面も郡渡し（渡勧進）の地域であったらしく、勧進のものに、松聖のうち「位上」方より酒田城代一人、町年寄三人分の守り札を作成してゆだねていた。「巻数ニは両松聖名印書申候御城代御町奉行江之巻数ハ大杉原弐枚折上包水引ニ而結町年寄三人へは上包なし」とある。

さらに庄内本藩鶴岡城および城下への勧進は十二月一日から行われる。これには両聖が同道してむかい、それぞれに小聖五人をはじめとする供の者がそれぞれ一二人ずつも随行した。城内へは松聖は乗物に乗って上がり、小聖のうち四人がしかるべく装束してつきしたがう。藩主へは金襴地の布にしたためた小守り、長さ一尺二寸五分の松の板でつくった巻数等が献上され、家老・郡代・寺社役・町奉行・町年寄・羽黒頭襟頭らにもそれぞれ格式に応じて巻数や神酒が贈られる。これらの献上品が勧進とひきかえであるのはいうまでもない。一行はさらに四日の昼ごろまでかけて鶴岡城下で勧進を行い、翌日羽黒山にもどっていく。明治以後は出羽三山神社の成立にともなって出納の主体が神社の手にうつったため、こうした松聖による勧進は少なからず儀礼化したが、鶴岡への勧進は今日もなお続けられている。そのさい、松聖は旧藩主の両酒井家のほか、市役所の各部課、商工会議所、各金融機関等をまわり、市内の商店や人家へは小聖がまわるという。

ちなみに近世の記録によれば、安政四年のおりの鶴岡市中勧進の収支決算は、次のようであったという。[48]すなわち、米六石五斗と銭七貫五二五文の寄進をうけ、このうちから宿料や人足の手間賃に米三石九斗七升五合と銭七二五文を支払った。あとには米を売払った代金と銭の残りの合計金四両二分三朱銭六〇文が残り、両聖はこれを折半したという。いっぽう同じ年、松山城下の勧進では収支の差引がわずか金一〇〇匹と銭二八五文にすぎなかった。それにもかかわらず聖が松山での勧進を継続する理由として戸川は、①相手が大名であること、②そうすることにより領内勧進にたいする暗黙の了解をとりつけることになる、③領民にたいするデモンストレーションの意味をもつ、という三点を指摘している。その際に支配権力の求めに応じた祈禱・巻数の献上が重要なポイントになるのは、羽黒山も石動山の場合と同様であった。

こうした一連の勧進は貞享四年（一六八七）の『羽黒山年中行事』(49)では、「庄内中家壱軒ゟ米壱升宛ノ積リ取之」と――実際にこのように行われたかどうかは別にして――そのあるべき原則を述べ、「松の勧進」とこれを呼ぶ。「勧進」がたんなる祭礼の費用の調達方法をこえて、冬の峰もしくは松例祭の別称としてあつかわれるという事実は、行事のなかでの重みと、そしてたぶんそれ以上に勧進が地域住民にとって何であったのかという意味づけの方向を推察させてくれるであろう。

さらにもう一つだけ、これまでのものから遠くはなれた地方の事例を追加しておきたい。

豊前国求菩提山は英彦山とともに北九州地方修験道の双璧として知られている。俗に一山五〇〇坊ともいわれ、求菩提修験の檀那は九州一円から長門・周防にまでおよんでいた。彼らが管理した檀那数は多い坊では二万にも達し、それぞれに檀那からおさめられる初穂米によって日常の生活は支えられていたのである。

いっぽう九州地方の修験の山と同じくこの求菩提山でも、正月二十日に鬼会、二月二十九日には松会という行事が行われていた。とりわけ後者の松会は求菩提修験にとっては重要な意義をもっていた。というのは、松会祭礼ハ元正帝の勅ニ仍つて、養老年中開基之、御田祭当務を盛一臈と云。前年三月二日ニ先当務を受取、翌年二月迄三十三ヶ度の大小神座を勤、松会の当日松柱ニ登り、修法を行つて御田祭を満行し、三月二日ニ当務を次座ニ渡す也。(50)

といい、当務をおえてはじめて千日の大行にはいることができた。さらにこの千日行を満行すると勅願師となり長床の座に列することを許される、というほどの重みがあったからである。九州北部の英彦山をはじめとする修験の山々にはかつて春のはじめの田植予祝の祭に、高い柱の頂上にとりつけた幣を切り落とす行事が行われており、これを含めて松会といっていた。いまでは求菩提山のそれを含めてほとんど廃絶し、わずかに等覚寺白山多賀神社に面影を残しているにすぎないが、求菩提山にかぎらず一山の総力をあげて行うべき神聖な祭だったのである。

そしてこの祭を執行するにあたって、求菩提山は諸国からの初穂米を財源としていた。『求菩提山年中行事』(51)二月二十九日の条には、

松会祭礼の用材は往古ゟ、諸国種子蒔勧化の供糧をもつて、年々勤る所也。

とある。しかも先の引用に続いて「盛一臈三十三座の供料ハ云々」とあるように、この初穂米は祭当日の費用にあてられるだけでなく、当務、すなわち盛一臈が一年にわたってつとめるべき諸行事一切を賄うものでもあったのである。では実際の初穂米勧化がどのように行われていたのか、という点になると詳しくは不明というほかないが、友石孝之の紹介した文書(52)からわずかに一端をうかがい知ることが可能である。

一、豊前求菩提山松会御神事種子蒔者、奉為□□聖皇天長地久将軍武家御願円満弥風雨順時五穀成就農民豊饒祈所也、因玆筑前夜須郡勧化之藤之坊御指越如例年令執行畢、各無御疑心可有御施入者也、仍証状如件

寛政庚戌季十月廿四日　　別当 北中坊法印

大庄屋御家中
庄屋御家中
役右
智性坊法印

これによれば、先にふれた檀那の広い分布にともなって、初穂米を徴収する修験たちは筑前国夜須郡あたりにまで足をのばしていたことがわかる。さらにこの勧化依頼状のあてさきは大庄屋や庄屋となっており、しかも求菩提山別当の名でそれがだされている。このことはこの折の勧化が、先の個別修験者固有の檀那まわりとは区別されるものであったことを示していよう。

五　結語

さて本章を結ぶにあたって、これまで論じてきたことを二つの視点から総括しておこうと思う。

まず第一はその社会的性格についてである。各地の寺社における廻檀——初穂米すなわち勧進米徴収のための——(53)は、幾つかのきわだった性格によって特徴づけられるように思われる。すなわち一つは勧進のすぐれて強制的・強圧的な性格であり、もう一つは勧進および勧進米が一山規模での公的な色合を呈している、という二点である。第一点について補足するならば、恵日寺や石動山のそれにみられたように、あくまでその山の宗教的権威に裏づけられた里への強制であったという点において、世俗の幕藩権力に許可された近世の御免勧化とは決定的に異なっている。しかも御免勧化がもっぱら堂舎の修復や修造など臨時の行事である点にも性格のちがいがみられよう。また山伏等による勧進米の徴収にしても、それ自体はとくにきわだって特色ある行動というわけでない。求菩提山において松会のための勧進とは別に、修験者たちの日常が、それぞれが保有する各地の檀那から献納される勧進米によってもっぱら支えられていたのは前述したとおりである。出羽三山や羽黒山においても、先の冬の峰の松の勧進とは別に、山伏たちは広い範囲に檀那を保有していた。多くの場合彼ら檀那は講中に組織され、毎年一定の時期になると出羽三山の登拝に訪れてきた。四季の峰のうち、春の峰がこれら講中の登拝行にあたるのである。いわゆる三山講が羽黒修験の生活の基盤になっていたのはいうまでもない。

このような山伏の檀那の所在する範囲が檀那場とか霞・霞場などと呼ばれるのはよく知られたとおりである。霞は個々の修験者に固有に帰属し、一定の権益であると同時に、ときには売買の対象でもあった。いっぽうこれまでみてきた諸事例における廻檀は、そうした個々の山伏に帰属してしまう性格のものではありえない。もちろん実際の廻檀の遂行にあたって、個々の山伏たちによる通常の檀那廻りと、小文でみてきた廻檀とがどのような関係にあったのか検討の余地はおおいにあるにしても、そうして集められた勧進米じたいは一山があげて管理すべき性格のものだったはずである。じっさい石動山にあって各方面にわかれて集められた勧進米＝知識米は、山内での臈次にしたがって分配されるものであったし、恵日寺でも同様だったようである。これらはいずれも通常の寺院維持費にあてられたが、いっぽうには一山を代表する祭礼の費用を勧進米によって賄う山もあった。出羽羽黒山の松例祭、豊前求菩提山の松会、越中越知山三月五日の神事などがこれに相当しよう。

こうした勧進米徴収のもう一つのきわだった特色は、前近代社会にあっての政治権力とのかかわりかたである。多くの山でこのような勧進活動が、藩主など支配者への祈禱や巻数の献上などと不可分であったのはみてきたとおりである。ときにそれは天皇にむけられることさえもあった。むしろそうしたかたちでの支配的権力・権威への宗教的奉仕こそは、この習俗を支える一つの柱であり、歴史的な淵源を示すものであったと考えられる。というのは中世、それもたかだか戦国期までさかのぼれば、寺社領の安堵と祈禱・巻数献上などに代表される宗教上の奉仕はまさに表裏の関係にあったからである。たとえば松浦義則はこの点をとらえて、戦国期の寺社に固有な「役」は祈禱であったといい、その一つの例として、越前朝倉氏領内の横根寺にあてられた一乗谷奉行人の永禄四年（一五六一）の書状の次の一節をあげている。

就若州江御出勢之儀、諸寺庵へ御祈禱之事被　仰出候、然者大黒天王法有執行、御巻数可有御進上之由候、

すなわち戦国大名たる朝倉氏の若狭出陣にあたって、横根寺に大黒天王法の執行と巻数の提出を命じたものである。松浦はこのほか陣僧もまた寺社にとっては、家臣の軍役にも相当する「役」であったとし、こうした諸「役」は寺社にとって領国君主の必要に基づく政治的な義務にほかならず、安堵はそれを促進する契機であったと主張するのである。[54] 松浦のように、戦国大名にとっての領国経営のありかたを「役」のシステムとして理解することの一般的な当否を判断する力は筆者にはないが、本章であつかったような近世における勧進米習俗の論理的・歴史的根拠がここに存在したとみることは十分に可能であろう。

また大久保俊昭が論じた、戦国大名今川氏の支配下における駿河国富士大宮浅間神社の風祭神事の政治的性格は、そうした見方をさらに裏づけるものであろう。[55] 大久保によれば、この風祭にあたって浅間神社は今川義元によって駿河東半国から祭資たる神事米の徴収を許可されており、しかもそれは「神慮」によるものたることにより、対象地域内にあってはだれにたいしても、「諸寺諸社門前諸給主鍛冶番匠山造其外之輩」のみならず不入地にたいしてさえも徴収が認められた、という。それはときに「棟別諸役令免許」という形で実行された。このことは当然風祭神事自体のありかたにも影響をおよぼし、大久保は、元来本宮のための神事であった風祭が、今川氏の権力を背景とすることで今川氏のための神事という性格へと転化したこと、また今川氏は自己の支配の比較的弱体であった駿河東半国の領

国化のためのテコとしたことなどを指摘した。神事のための勧進米もまた右のような現実的・政治的文脈のもとに位置づけられたのである。

さて視点の第二はむしろ山という世界のイメージにかかわる問題である。もしこの習俗を第一節でみた飛鉢説話と結びつけて考えようとするならば、さらに「山」と「里」という二つの空間カテゴリーの間の象徴的な対立対抗関係もみおとすことができないのではないだろうか。というのは山の法師の里勧進という状況に限定されないでも、山と里の相互依存的関係について、私たちはたとえば次のような伝承をもっているからである。

あるとき岩手県遠野地方某村の民家の娘が栗ひろいに山にいったまま、行方不明になってしまった。家の者は娘が死んだものとして葬式も執り行ったのだが、それから数年ののち、同じ村の者が狩をしに五葉山の麓まではいったところ、はからずもこの女に出会ったという。驚いてことのいきさつを尋ねたところ、女は次のように語るのだった。

女の曰く、山に入りて恐ろしき人にさらはれ、こんな所に来たるなり。逃げて帰らんと思へど、いささかの隙もなしとのことなり。その人はいかなる人かと問ふに、自分には並の人間と見ゆれど、ただ丈はきはめて高く、眼の色少し凄しと思はる。子どもは幾人か生みたれど、われに似ざればわが子にはあらずといひて食ふにや殺すにや、皆いずれへか持ち去りてしまふといふ。まことにわれわれと同じ人間かと押し返して問へば、衣類なども世の常なれど、たゞ眼の色少しちがへり。一市間に一度か二度、同じやうなる人四、五人集まり来て、何事か話をなし、やがて何方へか出て行くなり。食物など外より持ち来たるを見れば町へも出ることならん。

こうしているうちにも夫が戻ってくるかもしれない、というので猟師は恐しくなり、あわてて山を逃げおりたという。

これは柳田国男の『遠野物語』のなかの一節である（第七話）(56)。『遠野物語』のなかでも不思議に印象的な右の話を読みかえすたび、いつも気になってならないのは、女の亭主とその仲間である山男たちは、なぜ里人にたいしてこれほどに強い不信感や敵愾心をいだくのか、という疑問が一つと、もう一つは、それにもかかわらず彼らのくらしは里人とのかかわりなしには成り立ちえなかったらしい、と思われる点である。あるいはそれゆえにこその里人憎さであったのだろうか。

ともかくここに描かれた両者の関係とは、必ずしも敵対的とまではいえないまでも、けっして親和的とはいいがたい依存関係である。しかしそうした依存関係にしても、不信感・敵愾心にしても、山から里への一方的なものにとどまらず、多分に相互的であったろうことは正・続（拾遺）『遠野物語』計四一九話のなかに幾つもひろいだすことができる。

柳田国男の民俗学が、明治四十二年の『後狩詞記』、翌年のこの『遠野物語』、大正三年の『山島民譚集』、刊行は大正十五年とややおそくなったが、初期の問題意識をよく発露している『山の人生』などにみられるように、「山」もしくは「山の民」への関心からはじまったのはよく知られている。そしてこの時期の柳田の関心を特徴づけるのは、異境・魔界とすらいえるほどの山と里の断絶性・異質性の認識であり、山人と里人との間の、ときには殺戮にまでいたると考えられたほどの葛藤であったように思われる。ちなみに、昭和二十一年の『先祖の話』にあらわれる、あたたかく里の暮しのすべてを包みこみ、みまもってくれるような山のイメージと、これら諸作品を見比べてみるがよい。

さらには、「国内の山村にして遠野よりさらに物深き所には、無数の山神山人の伝説あるべし。願はくはこれを語りて平地人を戦慄せしめよ」という『遠野物語』初版序文のあまりにも有名な一節を思い出してみるのもよいだろう。右の一文にしても、筆者は、柳田のしるした文脈とは別に、「山神山人」たち自身から、遠野郷に住む里人たちへのメッセージとして読みこんで――正確にいえば、誤読には違いないのだが――みたい誘惑にかられるのである。

つまり、いわゆる「山神山人」が実際に存在したかどうかの議論は別にしても、『遠野物語』に描かれた世界には、現代の私たちのように「日本のふるさと」などとのんきになつかしんでばかりもいられない、のっぴきならぬ関係が色こく影をおとしているに違いない。その関係とは、主として山に住む者の側からもう少し具体的にみれば、里人への不可解なまでの不信や憎しみ、軽蔑といった感情を一方の極にもち、もう一方の極には経済的な面ばかりでなく、ときには配偶者の供給までも里にたよらなければならない状況があり、この両極の間で屈折をくりかえしながらつくりあげられてきた関係だといいうるだろう。先に紹介した説話はその一つの――里人の側からする――表現にほかならない。

それは恵日寺や石動山にしても、他の山々の寺社にしても同様である。山々が自分自身で生産の手段をもたない以上、いっぽうで里の住民の素朴な信仰を前提として生存する以外に方法はありえなかったはずである。反対に里の暮しは、彼ら山の法師たちが配り歩いた祈禱札や秘伝の薬によって支えられるところ少なくなかっただろうし、祭が里の世界の精神生活に大きな意義をもっていたであろうことも疑う余地がない。こうしてみると、里に住む者と山に生きる者との間には、たがいに相手の存在を不可欠のものとする否応のない依存関係があったといえる。だがその依存関係は、たんにみずからをおさえることによって達成されるという協調的性格よりは、むしろもっと鋭く強い緊張にみちあふれていた。少なくとも両者の関係が必ずしも「親和的」といいがたいものであったのは、すでにみてきたとおりである。しかし、たがいに相手を必要としかつ抑圧する、こうした非親和的緊張関係こそが、山と里との間の複雑でしかも豊かな、幾つもの在り方を育みえたに違いない。

注

（1）日本思想大系『往生伝・法華験記』（岩波書店）所収本の補注によれば、三鈷が高野山におちた話は、『弘法大師行状集記』（後掲）以下諸本にでてくるが、三ヵ所におちたという話はない。
（2）引用は日本思想大系『往生伝・法華験記』による。
（3）有名なこの物語もテキストによって少しずつ異同があるが、藤田経世・秋山光和『信貴山縁起絵巻』（一九五七年、東京大学出版会）を参照されたい。
（4）『元亨釈書』第十五（方応）。
（5）『元亨釈書』第十八（神仙）。
（6）宮崎忍勝校注解説『澄禅四国遍路日記』一九七七年、大東出版社。
（7）梶原猪之松校訂『讃州府誌』一九一五年、香川新報社。
（8）『香川叢書・第三』（一九四三年復刻、香川県）所収。
（9）本『霊場記』については本書第一部第五章で詳述している。
（10）『新編香川叢書・史料編（一）』（一九七九年、香川県教育委員会）所収。
（11）『元亨釈書』第十四（檀興）。
（12）五来重『増補・高野聖』一九七五年、角川書店。
（13）引用は日本古典文学大系本による。
（14）『弘法大師伝全集・第一』（一九七七年、ピタカ）所収本による。
（15）『平安遺文』第一〇四七号文書。
（16）前田和男『土佐古代史の研究』一九七五年、高知市民図書館。
（17）前田和男『土佐国編年紀事略』一九三一年、私家版。
（18）網野善彦『無縁・公界・楽』一九七八年、平凡社。
（19）このことについて論じたものは少なくないが、ひとまず山口弥一郎「磐梯山信仰と会津恵日寺―修験道を中心として―」（『東北民俗誌　会津編』一九五五年、富貴書房）をあげておくにとどめる。

(20) 橋本武『磐梯山南郷の民俗』一九七九年、私家版。
(21) 恵日寺蔵。ただしこの奥書に「建治元年二月日」とあり、実際の建治改元は四月であるところから小林清治は写本の年代に疑問を呈しながらも、田植歌の内容が中世のものであることは間違いないものとしている。小林清治「磐梯山信仰の展開」(小林編『福島の研究5・方言民俗篇』一九八六年、清文堂)。
(22) 山口弥一郎「大頭・小頭とイナバッ―稲米儀礼を中心として―」(『東北民俗誌　会津編』一九五五年、富貴書房)。
(23) いずれも『磐梯町史』(一九八五年、磐梯町)による。
(24) 五来重は承仕・堂僧・堂衆・夏衆・花衆・花摘などと呼ばれる下級の僧がのちに聖方と行人方とに分化し、そこから念仏聖などがでてきたとしている(注(12)五来前掲書)が、恵日寺の承仕もまたこうした範疇に属するのであろう。鐘撞き、堂および庭の掃除、妻帯などはまさに承仕の属性であった。なお中世寺院一般における堂衆の存在態様については平岡定海『日本寺院史の研究』(一九八一年、吉川弘文館)に詳述されている。
(25) 『福島県史23・民俗編一』一九六四年、福島県。
(26) 注(22)山口前掲書。
(27) ただしこれは全部をあわせても一〇〇%にはならない。山口は初穂募集のときの損料か、その他の雑費であったのだろうと推測する。
(28) 恵日寺のイナバッ習俗について歴史的にも民俗的にも詳細な実態は明らかにされているといいがたいが、民俗に関しては山口・橋本各前掲書(注(22)(20))、および秋山政一「恵日寺の年中行事」(注(21)小林清治編前掲書)等を参照されたい。
(29) 以下本節で引用もしくは言及する近世史料は、とくにことわらないかぎり『鹿島町史　石動山史料編』(一九八六年、鹿島町)によるものである。
(30) 『加賀藩史料』第二編、六一六ページ。
(31) もちろん能登地方にあってさえも、すべての村がこうした定宿のシステムをもっていたわけではない。ある村ではこれを輪番の宿にわりあてることとし、次のような申合せを作成したこともある。「石動山智識坊主宿廻り番可紛故、相談之上壱ヶ年壱夜宛宿仕定ニ御座候、若二夜共泊り候時者其次来年泊り番方へ送り可申候」(寛延二年〔一七四九〕正月)。
(32) 石川県図書館協会本による。三二ページ。

(33) ちなみに『能登名跡誌』惣領村の項には、「其昔は此池より風雨おこりてなんぎ有けり。今も雨の宮・風の宮とて田の中に小社あり」と、より普遍的な理由をといている。
(34) 「奥能登修験道史料」(『修験道史料集Ⅰ・東日本編』一九八三年、名著出版)五五七ページ。
(35) 『鹿島町史』(注(29)前掲書)第七章「石動山の民俗文化」。
(36) 『能登名跡誌』二一ページ。
(37) 『能登名跡誌』九三～九四ページ。
(38) 『鹿島町史』(注(29)前掲書)一一四～一一五ページ。
(39) 『修験道史料集Ⅰ・東日本編』(一九八三年、名著出版)六一八ページ。
(40) 日置謙『加能古文書』(一九四四年、金沢文化協会)七六三・七六七ページ。
(41) 『加賀藩史料』第二編、六三ページ。
(42) 以下、気多神社に関する史料も『鹿島町史』(注(29)前掲書)による。
(43) 石動山の「貞享二年由来書上」(『鹿島町史』〔注(29)前掲書〕所収、五五ページ)によれば、近世の石動山にも極月晦日に「恙虫ノ祭」が行われていたことがわかる。羽黒山と石動山とが、本章であつかっているように知識米勧進で共通する習俗をもっていたのは偶然にすぎないにしても、日本海側の大寺社からはもう少し類似の史料が発見されるのかもしれない。少なくとも有名な羽黒山のツツガムシが孤立した習俗でなかったことは確かめられた。
(44) 戸川安章『修験道の民俗』(一九七二年、岩崎美術社)一五九ページ所収。
(45) 『羽黒山松聖旧事記并ニ改制帳』(『日本祭礼行事集成』第二巻、一九六九年、平凡社、所収)。
(46) 注(44)戸川安章前掲書参照。
(47) 松聖は二名選出され、年長が「位上」、他方が「先途」を名乗る。
(48) 注(44)戸川安章前掲書による。
(49) 『日本祭礼行事集成』第四巻(一九七一年、平凡社)所収。
(50) 重松敏美「求菩提山の歴史」(元興寺文化財研究所編『英彦山・求菩提山の仏教民俗』一九七九年)所引による。
(51) 『日本祭礼行事集成』第六巻(一九七三年、平凡社)所収。

（52）友石孝之「求菩提山の松会」（『英彦山と九州の修験道』一九七七年、名著出版）。
（53）本節では、これまで初穂米・知識米等、寺社によってさまざまに呼んできたこの種の勧進物——おもに米である——を、便宜上「勧進米」という名称で統一しておく。
（54）松浦義則「戦国大名朝倉氏領国と寺社領」（『福井大学教育学部紀要第Ⅲ部・社会科学』三三、一九八三年）。
（55）大久保俊昭「戦国大名今川氏の宗教政策—富士大宮浅間神社を中心に—」（地方史静岡刊行会編『地方史静岡』一四、一九八六年）。
（56）引用は岩波文庫版による。

第三章　冥界からの救済

――地蔵信仰を題材に――

一　もう一つの『曾我物語』

『続群書類従』釈家部におさめられた、三井寺上座実睿の編と伝える『地蔵菩薩霊験記』なる一書は、巻下を欠いた上・中二巻からなっている。その巻中の第十四話(1)は、かの曾我十郎・五郎兄弟の敵討事件に題材をとってそのいわば後日談にあたり、兄弟の怨霊と地蔵信仰とのかかわりを説くという内容のものである。まずはこの特異な物語の梗概をおうところから本章をはじめることにしたい。

中古、三河国の大浜というところに一人の法師が住んでいた。彼はひたすらなる地蔵信心の行者であったが、ある夜の夢におのれの行業を深く悔い、信濃国善光寺に参詣して地蔵一如の阿弥陀如来を拝さんことを願う。そこで大浜をたちいでて長い旅を続け、駿河国富士の麓の原野にさしかかったときは日もまさに暮れようとする時刻であった。宿を借りようにもあたりに人家もなく、ようやく一軒の粗末な家をみつけたときはもう真夜中ちかくなっていた。その家をおとずれて宿を乞うとなかから若い女房がでてきて、家人が留守でもあり、女の身として泊めるわけにはいかぬという。法師の、それも善光寺参りの行人なればと重ねて頼むと女もついにおれ、僧を内に請じ入れた。

さてこの家のかたわらには三間四面の新造の精舎があり、不審に思った僧がわけを問うと、女は涙をながして、「彼ノ堂ハ恭モ菩薩楞厳ノ造作ニテ輙ク宿玉ハンコト可難。近キ軒ヲ双ルトコソ身玉フラメ、遙ニ八万由旬ノ外ナリ」と不思議なことをいう。またこの堂は甲州一条の高砂河原にたつ地蔵堂を修理し奉った某丸という下賤の者が、一報の縁つきたあとに住むべき精舎で、本堂はいまも高砂河原にたっているのだともいう。そうこうしているうちに夜もふけ、炉に火をたいたりしているとやがて、

> 俄ニ雨風吹来、四方山震動シテ電光頻ニ閃キテ、雨止風静テ人一両人ノ足音アラクシテ敵ノ寄来ヤラント思ケレバ、松明ヲ振立テ太刀ニ血ヲアヤシテ、唯今合戦シツラントヲボシクテ、息モ荒走入リケレバ、彼ノ女酒肴ヲ取出シテ進ケリ。兄カトヲボシキ男コレヲイサメテ、不思議ヤ日比ナキ人ノアルハ敵ノタバカリヤシツラント、女房ヲハタトニラミケレバ、女房陳ジケルハ、遠方ノ旅人ノ道ニ迷テ宿シ玉フナリ。コレ地蔵薩埵ノ引摂ニテ来玉フナリ。別シテ善光寺参詣ノ行人ナリト云モアヘズ泣ニケレバ、男言下ニ色ヲ柔テ、サテナヅカシク思奉ナリ。今夜ノアリサマヲ善光寺ニテ懺悔シテ得サセ玉ヘトテ、各直垂ノ袂ヲシボリケレバ、言モ不終四方ノ山震動シケリ。敵近キヌトテ毎手松明ヲ振、太刀ヲ引ソバメテツト出去リヌ。

男たちが消えたあと、一人残された女房は涙ながらに、彼らこそかの曾我兄弟の亡魂であること、父の敵をほろぼしたあとも怨霊は修羅道にはいって敵の勢といまもなお闘い続けていることなど、ことの次第を詳しく語るのである。

法師はこれを聞いてあわれに思い、心中に経を誦し、合掌して目をとじた。ところが吹きすぎる涼しい風にふと目をあけてみると、家も精舎もまた若い女房の姿もすでになく、僧は原野のなかの小高い塚のうえに一人すわっているのみであった。いかなる天魔にたぶらかされたかと肝をつぶし、それでも気をとりなおして善光寺への旅を続けたが、

なおも先夜の不思議なできごとが心にかかり、途中、甲州一条の里にたちよってみた。ようやく高砂河原をたずねあてるてみると、そこにははたして一字の地蔵堂があった。

聖はようやく善光寺にたどりつくと、参詣の衆庶に富士の裾野で見聞したことを語り伝え、また帰国ののちもいよいよ地蔵信心の念あつく、かの幻にあらわれた人々の成仏のために回向する日々をおくったという。

さてこの物語を考えるに際して、さしあたり二つの方向が可能であるように思う。その一つはいうまでもなくこれを『曾我物語』との関連でみていこうとする立場である。『曾我物語』の末ちかくにこれと同様のモティーフを語るくだりがあることはよく知られており、右の説話と同様に曾我兄弟の非業の最期と死後の怨霊化、その怨霊を慰撫する民間の宗教家たちの関与といった重要なテーマが摘出されうる。すなわち民間の宗教家たちによる怨霊慰撫のための唱導の物語として『曾我物語』をとらえ、(2)そのなんらかの延長上に右の物語を位置づけようとする方法である。この点については先学の業績に多くをおいながら、本章のなかで適宜ふれていくことになろう。

そして第二の考えうる方向は、文字どおりこれを地蔵信仰の一つのありかたを示す説話として考察する立場である。小文の目的は主にその第二の方向にそうもので、右の物語の分析を緒として、古代末期から中世にかけてあらわれる幾つかの地蔵説話――具体的には『今昔物語集』と『地蔵菩薩霊験記』に含まれる――のなかに、その時代の地蔵信仰のある特質を見出そうとするものである。そこで本論にはいるまえに、まず上述の物語を含む本説話集の位置づけについて若干述べておきたい。

周知のように『今昔物語集』巻第十七の前半には三二におよぶ地蔵菩薩の霊験利生説話がおさめられているが、その典拠となったのは、それからさらにさかのぼる十一世紀のなかごろに三井寺の上座実睿により編集され、いまでは散逸してもうみることができなくなった『地蔵菩薩霊験記』であろうとされている。いっぽう『続群書類従』巻第七百十八にも、同じく実睿編として、こちらは和文体の『地蔵菩薩霊験記』上・中二巻（下巻は欠落）が収録されているのは最初に述べたとおりである。これら三種の地蔵説話集相互の関係について真鍋広済は、語彙・語法および地蔵説話史からみて、和文体つまり現存本『霊験記』の成立は室町時代以前にさかのぼりえないこと、さらには『宝物集』巻第三の地蔵の験記や『今昔物語集』所収の地蔵説話等に影響されて、室町時代にいたって当時伝承された種々の地蔵菩薩霊験譚をもあわせ蒐集し、これを三井寺の実睿に仮託したか、もしくは実睿原作の『地蔵菩薩霊験記』を室町時代に改竄したものであろうと推定した。(3)ただしそのいずれにせよ『曾我物語』ないしは民間の曾我御霊譚その他に新たに題材をえて、主に天台系の説教僧たちの地蔵信仰唱導に利用された可能性を見落すことはできないだろう。ともあれ今日伝わる『霊験記』には右にみたような曾我兄弟の怨霊にまつわる話などがおさめられており、少なくともこの部分に関するかぎり中世期の産物であるのは疑いの余地はない。また内容的にも『今昔』地蔵説話群のほうが一般に和文体『霊験記』よりも、むしろ原『霊験記』にちかいものを含んでいるであろうことも今日ひろく承認されている。(4)とはいえ明らかに中世期の撰述になる現存本『霊験記』が、その内容のことごとくにいたるまで中世的色彩を濃厚にもつとするのが明らかに言いすぎであることはいうまでもない。たとえば先の曾我兄弟怨霊譚と習合した地蔵説話にあって、もし仮に地蔵信仰史のうえで古代あるいは中世といった類の時代区分の導入が可能だったとして、どこまでの内容が古代的でどの部分が中世的であるのか、その判断はまことに微妙であるというほかないだろう。そのことはまたいいかえれば、反対に『今昔』地蔵説話や現存本『霊験記』所収の説話の内容をつぶさに検討することにより、古代から中世へとうつりかわる時代的様相のなかで、地蔵信仰史の一つの様式の生成を明らかにすることができるかもしれないという予想につながるのである。本章の緒として『地蔵菩薩霊験記』巻中の第十四話をまずあげたことの意味も実はそこにある。

さてふたたび冒頭の物語にもどることにして、なお検討すべき問題点を次の三つほどに整理したい。

(1)　地蔵信仰はいかなる者によって担われ、また伝播されたのか。

(2)　地蔵信仰のパラダイムのなかで死者はいかにして救われるのか。あるいは地蔵信仰における御霊と鎮魂の問題。

(3)　第二のモティーフにおいて生者と死者はいかなる空間で出会いうるのか。

第一の点については、本章で詳しくふれる余裕はほとんどない。話を当面の物語にかぎれば、ここに登場する大浜の法師や善光寺の比丘たちの背後に時衆聖の面影を看取しようとする角川源義の指摘は興味深いものがある。すなわち角川は三河大浜の聖に同所の時衆道場称名寺を、甲州一条の地蔵堂には同じく一蓮寺を、さらに富士の麓の精舎には富士郡伝法村の泰徳寺をそれぞれあて、また善光寺如来堂の妻戸時衆の存在にも注意をはらっている。そして一般に「地蔵信仰が地方へ浸透したのは鎌倉末期であり、その頃開宗した時衆教団は、地方に進出した地蔵信仰と密接に結合して、庶民の心をとらへてゐたのである。曽我御霊を扱ふ仏として地蔵信仰を主張したのも当然であった(5)」と主張する。いわゆる鎌倉新仏教の一つに数えられながらも時衆にはいちじるしい雑修的傾向があって、地蔵信仰をはじめ他の諸神諸仏への広範な信仰をとりいれつつ教線を拡大していったことは今日ひろく認められるところであり(6)、角川の見解はその意味で貴重であるが、それをそのまま地蔵信仰一般、もしくは当『霊験記』全体の場合にまでひろげてよいかどうかについては、やはり一定の限界があるといわなければならない。というのは本説話において、当初は大浜の法師に「所作ノ修験加持ノ作法ハ偏ニ虚仮ノ加行ナリ」と懺悔させ、善光寺の「地蔵一如ノ阿弥陀如来」をめざさせながらも、他方では「地蔵尊ハ法花ヲ護持シ玉フ」といい、他の諸説話においても地蔵と法華経の結びつきがしばしば強調されているからである(7)。すなわち時衆の雑修的傾向の限界をこえ、この説話集全体としてはむしろ旧仏教的な要素、なかんずく天台系のそれを考える必要があるのかもしれない。ともかくこの点は今後十分に検討されなければならない課題である。

なお富士の麓で聖が出会ったという若い女房が『曾我物語』の大磯の虎に相当するのはいうまでもないことで、この虎に遊行の語り巫女の面影をみることは、柳田国男などによりはやくから主張されてきたテーマであった。(8)

次に、第二の問題は第三の点とものちに深く関係してくるので、やや詳しくみておくことにしよう。兄弟の御霊化とその鎮魂というモティーフはテキストでは次のようにえがかれる。

是コソ曾我兄弟の魂霊。父ノ為ニ罪ヲ造リ、受劫数業闘諍堅固ノ修羅道ニ入リ、互ニ殺スルコト戦フ事日夜ニ十二度ナレドモ、今ハ追善ノ功ニヨリテ日夜ニ六度ニ減ズ。我ハ十郎ガ愛念ノ綱ニ繋テ共ニ彼ノ修羅ノ内ニ入ル。天晴今ハ追善ノ功ニヨリヨルコトナク、合戦ニ力ヲ副ル便ナシ。サレドモ為父依有孝養忠、此家ヲ地蔵菩薩ノ已前為兄弟新造シ玉イシ次ニ、我ニモアタヘ玉イタレバ、敵ノ寄来ルコトナシ。如是責敵合戦過テハ、必爰ニ来リテ休ミ居テ息ヲツギテ又合戦ニ出玉ヘリ。

ところが同様のモティーフは『曾我物語』の真字本の段階で、すでに次のようにあらわれてくる。

曾我兄弟の七周忌をおえて、虎は兄弟の最期の地、駿河国小林郷をふたたび訪れた。すると森のなかに一字の社があり、鳥居までたっている。そこで里人に、

此社をは何の社とか申、亦何なる神をか祝奉と問けれは、是は曾我の十郎殿と五郎殿と、富士の郡六十六郷の内の御霊神と成せて候間、富士浅間の大菩薩の客人の宮と崇め奉る御神と申けれは、虎は之を聞て、昔の面影に合ふ心地して、七日七夜は社の内にて不断念仏しつ、あけ方に成けれは、虎社を出て泣々

出テ行アトノ恋シキ富士ノ根ノコノモト神ノヒトリフシトハ

詠て出けれは、森の中の大木の梢に十郎か声付と覚くて、

出テ行アトヲ見ルニモ馴ソメシムカシノ人ノ袖ノカソスル
之を聞て虎は亦立帰、七日七夜念仏して、二人の聖霊成仏得道の祈、八日と申せば社の内をは出にけり。其後は曾我の里へ返て不断三昧念仏をそ行ける。(9)

という。すなわち兄弟は死後近郷の御霊として神にまつられることになったが、それで現世への執着をすてさったわけではなく、そのためには虎により、二度にわたる七日七夜の不断念仏の供養をうけなければならなかった。これにたいし流布本系にいたると、兄弟の荒ぶる神の活動はより激烈なものになってくる。

富士の巻狩ののちすべての屋形はとりはらわれ、もとの原野にもどるが、

されども、のこる物とては、兄弟の瞋恚執心、ある時は、「十郎祐成」となのり、有時は「五郎時致」とよばはり、昼夜たたかふ音たえず、をもはずとほりあはする者、このよそおいを聞、たちまちに死する者もあり、やうやういきたる者は、狂人となりて、兄弟のことばをうつし、「苦悩はなれがたし」となげくのみなり。

というように、より『霊験記』のなかの説話にちかい世界が展開される。そしてまた彼らの霊をなごめるものも虎ではなく、第三者の手にゆだねられている。すなわち、頼朝はこのことを聞いて不憫に思い、ようぎやう上人という僧をまねいて相談する。上人は古今の例をひいて、兄弟を神にまつることをすすめる。頼朝は、

「しかるべし」とて、すなはち勝名荒人宮とあがめたてまつり、やがて富士の裾野に、まつかぜといふ所を、ながく御寄進在けり。よつて、上人を開山として、寺僧をさだめ、禰宜、神主をすへ、五月廿八日には、ことに読経、神楽、色〳〵の奉幣をささぐる事、今にたへず。それよりして、かの所のたたかひたへて、仏果を証するよし、神人の夢に見えけり。(10)

ここでようぎやう上人とあるのが遊行上人に相違ないとすれば、時衆派の念仏聖が御霊の慰撫にたずさわることの

あったこと、そして『曾我物語』の形成にも関与していたであろうことの一つの証になろうが、それは当面の課題ではない。また『霊験記』所収の曾我御霊譚が『曾我物語』に直接よっているのか、それとも在地の御霊伝説になんらかの形で材を得て成立してきたのかも明らかではない。ともかく三つのテキストには共通して、人々になごめられる御霊の姿が描かれている。しかしそのプロセスは必ずしも一様ではない。流布本系にあっては御霊の鎮撫とでもいった様相で語られ、人々は荒ぶる魂を神としてまつりあげることにより、その災厄から逃れようとしたのにたいし、他の二者、ことに『霊験記』所収の説話ではむしろ魂の救済という側面を強調しているようである。

真字本においては、兄弟の御霊は神にまつられたのちにも究極的な救いはおとずれることなく、現世に心を残して、そこから脱却するためには虎の追善供養をまたなければならなかった。追福作善が、因果応報によって悪趣におちいっている近親者を救う唯一の手段であるとみなす観念は、確かに古代以来の論理にはちがいないが[11]、その効果にたいする見とおしはしかし、ここにいたってはるかに屈折したものになってしまっていた。『霊験記』では、兄弟の魂は虎と目される女の追善供養に救いへの道をすすみはじめるけれども、日夜一二度にわたる敵の亡霊との闘いがようやく六度まで減ったにすぎないほど、その歩みは遅々としている。しかもその虎自身が十郎・五郎の兄弟とともに悪趣の世界にはいって救いをまつという、いわば救済の二重構造のなかに陥っているのである。敵と闘う兄弟と、それをたすける一人の女と、三人の男女の魂は、なるほどいっぽうではこの世界に恐るべき災厄をもたらし、それ故にまつりあげられ、やがてはまつりすてられなければならないであろう荒ぶる神にはちがいないのだが[12]、その神自身がまた他方では、地蔵の広大な慈悲をもっていつかは救われるべく苦しみ続けなければならないのである。

こうした救済観は真字本『曾我物語』のそれにもつながるものであり、真字本を媒介として、それと密接な親縁関係をもつといわれる中世の神々の物語『神道集』[13]や、さらにはさまざまな本地譚にあらわれる神の観念にも連なっていく。私たちはそこに、神が神としての本質をあらわすために人に姿をかえ、人に強いられたけがれや罪悪をたじろがずにひきうける、中世の典型的な神々の姿を見出すことになろう。『霊験記』に描かれた曾我兄弟の御霊もまた、人々にたいしては神として示現しながらも、地蔵＝仏の前には一介の凡夫にすぎない。曾我御霊の担うこの特質は、たんに本説話集が仏教者たちのための唱導のためのテキストとして編纂された事情のみに由来するのではなく、中世という時代における神と仏との関係に関する一般的な観念のありかたの上にたって、すぐれて中世的な性格をあらわにしているのである。(14)

とすればここから生じてくる次の課題は、地蔵の信仰と霊魂の救済とは、本説話集全体でいかに構想されているかということ、さらに歴史的にはいかなる様相をへてそこにたどりついたかということである。先にあげた第三の問題とあわせて、検討を次節以下にゆだねることにしたい。

二　『地蔵菩薩霊験記』と地獄冥界譚

地蔵菩薩はいうまでもなく、釈尊が入滅してのち弥勒菩薩の下生にいたる、ながい五濁悪世の無仏世界にあって、あまねく衆生を救う仏として観念された。そして末法思想に基づく浄土希求の信仰が形成されていく潮流のなかで、地蔵へのそれも次第に大きなものになっていった。はじめ地蔵の住処は伽羅陀山もしくはたんに南方とのみいわれ、そこから悪趣にはいって衆生を救うとされたが、やがて地蔵信仰の発展とともに六道の悪趣そのものが地蔵の住処にほかならないとさえ信じられるようになってきた。(15)すなわちわれわれがいま対象とする時代において地蔵の救済とは、多種多様の現世利益もさることながら、六道の悪趣、ことにその第一たる地獄の苦しみから衆生を救うというところにこそあったのである。それゆえに平安末期から中世にかけてあらわれるさまざまな地蔵の霊験利生の物語は、なによりも六道の輪廻を脱却すること、なかでも地獄からの救いを説くことに大きな力をそそいできた。前節でみた曾我兄弟の怨霊の物語も、いっぽうでは中世的な御霊慰撫の物語であると同時に、他方では救済されざる霊魂の地蔵による救いという側面を色濃く見せていた。先の物語は、それと明らかには説いていないながらも、一つの地獄冥界譚にほかならないのである。そこで本節では『地蔵菩薩霊験記』中にあらわれる地獄抜苦の様相に若干の検討を加えてみようと思う。

『地蔵菩薩霊験記』には上巻に九話、中巻に一六話と、今日知られているかぎりで二五の地蔵説話がおさめられている。このうちなんらかの形で地獄のありさまを語るもの、すなわち人が地獄に堕ちて恐怖をあじわう地獄受苦譚、もしくは地獄で地蔵の冥助にあい、現世にもどされる地獄蘇生譚といった類の物語があわせて一二話、およそ半数にのぼっている。この傾向は『今昔物語集』の地蔵説話でもおおむね同様で、三二話中一四話とこれもほぼ半数にちかい。民衆の地蔵信仰のうえで地獄抜苦の信仰の比重がいかに高いものであったかが、ここからも察せられる。いまこれらの物語群を便宜上三つの類型にわけることにする。

第一類　地蔵信心の行者が、その熱心なる信仰にもかかわらず、死後地獄におち、地蔵のたすけを得て蘇生するというもの。

第二類　第一類とは対照的に、日ごろ仏法不信心の者がやはり地獄におちるが、生前ただ一度の善根により地蔵のたすけを得て蘇生するというもの。

第三類　第一類・第二類いずれにせよ現世に蘇生することなく、ただ地獄の苦しみを一時地蔵が救ってくれるというもの。

この分類の基調は『今昔物語集』地蔵説話にも通底したものであり、その意味で『霊験記』と『今昔』の間に大きな差は認められない。なお地獄冥界譚のうち七話は両者に共通している。(16)

さて分類されたもののそれぞれについて順次検討していきたい。まず第一類においては、たとえば中巻の第十三話（『今昔』十七の十七）は次のような物語である。

大和笠置山の蔵満という僧は「三時ノ行業六時ノ礼讃、一座ノ斎食ニテ、一向ニ地蔵ヲ念ジケル」というほどの地蔵信心の行者であったが、三十三歳のときに病をえて死んでしまった。すると青衣の鬼たちが出てきて彼をとらえ、打ちすえながら地獄にひきたてようとする。そこで蔵満はこらえかね、「吾ハ是浄行真言ノ行人ナリ。何ノ罪アリテ角ハ行ヒケルゾ。昔雄俊ハ極悪無道ノ犯人ニシテ、七度還俗シタリシスラヲ、最後ノ一念ノ称名ニ依、衆罪如霜露消、無間ノ炎変ジテ清涼ノ風涼ク吹テ速ニ往生浄土ノ素懐ヲ遂。況ヤ一向地蔵ヲ念ズル専修ノ行人ナリ。争テ吾ヲ呵責セン」と大声をはりあげたが、鬼どもは「自業自得ノ道理」というのみで、手をゆるめようとしない。しかしそこにあらわれた地蔵にたすけだされ、おしえられた道をあるいていくと、夢さめた心地してふたたび生きかえった。

このほか、「天性修験ノ法ヲ好ミ、山林ヲ栖家トシ難行苦行ヲ宗」とした備中の阿清房（上巻第八話『今昔』十七の十八）、「慈心薫内忍力露外」の天台山楞厳院の僧仁証（中巻第三話）、「天性慈心ニシテ殺生ヲセズ、道心純一ニシテ毎月廿四日ニ持斎精進シテ、一心地蔵菩薩ヲ恭敬シ奉」った散位賀茂朝臣盛孝（中巻第九話『今昔』十七の二十二）、神官ながら「少年ノ昔ヨリ天性三宝ニ帰依シテ志深ク、中ニモ地蔵薩埵ヲ信ジ奉リ、行住座臥ニ無怠称名更ニ口業ト」した周防国玉祖大明神の宮司玉祖の惟喬（中巻第十二話『今昔』十七の二十三）らも同様に、それぞれ一向専修の地蔵信心にもかかわらず、死後は地獄に堕ちざるをえなかった。しかしまた同時に、苦しみのさなかに地蔵が示現して彼らを地獄から救いだし、蘇生させるのである。ことに散位賀茂朝臣盛孝の場合には、地蔵は冥官にむかって盛孝のたすけられんことを乞うが、冥官にすげなく拒否されると、ついに地蔵は「業報不転ノ法ナラバ吾レ彼レニ代テ苦ヲ受クベシ」とまでいい、この言葉によって盛孝はようやく蘇りを得るのである。

これらの物語にもみられるように、当時の地獄はもはや、いかにそれをいとい、堕地獄の恐怖からのがれるために生前どれほどの善根を積み重ねようとも、逃れようすべもない恐ろしい世界だったのである。持戒堅固の僧も一向専修の地蔵行者も、ひとたびこの世での命をおわれば、罪業の因縁にひかれて地獄におちていくほかはなく、そこから逃れるためには地蔵の広大な慈悲にすがるよりなかった。

こうした地蔵観を、地獄観の深化という歴史的展開の一段階として捉えようとする井上光貞の見解は示唆的である(17)。すなわち井上は、地獄観のもっとも初期の段階にあって、地獄説話は『日本霊異記』などにおけるがごとくいずれも蘇生譚としてあらわれ、しかもそこで人は生前の罪業のゆえに地獄に堕ち、反対に生前の善因、親族による追善供養、さもなければ冥官にたいする賄などによって蘇るというように、いわば勧善懲悪的認識につらぬかれているとする。これを「純蘇生譚の地獄観」と規定するのにたいし、次の段階は「地蔵型蘇生譚の地獄観」とでもいうべきものである。ここでは「自ら悪業を犯さずとも、前世の罪業の故に、人はうまれながら罪深き身であるが故に地獄におちざるをえないのであり、ここにすでに『地獄は必定』という深刻な地獄観があらわれてきている(18)」こと、そして地獄からの蘇生は「地蔵菩薩の救済・本願による慈悲業のためとせられている(19)」ことを主な特徴とする。いいかえれば、「地獄は必定」という、より深刻な地獄観は地蔵信仰と結合した歴史段階であらわれてくるのである。しかしてこの類型は『今昔物語集』の時代にあらわれ、鎌倉時代にも『沙石集』所収の地蔵説話などにも多くとりいれられている。

そうしてみると前述の第二類型の地蔵説話は、構造的にはいわば『霊異記』型蘇生譚に連なって勧善懲悪的性格をもち、要素のうえでは地蔵信仰に大きな比重がかけられていて、歴史的には両面の性格をあわせもつということになろう。しかしまた子細に検討してみれば、必ずしも勧善懲悪型とはいいきれない側面も指摘できるのである。たとえばそれは次のような物語である。

但馬前司国挙入道が病をえて死に、直ちに閻王宮に召された。するとそこに若い僧が一人、手に一巻の書をもち八方に奔走して地獄におとされた人々を救っていた。国挙は涙をながし地に伏して、「願クハ大慈方便ノ御手ヲ伸テ吾此苦患ヲ救ヒ玉ヘ」と乞うた。しかし僧は入道にむかって指を一つならし、「人世ノ英雄唯如是ヨリ尚早ク冥路ノ業報ハ万年ノ劫、日々植罪根夜々作業因、自業自得ノ呵責ナレバ、助クルニ所ナク救ニ方ナシ。亦タ帰依三宝ノ念ナシ、我何トモスベキナシ。我ハ汝ニ無縁地蔵ナリ」といいすてて立ち去るのみだった。けれども罪障を懺悔した入道が、以後三宝に帰依し、地蔵の功徳のこと冥府の畏怖すべきさまを人々に伝えることを誓うにおよんで、ついに地蔵も国挙を救いだして人の世にかえすのである（中巻第一話〔『今昔』十七の二十一〕）。

この物語で、国挙が地獄におとされた理由はあまり明らかでない。ただ「冥路ノ業報ハ万年ノ劫、日々植罪根夜々作業因、自業自得」とごく一般的な罪の結果として語られるのみである。したがってここでむしろ強調されるのは、人が人であるかぎりおちいらざるをえない宿業の因縁から衆生を救済しうる地蔵の広大無辺な慈悲の心にほかならないといえよう。

そうした傾向は中巻第五話、比叡山千手院から善光寺に移り住んだ、「天質武勇ニシテ邪見放逸」の僧蔵円房の場合にもうかがえる。彼もまた地蔵菩薩に救われて前非を悔い、一向無上道に帰依するのである。

ここで『今昔物語集』巻第十七第二十四話は重要な意義をもつと思われる。源満中（仲）朝臣の郎等の男は、「心猛クシテ殺生ヲ業トス。更ニ聊ニモ善根ヲ造ル事无シ」というほどの生前の所業のゆえに死後地獄に堕とされた。しかしまた野山で鹿を追っていたとき、地蔵尊のまつられている寺の前をとおりかかってふと仏心をおこし、ただ左手で笠をとって駆けすぎたことがあった。そのたった一度の善根のために、地獄で郎等の前にあらわれた地蔵は彼に、「汝ヂ、年来、造ル所ノ罪甚ダ重シト云ヘドモ、須臾ノ間、聊ニ我レヲ敬フ心有テ、笠ヲ脱リシニ依テ、我レ、今、汝ヲ助ケム」というのである。

この郎等の場合、殺生は彼の生活を維持するうえで不可欠の行為である。それゆえに殺生を業としなければならない者への地蔵の救いとは、とりもなおさずその社会の下層にある直接生産者にたいする救済の一般化の可能性にほかならない。ここに地蔵信仰の民衆的性格の一端があらわになってくる。同様に京に住むある女の場合には、男淫の罪および六波羅蜜寺の地蔵講に参りながらも中座したということの二つの罪により地獄に堕ちるが、その地蔵講にでて仏心をおこし、仏師に一体の地蔵像を造らしめたことの功徳のゆえに蘇りを得ることができたという(『今昔』十七の二十八)。ここでもまた女人であるがゆえの罪の認識とともに、女人にたいする普遍的な救済の可能性が地蔵菩薩によって開かれるさまを見出すことができるであろう。

最後の二つの例において、一は下層の下人を、他は女人を主人公にしており、それゆえに第一の類型にあるごとき、僧侶や貴人にしてはじめて可能な一向専修の行などは望むべくもない。のみならず彼らは生前には地蔵を信ぜず三宝をかろんじ、むしろ罪業を積み重ねてきたといえる。だがその罪業とてもみずからの意志で選びとったという体のものでは必ずしもなく、彼らが人として生きていくかぎりおかさざるをえなかった殺生戒や男淫によってもたらされたものである。その意味では彼らの罪業とは先の但馬の前司国挙入道の場合となんらえらぶところなく、抽象的かつ形而上的に捉えられた宿業の因縁とでもいうべき観念とほとんど等しい。しかしそれにもかかわらず地蔵の慈悲はあまねく彼らのうえにもおよび、地獄からこの世に蘇生しうるのである。地蔵の力はそれだけ絶対的であり、それゆえ相対的にみればここに説かれる地獄観はきわめて楽天的なものであって、前述した井上の枠組みでいうならば、地獄観の発展の低次な段階にとどまっているともいえよう。けれどもその救いの構造を検討してみるとき、むしろ彼らを主人公とする説話は、地蔵信仰の易行化および他力化をおしすすめたものとして、中世仏教の「信」を契機とする――ときには「信」をすら契機とみなさない――救済論の萌芽を含んでいるということもできよう。[20]そしてこの論理はのち鎌倉時代にいたって、直接生産者の救いを原則として否定する無住の立場などと比べてみると、よりきわだった相貌を呈するであろうこともあわせて指摘しておこう。[21]

次に第三の型における物語をみていくことにする。

大和国吉野郷に詳蓮房という名の化他師がいた。化他門、すなわち法を説いて人を教化する説教を業としながらも、みずからの行業はおろそかであった。彼は七十歳をすぎて病を得て死んだが、それから三年もたったころ、尼である詳蓮の妻は不思議な夢をみた。彼女ははるかな山路を歩いていくが、そこは日の光もささない。日も暮れて真夜中になったので、やむなく岩の下に宿をとり朝をまつことにした。するとどこからともなく人の泣き声がし、耳をすますとこれが亡夫詳蓮の声である。そして詳蓮のいうには、「吾在世ノ時無慚破戒ノ身ヲ以テ衆人ノ信施ヲ受シ罪ニヨリ今ノ業界ヲ招クコトノ哀シサヨ。日夜ノ苦輪止コトナシ。サレドモ平生ニ地蔵尊ヲ信ジ奉ル功力ニヨリテ、三度ヅツ来現アリテ我苦ニ代リ飯リ給ナリ」とのことである。また地蔵は詳蓮に次のような一首を示したという。

人モ無キ深山隠レニ唯独哀レ其ノ身ハ幾世経ヌラン

こうして尼は夢からさめた。亡夫詳蓮の地獄での苦しみを知った妻は、仏工に三尺の地蔵像をつくらせ、法華経一部を書写して供養したところ、詳蓮はふたたび夢にあらわれ、この善力によって苦界を脱し、天上に生まれかわることができたと告げた（上巻第九話〔『今昔』十七の三十一〕。ただし地蔵が詳蓮に示したという和歌は、『今昔』では詳蓮自身がよんだことになっている）。

この物語で詳蓮は最後に天上、つまり都率天にのぼることになっているのだが、これは地蔵信仰に法華経が併修された結果であって、いまは詳論しない。すなわちこの物語の地蔵説話としての眼目は、地蔵の功力をもってしても詳蓮はもはや現世に蘇生しえないこと、そして地蔵自身が詳蓮にかわって日に三度地獄の責め苦をうけるという二点にある。これにもう一つ、詳蓮が地蔵の信者といいながらも化他師という下級の宗教者で、しかもさきの第一類にある「一向地蔵菩薩を念ズル専修ノ行人」というような存在ではけっしてなかったことも付け加えておいてよいかもしれない。つまり物語の発端は第二類の場合とほとんど同じなのである。ここでもう一つの例をみておくことにしよう。

中古、淡路国に住む僧円照房の母は善力なく、子の円照房がいかに結縁をすすめようとも業因はなはだ深くして、教門にもはいらず善根にも眼をとじていた。そんな母親もやがて死に、滅後の罪科を案じた円照房は、教えにしたがって三尺の杖頭に地蔵像を刻み、草履一足をそえて母の墓にそなえておいた。こうしておくと死者は刀山を歩くときにも刃をふまず、また道にも迷わないというのである。

さてその後一〇日ばかりたったころ、かつて母と親しくし、いまは越中国にいる婦人が円照房をたずねてきて次のように語った。ある雨の夜の夢に越中立山の傍らをとおりかかると、かの母親が、足に鉄の履をはき、手に三尺の杖をついてあらわれこう言った。

我在生ノトキ一善ノナスコトナク慳貪ヲ宗トシタリシ報ニ刀ノ山エ被追駆身ヲ寸々ニ截断ル。其ノ苦ミ言モ中々絶ヌ。然ルニ我子ノ円照ガ加被力ヲ以テ此杖テ刀山ハ如陸地、足ニ鉄ヲ踏ヌレバ剣樹モ犯ス所ナシ。杖頭ノ地蔵尊光明ヲ放チ玉ヘバ鬼王近クコトヲ得ズ。サレドモ害ヲ逸マデニシテ、得脱ハ遙ナリ。願クハ円照法花三昧ノ定力ヲ以テシテ且加ニ地蔵尊ノ形像ヲ造立供養セバ永ク三界苦輪ヲ出ベシ。

と。円照房が母の願いにしたがって追善供養すると、やがて母は彼の夢に現じ、都率天往生を告げたという（中巻第十六話）。

これらの物語にいたって地蔵はもはやオールマイティな仏ではない。地獄の絶対性は極限にまで達して、その責め苦は不可避であり、しかも地蔵の慈悲をもってしてさえも逃れるすべはないという、絶望的な世界観がここにたちあらわれてくる。地蔵の救いとは、たかだか日に三度ばかり地獄の亡者にかわって苦をうけるというほどのものでしかなく、先の二つの形態にくらべればはるかに弱められている。いうまでもなく、第一節でとりあげた曾我兄弟の霊をめぐる説話もこの範疇に属する。

かくしてわれわれはようやく冒頭の物語にもどることができる。曾我兄弟が近隣の郷民により御霊として畏怖せられまつられるようになったのは、必ずしも彼らがいわゆる非業の死を遂げたゆえではないだろう。そこにいたるまでにどれほどの艱難がまちうけていたにしても、彼らはともかくも所与の目的を果たしたのである。目的が達せられた以上、かれらの行為が支配者の意思によって悪と判断され、誅殺されたとしても、その死のありかたはもう第二義的な意味しかもちえないはずである。それにもかかわらず彼らが御霊にまつられたのは、『霊験記』および『曾我物語』のテキストに即してみるならば、一つには中世の民衆にとって、あくまで自己の目的を貫きとおそうとする彼らの情念や行動の激しさが、まさに荒ぶる神の姿にほかならなかったからなのではないだろうか。そこにはまた五郎（ゴロウ）から御霊（ゴリョウ）へとつながる発声上の連想や、稲の病虫害の原因たる御霊を共同体の外におくりだす鎮送の呪術など、さまざまな農民の習俗が関与していたにちがいない。(22)

だがもう一つ考えておかなければならないのは、彼らの情念と彼らの行動とを、その激しさのゆえに罪として価値づける仏教者の側の姿勢である。いいかえれば、武人として行動し、武人として死んだ兄弟の根底にある原理、すなわち彼らの殉じた世俗における武人の論理と、いっぽうそうした論理そのもの、あるいは、よしんば彼らが死後神とまでまつりあげられたにせよ、神としての存在の態様そのものをも、仏の慈悲によりなお救われなければならないものとする、仏教的倫理との矛盾葛藤のうえにこの物語は組み立てられているのである。それゆえにここでの地蔵の救いは、他の諸説話で説きえたようにはもはや説かれない。六道の巷をみずからの住み家と定め、罪人の救済を願って冥官たちの間を必死になって駆けまわり、交渉する地蔵の姿はもう見られなくなっている。かわりに、救いの主体ではなく祈りの主体として姿をあらわすのは虎と目される一人の女である。また先述した説教僧詳蓮の妻や、亡き母の菩提をとむらう円照房（この場合、男ではあるけれども）の役割をこの女性に重ねあわせてみることもできよう。さらには中世諸説話における、たとえば小栗判官に配するところの照手姫、信徳丸にたいする乙姫、厨子王丸にたいする安寿などの祈りの姿を想起することもできよう。そして祈りの主体である虎が、同時に地蔵による救済の客体でもあるという、本説話集のなかでも独特の二重構造もまた、おそらくは世俗の論理と仏教の論理と、あい拮抗する二つの原理のはざまにおかれた彼女の状況とも深くかかわりあってくるはずである。

　ともかく院政期を含めて中世という時代は、仏の救い、ことに地獄からの救いを一元的な地蔵の力によって素朴に説きうる時代ではもうなくなりつつあったかもしれない。少なくとも説話を生みだし、構成する側の人々にとってはそうであったのだろう。たとえ天台宗の説教者たちが、地蔵のさらにうえに法華経による救いの概念を設定し、ハッピーエンド（天界往生）の結末を構想したにしてもである。換言すれば、地獄の概念が当該の社会のなかでいっそう複雑な様相を呈しはじめたということであろう。

　けれどもそのことは社会のなかで堕地獄の恐怖が希薄化し、もしくは地蔵信仰が力を失いつつあった状況を必ずしも意味するのではない。むしろ話は反対で、地獄の恐怖と地蔵の救済とが、僧侶たちにより説かれつつあった思弁的・観念的な水準から、民衆の生活の根底に定着しはじめた状況に対応すると考えられる。われわれは先の第三類の物語群のなかに、他の二類にみられる類型性を脱しようとする部分、および民間習俗的な色彩が濃厚にあらわれるのを見出すことにより、それを知るのである。

三　地獄冥界譚と民俗宗教

前節で検討してきた地蔵地獄説話のうち最後の物語群にあっては、他の二つの物語群と異なって、地獄のイメージがより具体性をおびて活性化し、少なくとも類型性を多少なりとも脱却する方向性の看取できることに、なによりもまず注意をはらっておきたい。いっぽうはじめの二群においては地獄の構成、罪科の判定、罪への責め苦等々についてことこまかに語り続けていくのだが、その描写が細密であればあるほど、反面類型に堕してリアリティが失われていく感がいなめない。たとえば備中国の阿清房の堕ちた地獄は次のように描かれる。

独曠野ニ向テ行去ニ西北ノ方ニ巍々タル楼門アリテ大ナル官舎アリ。大殿ノ左右ニ各一舎アリ。左ノ舎ハ秤量ヲ置テ亡人ノ罪業ノ軽重品ヲ懸ク。右ニ一舎アリ。亡人ノ姓名死生ノ定数ヲ勘テ筆録ス。又殿ノ左秤量舎ノ前ニ高台アリテ台ノ上ニ秤量幢アリ。以テ舎中ノ備ヲ標識ス。今此ノ官舎台ハ有情ノ業感所成ノ所ナリ。次ニ鏡台アリ。浄頗梨鏡ノ影ヲ移シテ一生ノ作業明々トシテ見ヘタリ。角シテ阿防羅刹罪人ヲ取テ秤ノ盤ノ上ニ置罪ヲ定ントス。罪人陳ズルニ処ナク顔色ヲ移シ秤ノ量分明カニ過罪免ルベカラズ。(上巻第八話)

また天台山の僧仁証のみた地獄は次のようなものであった。

> 独黄泉ノ冥路ニ赴キ道ニ迷イ東西ヲ失ヒケル。青衣ノ官人三人来リ引導シテ西北ニ向テ行ケレバ一ノ大河ノ辺ニ著ヌ。岸ノ上ヲ看ニ一ノ大官舎アリ。玉庭ニ百千ノ罪人各手ヲ束ネ跪地。数万ノ鬼王各呵責ス。器杖ヲ曳剣戟ノ刃ヲ双テ威ヲ振握挙列居リ。其河水ノ色黒クシテ波白シ。中ニ無量ノ毒蛇充満シテ開口波ニ炎吐。大力ノ鬼王各剣ヲ取テ罪人ヲ追。正ニ大河ヲ渡トスルニ或ハ浪ニ沈ミ、或ハ水ニ溺シ岸ニ当リテ砕骨。浮沈漂流テ叫ブ声天地ヲ動揺シテヲビタタシ。（中巻第三話）

とこうした描写が延々とくりひろげられるのである。地獄はこの国土のどの地方ともどの山とも具体的な場所が示されず、あえていうならば、この物語の享受者たちの空想や観念のなかにしか存在しない。もしくは『往生要集』などの記述や、それを視覚化したさまざまな地獄絵などのなかに存在した地獄といってもよいだろう。したがって描かれた地獄がいかにすさまじい所であろうとも、所詮それは一切の現実性を剥離された虚構の世界にすぎない。

ところが、たとえば曾我兄弟における地獄とは、彼らが父の敵工藤祐経らと闘い、凄絶な死を遂げたまさにその場所、富士のすそ野に設定されたのであった。『曾我物語』などをとおして民衆の記憶に残り、彼らが近隣の農民に御霊として強大な霊力を発揮したという富士の原野は、彼らにとってはまた地獄そのものであったのである。彼らの歴史性と空間性は他のどこでもないこの場において融合し、それゆえに類型性をはるかに脱した地獄の責め苦の描写とあいまって、強いリアリティを獲得する。あるいは渺々たる高砂河原の光景は、ほぼ同じ時代に説かれはじめたという賽の河原のイメージと重なってはこないだろうか。大浜の聖が富士の麓の精舎をあとにして訪れた甲州一条郷高砂河原はこう描写される。

> 聖彼処ニ行向テ見ケレバ、蒲無河ト云大河東西ニ流タリ。彼河ノ南ニ四方一百余町バカリノ曠玄ナル白砂ノ河原

アリ。水ニ漂波ニセカレテ砂高ク見ケレバ人高砂河原ト名付ケル。彼ノ中央ニ流レ御堂ト号シテ歳霜久キ古寺一宇アリ。本尊ハ地蔵菩薩六尺三寸ノ立像木軀ノ彩色ニテマシマス。修理モ及十余年トゾ見シ。富士野ノスソニテ見シ処ノ幻花ニ少モ不違アリ（下略）

同様のことは若干のニュアンスをもちながら、中巻第十六話の立山の地獄や同第十五話の箱根山の地獄についてもいいうる。

越中立山の山中には地獄や賽の河原があることは民間信仰の領域でよく知られるが、平安時代すでに同様の観念があったことは、『大日本国法華経験記』や『今昔物語集』巻十四第七・八話および巻十七第二十八話などの仏教説話にみられるとおりである。『法華験記』巻下第百二十四話、「越中立山の女人」には、

彼山有地獄原。遙広山谷中。有百千出湯。従深穴中湧出。以岩覆穴。出湯麁強。現依湯力覆岩動揺。熱気充塞不可近見。其原奥方有火柱。常焼爆然。(23)

と、火山特有の荒涼とした地獄のさまが描かれる。同じ話は『今昔物語集』巻十四第七話にもおさめられ、同第八話とともに法華経説話をなしている。さらに地蔵説話として巻十七第二十八話があり、これらはいずれも先の『霊験記』所収のものと大同小異の内容をもった地獄冥界譚である。以上のように、平安時代すでに、立山信仰のなかに地獄観をともなった地蔵信仰が相当程度にはいりこんでいたことがわかるが、現在もなお地獄谷や室堂付近をはじめ山内各所に地蔵の石像群が散在している。ことに地獄谷から室堂に至る間の荒れ地には三途の川や賽の河原が想定され、多くの石塔がもうけられており、今日のこる『立山曼荼羅図』のほとんどすべてには、賽の河原で石を積む小児と、そのなかに立つ地蔵菩薩の姿が描かれているという。(24) 近世にはいると立山百三十六地獄のありさまを描いた曼荼羅図をたずさえて、芦峅寺三十八坊の衆徒は全国を廻檀し、地獄を目のあたりにみるがごとくに絵解きしてあるいたので

ある。[25]現存する『立山曼荼羅図』は近世初頭をさかのぼるものではないが、[26]中世後期にはすでに存在していた可能性も考えられないではない。

中世後期、仏教はようやく幼児の死にも強い関心をもちはじめ、やがて空也上人の名に擬せられて、「これはこの世の事ならず、死出の山路の裾野なる、西院の河原の物語、聞くにつけても哀れなり、二つや三つや四つ五つ、十にもたらぬみどり子が、西院の河原に集まりて、父上恋し母恋し、恋し恋しと泣く声は、……」と、賽の河原で石を積む幼児たちが地蔵に救われるさまをうたう、「西院河原地蔵和讃」が成立するにいたった。[27]ちなみに賽の河原の名彙が文献上はじめてあらわれるのは、室町時代の大衆文芸、お伽草子の『伊吹山絵詞』『月日の本地』『ふじの人穴草子』などだという。[28]賽の河原の観念は経典のなかに根拠はなく、室町時代に民間から生まれてきた信仰と考えられているが、[29]中国浙江地方に普及する地蔵会で、子供たちが瓦を集めて塔をつくる習俗を中近世の渡来僧や留学僧が日本に伝え、『地蔵菩薩本願経』にいう造塔の功徳をすすめたのに縁由をもつと考える説もある。[30]また民俗学的発想から、たとえば和歌森太郎は、一つには『今昔物語集』以来いちじるしかったところの、地蔵が子供の姿となってあらわれ、霊託を宣するという思想から地蔵が子供を守護する信仰が生まれ、二つには六道において迷えるものを引導し、現界にひきもどす働きが重視されるところから、幽明の境の菩薩としてうけとられる可能性が大きく、それから連想的に、村境・国境など現実の境を守る道祖神信仰に習合し、第三には道祖神は元来子供たちが管理すべき神とされてきた習俗などに基づき、地蔵信仰から賽の河原の信仰が発生してくるプロセスを考えようとした。[31]

ともあれ歴史上の賽の河原の信仰は室町期をはるかにこえて古代にまでさかのぼることは不可能だが、幽明の境ということを考えるならば、その思想の歴史的な萌芽を『今昔物語集』所収の地蔵説話のなかに求めることは十分に可能であるように思われる。

というのは、これまでみてきたように、『地蔵菩薩霊験記』や『今昔物語集』巻十七にある地獄冥界譚は大きく三類に分かたれ、歴史的関心からは井上光貞や速水侑が論ずるように、おおむねそれらを地獄観の深化する過程のなかに位置づけてきた。ところでそのうち第一・二類のものと第三類のものとの間には、たんに地獄観の深化というにとどまらない、現世と冥界との関係の認識にかかわる、ある世界観の転換が前提とされているのに気づくからである。

すなわち前の二者においてはいずれも地獄からの蘇生を説き、しかも地獄がいかに恐ろしく忌むべき世界であるか、ということに関する証言がすべてこの世にもどってきた当人によってなされている。ところが最後の形態において死者はけっしてこの世にもどってくることはない。また地獄に堕ちた死者は、常にはこの世の側からは姿を見ることができず、言葉をかわすこともできない。しかしあるとき地獄と現世を結ぶ一種の通路ともみなされる特定の空間に出現し、しかも特定の人間との間にあるコミュニケーションが可能になるのである。地獄の状況はこの特定の人間を介してのみ現世に伝えられる。実際、三河国大浜の聖は、富士の裾野の、しかも、とある精舎において、すでにこの世のものでない三人の男女に会って彼らに課せられた責め苦を知り、これを信濃国善光寺に参詣する僧俗に語った。この場合、富士の裾野の精舎は甲州高砂河原の地蔵堂と同一視されることにも注意しなければならない。また説教僧詳蓮は地獄でのさまを、遙かなる山路で、それも妻の夢のなかで語るのである。この山路とは、「西院河原地蔵和讃」でいう死出の山路を連想させる。さらに淡路国阿清房の母の知音の女房が亡霊にであったのは、これも夢のなかであるが、現実の立山にある、その名も地獄であった(32)。

ここで立山地獄についていては、『今昔物語集』巻十四第八話に語られる興味深い事実を想起しなければならない。それによれば、むかし越中国のある書生の妻がにわかに患いつき死んだという。夫と三人の子は型どおりに葬儀をいとなみ、七々日の仏事を修した。

而ルニ、七々日畢テ後、思ヒ歎キ恋ヒ悲ブ事、忘レ草モ不生ズモヤ有ケム、「我ガ母、何ナル所ニ生ヲ替ヘタリトモ相見バヤ」ナド云ヒ合ヘル程ニ、其ノ国ニ立山ト云フ有リ。（中略）而ル間、書生ガ子供三人語ヒ合セテ云ク、「我等、此ク母ヲ恋ヒ悲ムト云ヘドモ、其ノ心不息ズ、去来、彼ノ立山ニ詣デ地獄ノ燃ラムヲ見テ、我ガ母ノ事ヲモ押シ量テ、思ヒ観ゼム」ト云テ、皆詣ニケリ。

かくして三人の子供は立山に登り、地獄巡りをはじめると、案のごとく母の亡霊は噴煙の間から姿をあらわし、地獄の責め苦のありさまを語るのであった。

これは今日の立山地獄および賽の河原の信仰につらなる世界観であり、死者の霊が立山に集まること、そこで死者に再会できると信じられていたこと、そのために地獄巡りをする習俗があったこと、等々の民間信仰を前提とした説話であるように思われる。

以上のようにみてくれば、第三類の蘇生をともなわない地獄説話群と、主として子供を対象とした信仰のなかから生まれてきたものではあれ、室町時代に成立した「西院河原地蔵和讃」とは共通した基盤にのっている――歴史的には前者を後者の発想の萌芽というべきだろうか――ことは疑いえないのである。いわば前二者と異なって、後者では、地獄と現世とを結ぶ通路もしくは媒介領域が設定されたことになる。すなわち現世と地獄、生と死という不連続のカテゴリーを、前者は「地蔵の救済」といった普遍的な観念によって媒介したのにたいし、後者ではそれを現実化された習俗によって果たしたということができよう(33)。

さて民間信仰とのかかわりでいえば、『霊験記』中巻第十五話についても同様である。これは物語性をもった説話というよりは、むしろ箱根日金山の縁起とでもいうべきものである。

中古、末代という不測の仙人は富士山で捨身の行を修し、伊豆箱根二所権現をも草創した、行徳あらたかなる上人であった。この上人が熱海というところにいくと、ここは谷深く、たちのぼる猛火噴煙は峰を隠すほどで、谷底にはあふれ出た熱泉が満々とたたえられていた。そして無数の衆生が炎熱に泣き叫び、猛火に身を焦がし苦しんでいた。ところが日金山から吹き下ろす風はあたかも梵音を唱えるようであり、錫杖をもった一人の僧があらわれては苦しむ人々を救い、そして日金の峰に登っていく。不思議に思った上人が僧に問うと、僧はにっこりと笑い、

吾ハ久遠実成ノ内ニ正覚無垢ノ主タリ。雖然尚モ度脱衆生ノ為ニ、謙シテ恒河沙ノ塵垢ニ交リ、無数ノ罪人ヲ友トセリ。（中略）故ニ毎日三度ヅツ峰ノ嵐トトモニ下テ苦衆ヲ省、自受法楽ノ術ヲ受テ彼日金山ニ皈ルナリ。

という。上人が山頂をうちあおぐと、そこにはたけ一丈ばかりもある地蔵菩薩の聖像があったという。

ここでも地蔵の代受苦の誓願が語られるのみで、蘇生のことは述べられていない。しかして日金山の地蔵は今日もなお、ひろく近在の信仰をあつめる霊験の仏である。(34) このあたり一帯では、死後の人の魂は日金山に登ると信じられ、春秋の施餓鬼には参詣人でにぎわう。また境内にある三、四十体の地蔵や、道々の丁仏、賽の河原の地蔵のなかなどに亡くなった人の顔を必ず見つけることができるといわれていて、それを祈って登山する人も多いという。日金山開創の事実について詳しいことは不明だが、地蔵堂（東光寺）は中古以前に伊豆山権現の奥の院であったともいい、中世には伊豆・箱根二所参詣のための要所としてかなり栄えたといわれる。また『関八州古戦録』には天正十年のこととして、朝比奈弥太郎が、山中で箱根山関守の十七歳になる娘の亡霊に出会ったという話をも載せている。つまり、日金山もまた地獄の信仰と地蔵の霊験とで、当時在地の民間信仰の対象となる霊験所にほかならなかったのである。

そのほか、御霊信仰との習合についてはすでに述べたとおりである。また中巻第十六話で、三尺の杖の頂に地蔵の尊像を刻み、草履一足とともに墓にそなえれば、死者の地獄での苦しみがやわらぐと説いたのも、あるいはなんらか

の民間の習俗に材をとったものかとも考えられようが、ここで詳論するいとまはもはやない。

四　結　語

地蔵地獄説話はこれまで見てきたように、内部にさまざまな契機をはらんでいる。それら諸契機を人々の信仰のありかたそのものの歴史的進化発展の過程に配列しなおすことも、十分に長いスケールのなかでなら、あるいは許されるかもしれない。またこれらの物語群を、『今昔物語集』とか『地蔵菩薩霊験記』とかの閉ざされた説話集のなかで享受するにしても、なお地蔵地獄説話に二つの方向性が可能である。すなわち一つの方向は、ほとんど地蔵専修の行者にのみかかわるモチーフから、地蔵の絶対的救済と地蔵へのひたすらなる帰依を説くモチーフへの展開である。だがもう一つの方向ではむしろ地獄の究極性を強調し、地獄の観念を、ここに内在する論理にしたがって徹底していく。そのきわみにおいて、地蔵の救いはきわめて屈折した様相で説かれざるをえない。そのとき、よしんばこれら物語群の構想が仏教的教説を唱導する説教者たちの側にあったにせよ、地蔵信仰は公式的・思弁的な水準から離陸して、より広範な民衆自身の信仰と接合して行く。それゆえに民間信仰化はたとえ類型的であっても、けっして信仰の風化・形骸化ではない。むしろ説話を、あるいは信仰そのものを活性化し、手ごたえあるものに変えていく契機として機能する。かくして地蔵信仰は民衆自身の信仰として、彼らの圧倒的な支持を得るのに成功したのである。

注

（1）以下、引用する説話の番号は本章の便宜のため仮に付したものである。

（2）角川源義「妙本寺本曾我物語攷」（『妙本寺本曾我物語』一九六九年三月、角川書店）、同「語り物文芸の発生」（一九七五年一〇月、東京堂出版）、塚崎進『物語の誕生』（一九六九年五月、岩崎美術社）などを代表とする立場である。

（3）真鍋広済「三国因縁地蔵菩薩霊験記攷」（『地蔵尊の誕生』一九四一年一月、冨山房書店）二八八〜三〇四ページ。なお「三国因縁地蔵菩薩霊験記」は江戸期に僧良観により編纂されたものだが、全一四巻のうちはじめの二巻は実睿編『地蔵菩薩霊験記』と一致する。

（4）注（3）真鍋広済前掲書など。

（5）角川源義「妙本寺本曾我物語攷」（注（2）前掲書）三九二ページ。

（6）今井雅晴「時衆と地蔵信仰」（和歌森太郎編『日本文化史学への提言』一九七五年五月、弘文堂）。

（7）本『地蔵菩薩霊験記』では、地蔵経・十輪経・十王経などいわゆる地蔵諸経典の名があげられることはほとんどなく、またあげられたとしても、物語をはなれた、いわば「論」の部分で若干言及されるのみにすぎない。これに反し、法華経の名はしばしば登場し、しかも物語のなかでもなんらかの機能を与えられている。地蔵行者の所依の経典はむしろ法華経だったと考えられよう。片寄正義「今昔物語集に於ける地蔵説話・地蔵信仰」（『今昔物語集論』一九四三年二月、三省堂）四五一〜四五四ページ。和歌森太郎「地蔵信仰」（『歴史と民俗学』一九五一年一〇月、実業之日本社）一五〇〜一五三ページ、等。

（8）柳田国男「老女化石譚」（『妹の力』、『定本柳田国男集』八）。

（9）『妙本寺本曾我物語』（注（2）前掲書）による。

（10）日本古典文学大系『曾我物語』による。

（11）中井真孝「古代における救済とその論理」（日本宗教史研究会編『救済とその論理』一九七四年四月、法蔵館）六〇ページ。

（12）「まつりあげ・まつりすて」という用語と概念は、主に宮田登『土の思想』（一九七七年一〇月、創文社）九二〜一〇六ページによっている。

(13) 角川源義「妙本寺本曾我物語攷」(注(2)前掲書) 参照。

(14) 日本中世の神々が特徴的にこのような性格を担うことについては、菊池良一『中世の唱導文芸』(一九六八年四月、塙書房) 一一三〜一一七ページ、あるいは桜井好朗「人となって苦しむ神」(『神々の変貌』一九七六年九月、東京大学出版会) などで論じられた。

(15) 速水侑『地蔵信仰』(一九七五年一一月、塙書房)。

(16) 筆者がここで試みた分類を下にあげておくことにする。なおカッコ内の番号はそれぞれ、上段は『霊験記』、下段は『今昔』巻十七の対応する説話を示している。

注(16)の表

	Ⅰ	Ⅱ	Ⅲ
『今昔』巻十七	17(中―13) 18(上―8) 19 20 22(中―9) 23(中―12) 25(上―4) 29	21(中―1) 24 26 28	27 31(上―9)
『霊験記』	上―4(25) 上―8(18) 中―3 中―9(22) 中―12(23) 中―13(17)	中―1(21) 中―5	上―9(31) 中―14 中―15 中―16

(17) 井上光貞「聖・沙弥の浄土教」(『日本浄土教成立史の研究』一九五六年九月、山川出版社)。なお注(15)速水侑前掲書も井上の見解を大筋において踏襲している。

(18)(19) 注(17)井上光貞前掲書、二四四ページ。

(20) 井上光貞はまた注(17)前掲書において、「地蔵信仰にみられる思想的諸契機は、地蔵信仰と阿弥陀信仰との系統のちがいこそあれ、阿弥陀仏への絶対的帰依を説く鎌倉の諸家の思想にきわめて近いものがある」としている。

(21) 無住の『沙石集』は、巻二の(六)「地蔵菩薩種々利益事」の第三話で、「殺生ヲ業トスル男」が二度まで地蔵に救われるが、ついに三度目にいたって地蔵からも見放されてしまう物語をあげ、同じく第五話で、ある念仏の行者が時料のために畑を耕したところ地獄に堕ちたとしている。後者では僧侶に対する戒律の強調という側面はあるものの、直接生産にたずさわることの罪を説いている点にかわりはない。

(22) 柾谷明「曾我物語の民俗的基盤」(『国学院雑誌』六九―四、一九六八年四月) を参照。柾谷は曾我兄弟の敵討ちが建久四年五月二十八日とされている点に着目し、農民の間にこの日をめぐる特殊な感覚が存在していたのではないかという。

(23) 日本思想大系『往生伝・法華験記』による。
(24) 高瀬重雄「地獄信仰と立山」、同「地蔵信仰と立山」(『古代山岳信仰の史的考察』一九六九年四月、角川書店)。
(25) 佐伯幸長『立山信仰の源流と変遷』(一九七三年九月、立山神道本院) 三二六〜三二八ページ。
(26) 林雅彦「説話文学と絵解き」(『伝承文学研究』二一、一九七八年三月)。
(27) 圭室諦成『葬式仏教』(一九六三年一一月、大法輪閣) 一七七〜一八〇ページ。
(28) 真鍋広済『地蔵菩薩の研究』(一九六〇年九月、三密堂書店) 六一ページ。
(29) 注(27)圭室諦成前掲書。
(30) 沢田瑞穂「地蔵の信仰と民俗」(『地獄変』一九六八年三月、法蔵館)。
(31) 注(7)和歌森太郎前掲書、一六六〜一六七ページ。
(32) たとえばここで、今日下北半島においてイタコが行う口寄せの習俗を想起することも許されよう。また恐山円通寺の本尊は地蔵である。なお富士の裾野にあらわれた虎と思われる女性もまたこうした地獄と現世との仲介者の一人と考えられる。
(33) なおひとまず第一類に分類された物語ではあるが、『霊験記』中巻第三話も注目される。ここでは近江国千ノ松原というところに地蔵堂を建立したと述べられるが、「彼ノ千ノ松原ト云シ所ハ東西往復ノ路頭ニシテ又水海船道ノ水際ナリ」という。今日も辻など交通の要所にまつられる地蔵尊を見うけることは珍しくない。
(34) 以下、川本静江「伊豆日金山の信仰」(『日本民俗学会報』三九、一九六五年五月) の記述による。

第四章　たたり・怨霊・異人

――個と社会の葛藤をめぐって――

一　はじめに――懲罰とたたり――

「たたり（祟り）」が多くの日本のカミ（神）にそなわっている重要な属性の一つであるのは疑いえないところであるが、その語義についてみれば次の二点に集約されるといえよう。その一つは、いうまでもなく神仏による懲罰ないしは懲罰的作用であるという、一般にひろく認識されている性格である。そして二番目は、たたり＝祟りの古義をたずねてみるとタツ・アリ、すなわちカミが人間のまえへ顕現する行為そのものにいきついてしまうという点である。とくに第二の点は折口信夫によって主張された理解で、今日多くの論者は彼の説をほとんど定説として受け入れているようにみえる。折口はこの考えを次のように述べる(1)。

たゝると言ふ語は、（中略）古いものから平安の初めにかけて、後代とは幾分違うた用語例を持つてゐる。最古い意義は神意現れると言ふところにある。允恭記に淡路の島で狩りせられて、終に獲物がなかつたので、占はれると、島の神祟りて曰はく、獣をとらせないのは自分の心だ。赤石の海底の真珠を自分に献つたら獣をとらせようと言うたとある。此文の卜うたら神が祟つたと言ふのは、今の祟るでない。（中略）たゝりはたつのありと複合した形で、後世風にはたてりと言ふところである。

それが今日もちいられるような意味に変化したのちでも、「其古いものはやはり、人の過失や責任から『たゝり』があるのでなく、神がある事を要求する為に、人困らせの現象を示す風であつた」のであると。

けれども「たたり」現象を神意の表出というカミの行為一般に解消してしまうのは、当然ながら当を得ていないだろう。なるほど「たたり」とは強大なる霊力の発現であり、しかも人間社会の法則や論理ではコントロール不可能なできごとにたいして、人間の側から試みられた解釈・説明にほかならないのはそのとおりであろうにしても、その解釈・説明の方向に強いバイアスがかけられていることもまた無視できない現実である。なぜわがカミガミは懲罰という意思を介して、人間たちと鋭くものっぴきならない関係をとりむすぼうとするのだろうか。筆者は折口と反対にこの疑問にもう少しこだわってみたいと思う。そうすれば日本の社会のなかでの人とカミの関係ばかりでなく、個と集団とのかかわりがどのような観念としてたちあらわれてくるのか、さらには人々が自分たち自身をどのようなイメージで理解しているのかなどといった問題を、カミの姿をとおしてすかし見ることが可能になるかもしれない。本章はきわめて多様な「たたり」現象のなかでも、いわゆる人神の系統に属するカミのそれを考察することによって、右の課題にたいするみとおしをたててみようとするものである。

二　膨脹する個——崇徳院の怒り——

保元元年（一一五六）、後白河天皇をとりまく政治勢力になかば挑発されて反乱をおこし、戦いやぶれて讃岐国に流された讃岐院（のちの崇徳上皇）は、八年のちの長寛二年（一一六四）、この配所で生涯をおえた。彼の現実世界での歴史的役割が讃岐配流の時点でおわっていたのはいうまでもないことだが、もう一つの世界との交渉のなかでやがて思いもかけぬ復活をとげることになる。

讃岐院の没後一三年をへだてた安元三年（一一七七）、朝廷はかの乱にともに兵をあげ、命をおとした悪左府藤原頼長に太政大臣正一位の官位をおくるとともに、院にたいしては崇徳の名を追号することを決めた。このおりの頼長に関する詔はあわせて保元の乱の際の宣命をも焼却処分にするという内容をも含んでおり、いうなれば保元の乱そのものをさえ史実から抹殺してしまおうと目論むものであったといえる。この安元三年こそは鹿ヶ谷におけるクーデター計画が発覚するなど、政権基盤のもろさがあらわになりはじめる最初の年であった。崇徳院への追号等のことは実は、そうした事件の背後にあって世界を左右すると信じられた怨霊のたたりにたいしての配慮のしからしむるところだったのである。ひとまずはこの前後の経過を追っておくことにしたい(2)。

崇徳院・頼長らのたたり観念につながる怨霊へのおそれは、鹿ヶ谷事件の発覚に先立つ安元三年五月九日の『愚昧記』に最初の記述がみられるという。すなわち「相府（左大臣経宗）示し給ふて云く、讃岐院幷びに宇治左府の事沙汰有る可しと云々。是近日天下の悪事は彼人等の所為たるの由疑ひ有り、仍て彼を鎮めらる事也。極まり無き大事也と云々」と、両人の霊の鎮魂行事のあることをしるしている。もっともこの計画はすでに前年にさかのぼるらしく、種々の都合で延引されたあげく、ようやく件の年の七月二十九日に執行されたのである。この時期保元の乱の敗者たちの怨霊が恐るべき事態にあったのはほとんど常識化していたとみえて、慈円は「讃岐院に崇徳院といふ名をば宣下せられけり。かやうの事ども怨霊をおそれたりけり」（『愚管抄』）と述べ、『百錬抄』には「天下静まらず。彼の怨霊有るに依つて也」としるされている。ただし鎮魂行事自体には批判がなかったわけではないらしく、九条兼実は「偏に叡慮在るべく、他人の是非を申す可からざる事也」（『玉葉』七月二十九日）という態度をとった。この意見が原水民樹の理解するように、[3]崇徳院鎮魂の是非は朝家の、せんずれば後白河院自身の問題であるという意味であるならば、後述するように兼実の卓見であるといわなければならない。

世のみだれが怨霊のもたらすところによるという思念が、なにもこのときにはじまるのでないことは、今日の私たちも知識としてならばもっていることである。当時においてはなおのこと、より具体性をおびた歴史認識として普遍的であった。たとえば『源平盛衰記』中のこの鎮魂行事のくだりには次のようにある。

世の乱るるは直事に非、偏に怨霊の致す処也。冷泉院の御物狂ひ御座し、花山法皇の御位をさらせ給ひ、三条院の御目のくらかりしも、元方の民部卿の霊とこそ承れ。怨霊は昔も今も恐ろしき事なれば、早良廃太子を崇道天皇と号し、井上の内親王は皇后の職位に復す。皆是怨霊を宥められし謀也。されば今度も然るべきにこそと、人々計らひ申されければ、贈号贈官ありて、院をば崇徳院と申し、臣をば正一位と宥し行なはれけれ共、後いかがあらんと覚束なし。

これをみるだけでも彼らの怨霊戸籍のなんと豊富であったことか。また『平家物語』の贈号贈官の場面では、讃岐の院の御霊、宇治の悪左府の憶念のほか、新大納言成親の死霊、西光法師の悪霊、鬼界が島の流人たちの生霊など、もっと記憶に新しい人物群が登場する。

このうち『源平盛衰記』に数えあげられた早良廃太子は八世紀の末に藤原種継暗殺事件に連座して失脚したあと、延暦十九年（八〇〇）にたたりのゆえをもって崇道天皇の称をおくられた悲運の王子であった。また貞観五年（八六三）、神泉苑における御霊会でまつられた六柱の御霊の一柱として著名であり、さらに井上内親王らの霊とともにいわゆる八御霊として、平安時代をつうじて世に恐れられ、かつ尊崇された霊でもあった。そのかぎりでは崇徳院および藤原頼長両人への贈号贈官も、八御霊などにたいする先例にしたがったものといえるだろう。

ところで堀一郎はこれら平安時代の御霊信仰を通観して、カミガミの意思が当初は京師四隅畿内十界等での疫神祭をとおして畏怖されるにとどまる段階から、やがて怨みをいだく敵や社会に対する報復としての神意の表出へと具体化し、ついに北野天神の出現によってその結果はもっとも大規模かつ深刻になり、同時に神霊の個性はいちじるしく明確化するにいたったと、歴史発展的にとらえようとした[4]。こうした堀の方向には、御霊信仰を民間からの政治批判と、それを無力化すべくカミに祭りあげていく政権との間の力学という観点から理解すべきであるという、大野功によるかつての批判[5]などを考慮しなければなるまい。崇徳院の説話にしても彼の怨霊を意図的に語りだして、崇徳院個人の名誉回復のみならず、自身の復権をもあわせてねらうグループの存在が、すでに指摘されてもいる[6]。にもかかわらず御霊を個性ある怨霊として意義づけようとする堀の視点は——ことに当面の問題においては——重視されなければならないだろう。しかもその個性とは、たんに怨霊の本体がだれであるかという固有人名の比定にとどまるのでなく、怨念や報復の啓示がいかになされたかという、霊自身のより積極的な行動をとおして問題にするのでなければならない。というのは、安元三年の追号のあとも崇徳院の怨霊へのおそれは依然としておとろえることなく、しかもその背後に崇徳院自身の怨霊化への強烈な意思や、朝家の主たることをめぐる後白河院との間のはげしい個性の衝突といった事態がみてとれるからである。

その意思とは、讃岐における崇徳院が怨みのあまりに天狗と化したという有名な説話に集約されているといえよう。

『保元物語』によれば、崇徳院は後生菩提のためだとて、指先を切って流れでる血で五部大乗経の書写をはじめた。いっぽう都にたいしては御室御所（仁和寺）に宛てて手紙をおくり、件の大乗経を鳥羽の八幡あたりにも納めたい旨を申し入れた。しかしこれは信西入道の意見もあってあっさり拒否される。いかなる魂胆があるかを疑われたためであるのはいうまでもない。絶望と怒りの淵におちた院は、以後髪をくしけずることも爪を切ることもせず、生きながら天狗の姿になって、なおも写経を続けた。やがて完成した大乗経をまえに崇徳院は次のように祈誓する。

吾深き罪に行われ、愁欝浅からず。速やかに此の功力を以て、彼料を救はんと思ふ莫太の業行を、併しながら三悪道に抛籠、其力を以て、日本国の大魔縁となり、皇を取つて民となし、民を皇となさん。

そして舌の先を喰い破ってながれる血で大乗経の奥に、

願はくは、上は梵天帝釈、下は堅牢地神に至る迄、此誓約に合力し給へや。(7)

と誓状をかきつけ、海底深く沈めた。いわゆる経沈めの名で知られるくだりである。

院が没するのはこのことがあってから八年ののちであった。

実は『保元物語』の記述にもかかわらず崇徳院の血書経はいつのころか、ひそかに仁和寺にある院の二の宮元性のもとに運びこまれていた。しかしその事実が明らかにされたのは寿永二年（一一八三）のことで、院の死後一九年を経過したのちであった。『吉記』同年七月十六日の条によれば、この経の奥書に「滅亡天下」の趣がしるされており、そのために成勝寺で経供養を行うことが決定された。すなわち『保元物語』にあるのとは異なって、この経は崇徳院の深い怨念のこめられたものだったのである。

この暴露が社会にもたらした衝撃の大きさは察するにあまりある。『吉記』の筆者藤原経房は、供養以前の経にしてすでにその願いは十分果たされているかのようであるのに、このうえ開題供養をすませればどうなることか、と嘆いてみせたし、翌三年四月に春日河原の保元戦場あとに崇徳院怨霊慰撫のための神廟が建立されたのも、血書経の発見をうけてのことであったにちがいない。

ここまでみてきたように崇徳院をめぐる一連の怨霊事件とは、幽明一体となった世界にあって、第一には幽界から明界へむけての、そして第二には「個」が社会にむけて鋭くつきつけた刃にほかならなかった。たとえそれが特定のグループによって仕組まれた現象であったにしても、この構図そのものがなんらかかわるわけではない。そしてこの第一点についてはもう多言は不要だろう。怨霊はよりましの口をかりてみずからなした行為を明らかにするか、そうでなければだれかの手をかりて証拠物件を冥界からこの世におくりとどけるのである。

では第二の点はなにを意味するのだろうか。

彼らが生き、そして争ったこの時代とは要するところ個が急速に膨脹しつつある時代であったといえよう。そして崇徳院の怨霊事件もまた膨脹する個が社会に噴出していく一つの姿であったといえる。この事件に即していえば、彼らの個をささえる装置として二つのものがあった。一つは院政であり、他の一つは密教である。このうち院政の成立とは、政治の機構としてではなく、個としての天皇の成立とでも要約できようか。古代的・律令的国家機構のなかからはまず摂関家が、ついで院政の発展とともに天皇家が権門、すなわち私的権力集団として抽出される。権門には政治権力ばかりでなく膨大な財産権益が常に附随したから、権門間の闘争は熾烈をきわめた。保元の乱もまた、一権門である天皇の「家」の主の地位をめぐる激突という側面を多分に含みこんでしまっている。(8)その意味で崇徳院が血書経で滅亡をいのった天下とは、おそらくはまず第一に後白河院もしくはその係累の人々であったろうし、後白河院もまたその個としての全存在をかけて克服につとめたであろう。保元の乱の正史にのらない後半部分は、幽明の境をこえて命がけの、しかも生々しい戦いだったといえる。しかしこの戦いははじめから生者に圧倒的に不利であった。なぜなら、もう一つの密教という宗教装置にもかかわらず、生者はついに自分自身ではこの幽明の境界をこえることができないのだから。

そしてもう一つ、真言・天台二宗を軸とするこの時代の密教体制が人々に説いたのは、即身成仏の理念に支えられた現世の肯定、ありていにいえば個の欲望の肯定と保証である。欲望の主体はこの場合国家にではなく、政権を構成し、支えるもろもろの権門にある。ここに旧来の国家仏教を脱却し、実践的な課題にこたえるべく生きようとする平安仏教の真価があった。密教は権門のために祈り、そして発展した。その際彼らが祈る内容は確かにほとんどの場合現世での栄達と安穏であったろうが、彼らが働きかける世界は現当二世にわたっていた。というよりはさまざまな神霊諸仏との交流とならんで、とりわけ怨霊・憑物の調伏に密教ははかりしれぬ力を発揮した。だがもっと正確にいうならば、怨霊をさえつくりだす幽明・現当にわたる空間時間の、もっとも洗練された観念体系をこの時代にたいして提供しえた理論こそが密教にほかならなかった。その意味でも崇徳院の怨霊は時代の申し子として優勢なゲームをすすめていたのである。

三　たたりのパラドクス——異人と民俗社会——

前節では特定の時代の特定の怨霊事件をとりあげてみた。しかし、たたり信仰史なるものの構成が本章の究極の目的にあるわけではない。冒頭にしるしたように、たたり現象を一種の社会の鏡として考えてみたいというのが、むしろ大きなねらいである。したがって違った時代や社会のシステムにはいってみれば、また違った状況がみえてくるにちがいない。そこで本節では民俗社会における伝承を手がかりに、この現象を検討しよう。

〈事例一〉　昔、武田の落武者という山伏がやってきて、この土地の百姓に道を訊ねたのがきっかけで争いとなり、百姓はこの山伏を斬り殺して叢のなかに埋めてしまった。それから何代かたって疫病がひどく流行した年、一人の病人が神憑りの状態になって、「おれは往年この山道で殺された山伏だ。そのとき叢に埋められたので、死骸の目鼻に木の根がからみ、苦痛はいうに忍びない。はやく掘り起こして静かな場所へうつしてほしい」という。村人たちが驚いてさがしてみたら、なるほど無残な骸骨が一つ木の根にまかれて埋まっていた。さっそく掘り出して社を建立し、大平霊社と名づけて尊崇するようになった。するとやがて首から上の病には御利益あらたかだという評判がたち、伊那地方の霊社のなかでももっともはやる神様の一つになってしまった。(長野県)(9)

この事例をまずとりあげてみたのは、こうした内容のものがもっとも広く見出せるからというよりは、ある典型的な要素が典型的な順序で生起したと考えられるためである。その要素を順序にしたがって想定してみるならばおおむね、①災厄、②原因の解説、③祭、④たたりの克服、⑤あらたな祈願、といったところである。さらに②の前提となるはずの②′伝説、をもう一つの不可欠な要素としてわすれてはならない。つまり、災厄以前からこの社会に山伏殺しの伝説が語られていたかどうか、いまとなってはもうわからぬにしても、人々は①、②とたどったのちに②′の伝説にいきついただろう。よしんば伝説が災厄以前からのものだったとしても、その現実とのかかわりは、今日この社会が認識しているのとは別のありかたであっただろう。だが伝説の論理にしたがえば、まず②′伝説の事件があり、それが②での骸骨の放置につながり、あげくの結果が①の災厄であるというふうに、まったく逆の行程をたどるはずである。つまりそれは確固たる歴史的関係として語られるのだ。

しかしこの歴史的関係はその論理のモデルを日常体験のうちには通常みつけられないから、神学的に結合されたとでもいえるような関係でもある。実際、かつてあったこととして語られる伝説のなかの事件と目前に生起した疫病の流行というできごとを媒介したのは、地下の骸骨に草の根がからみついているというもう一つの目には見えないできごとであり、しかもその第三の知識をあらわにしたのは人々の日常的論理のはるか上空を浮遊する一人の病人の神憑りだったのである。この種のできごとに巫女・聖、あるいは突発的な神憑りのような臨時のよりましなど、民間の宗教的人格が神学の供給者として介在してくるのはよく指摘されるとおりである。そしてこの神学があったからこそかつての山伏は伊那谷有数の流行神に浮上しえたといえよう。

さてここで次の二つの問題を提起してみる。

(1)　たたりの原因は、なぜ外部から訪れてきた者の行為、もしくは属性に帰着されていくのか。

(2)　原因が外部の者に帰せられたとき、次にはなぜ彼らの横死・非業の死が契機とされなければならないのか。

一番目の問題について若干補足しておく。たたりをたんに神威の表出であるとするならば、その神は在来の村の鎮守神や家の屋敷神・先祖神などであったとしてもよいはずであり、実際にそうした伝承は容易に探しだすことができる。またムラのなかの以上の説明原理として怨霊のたたりを考えようとするならば、同じ機能を憑きものが果たしていることについては、これも従来から主張されてきたことでもある。それにもかかわらず、人々はその対象をなぜ社会の外からやってきた他者、つまり異人に求めなければならないのか、ということにたいする疑問なのである。

従来のこの問題についての理解は、「外者歓待」の概念を援用するのがふつうであろう。和歌森太郎の言をかりるならば、「マレビトはさながら遠方から訪れてくる神の化身のごとく見なされ、これを歓待せねば罰があたると考えられた」(『日本民俗事典』)。その強大な霊威は共同体に豊饒やさまざまな福徳をもたらすが、応対を誤ったり怠ったりした場合には手ひどい報復や災厄がかえってくることにもなりかねない。たとえばいわゆる弘法清水の伝説で、老女が水を惜しんだためにその村のすべての川や泉が沽れてしまった、などというたぐいのモティーフは、もう一方でおしみない歓待をしたためによき水を得たというように、幸福をもたらされたという話と一対になっていることが多い。

このことは右のような理解の一面の正しさを強く支持しているようにも思える。けれども異人殺しといった訪問者への積極的迫害をマレビトへの歓待の欠如とよみかえるにはまだ少なからぬためらいを感じないではいられないし、さらに違和感を強くもたせられる異人怨霊譚も少なくない。そこで順序を前後させて第二の問題から考えていくことにしたい。

まず死者の遺執が残されるにいたった経緯にしたがいながら、異人殺し伝承の実例を幾つかあげていくことにする。最初は先の事例一と同じく落武者のたたりを語る伝説である。

〈事例二〉　むかし新田義貞が戦いやぶれて櫨原というところまで落ちのびてきたとき、そこの村人たちが彼を殺して大金をうばいとろうと相談しているのを宿の老主が聞いて義貞に告げた。義貞はもはやのがれる道はないと観念し、宮の杉の木にのぼって、集まった村人たちのうえに七袋半の金をばらまいたあと、刀を口にくわえてとびおりて死んだ。ところがその金はみな虫になってシッペの谷のなかにはっていったという。その後この土地では義貞の霊がたたってときどき悪病が流行し、また川下の方から子供がホウイホウイと呼ばわると火事がおきて、櫨原は七度全焼した。また最近でもこのたたりで区長や禰宜・村役になると早死にすると思われている。そのため五輪塔のかたわらに石碑がたてられ、毎年五月二十八日を祭日としている。（岐阜県）(10)

次にこの種の伝説の主人公として彼ら落武者とならぶのは旅の僧や商人たちである。

〈事例三〉　むかし能登の佐々波という漁村で不漁が続き、金がなくなってついには網をおろすこともできない有様になってしまった。ちょうどそのとき村に一人の六部がきあわせていて、必要な金を貸してやろうという。もしことし大漁になったら金を返してくれればよいというので、村人は大いによろこび、その金を借りることにした。幸いその年はたいへんな大漁だったので、村はようやく生きかえることができた。そのうちに先の六部がふたたびやってきたが、村人は言を左右にして金を返さなかった。六部はそうこうしているときに死んでしまったので、村人たちは六部塚をつくってそこにほうむった。しかし六部のたたりのためか佐々波の網にはその後魚がはいらないようになってしまったという。近年になっても網をおろすときにこの塚で祭をしたことも、おりおりはあった。さらにあるときこの塚のうえの松を村の人が切ってしまったところ、その家に死人がでたり病人が続いたりしたので、たたりであろうとまた小さな松を植えたという。(石川県)(11)

〈事例四〉　黒椿象とは若狭・越前一帯に発生する稲の害虫で、小浜あたりでは善徳虫ともいう。むかし善徳という旅僧が行脚してきたところ、悪者がこの坊主を殺して所持金を奪った。その年この黒椿象が大発生して大きな被害があった。これはまさしく善徳の妄念のしわざだとて石碑をたて供養したという。(福井県)(12)

これらの伝説から共通して読みとれるのは、たたるもの（すなわちムラを訪れた異人）と、それをむかえた社会との間にある深い緊張対立関係である。ムラのうちにまぎれこんできた者たちが突然めぐりあった死について、社会は直接間接に責任を負わなければならない。ある場合には社会みずからが手をくだしたのであり、また直接に手をださなかったものの、追手に行方をおしえないという約束を破って死にいたらしめた。さらには、そうした行為がなかったにしても、死後の供養が十分になされていないという理由で死者たちは社会の責任を追及してくることさえある。ここで死はたんなる死一般ではなく、かといって不慮の死、非業の死という死を修飾する符号だけがうかびあがってくるのでもなく、社会によって殺されたという事件を介して死者と社会との間のなんらかの関係が物語られているとき、死者たちはしばしばたたりをなすのである。

しかしこうした死は、ひとり落武者・六十六部・旅僧・山伏などの異人たちだけによって担われているのではないことにも注意しよう。

〈事例五〉　弥右衛門という庄屋だった男が村の漆山全部を自分のものにしようとして、逆に村から追放されたとき、この村に天らいが絶えぬようにしてやるとのろい、のちにこの庄屋に反対した発起人はらい病で死んだ。たたりを恐れた村人は庄屋を神としてまつり、その姓の森田にちなみ、森田祇園と呼んで流行病の神として尊崇している。（大阪府）(13)

この事例ではいままでのものと反対に、異人は社会の外からやってきたのではなく、社会の内部から析出されている。つまり社会と異人との対立関係は社会の内部にパラレルに移行されているのであって、社会内部にそのような裂け目が潜在的にイメージされていることを予測させる。

そこで角度を少しかえて、「たたり」という言葉が今日の日常生活でどのように生きているかを簡単に考えておこう。身のまわりになにか災いがおきたとき、そしてその納得いく説明がどうしてもみつからないとき、人はよく「罰があたった」とか「たたりだ」と表現することがある。この場合何の罰か、何がたたったのかを深く詮索する必要はあまりない。ともかくも災いは「何か」のたたりであることが説明されればよいのであるが、このとき同時に――意識的にせよ、なかば以上は無意識的にせよ――自分の側の行為が結果としてはねかえってきているというニュアンスを読みとることはできないだろうか。

こうした認識のパターンを社会におけるたたり伝承のなかに置き換えてみるならば、たたりの現象とは社会自体にもその責任があるということ、少なくとも社会自体の行為が災厄となって自分自身にふりかかっているという論理になるだろう。先に潜在的な社会内部の裂け目のイメージと表現したのは、このようなたたりへの内在的な契機をさしているのであって、憑きものなどの場合のように社会的な対立葛藤の潜在を想定してしまうのはむしろ正確でない。怨霊はたたりをあらわすことにより社会から排除されてしまうのではなく、反対にしばしば流行神として社会のなかに確固たる地位を占めてしまうことのほうが、より一般的にありうるケースなのである。

したがってまたたとえば、金品を奪うために旅の六部を殺し、そのためにたたりが生じたというたぐいの伝説の類型は、ある意味でもっとも合理的な展開とも位置づけられそうである。その点を考えるためにはもう一つ欠かせぬ視点として、死者たちが死にいたった理由に踏み込んでみることも必要だろう。というのは多くの場合、少なくとも表面上は異人たちも自分自身の死に相応の責任をもたなければならないようにみえるからである。

〈事例六〉　水本（壺井家屋号）先祖市左衛門と申す人あり。この人八月、氏神御祭礼の節山伏と口論におよび、ついには右山伏に殺害せられ候。右の山伏何国と申こと相わからず、それにつき敵打ちと申して、坂手村中のもの相集まり右山伏を石にて打ち殺す。その山伏の恨みかや、坂手村に祟りをうけ、色々変事ござ候にて難儀におよび、荒神の東に神とまつり、今に石の社これ有る由申し伝え候也。――『壺井家先祖聞書』。（香川県）[14]

〈事例七〉　阿久比というところに六部塚がある。むかし当地の庄屋のところに六部がやってきて無礼をはたらいたので、隣村椋岡の者とともに六部をとらえ、首だけだして生き埋めにしてしまった。六部は残念がって椋岡の人をうらみ、「椋岡の戸数は将来永久に一一五戸以上にはふやさないぞ」とのろって息たえた。（愛知県）[15]

〈事例八〉　むかし吉野作の村で乞食に洗濯ものを盗まれたことがあった。そこで村人はこの乞食をとらえ、ついに殺して馬捨て場に埋めてしまった。のちこの霊がたたりをしたので、僧をたのんで供養してもらい、また九月の幣束祭には毎年幣をあげて祭をいとなんだところ、それからはたたらなくなったという。（福島県）[16]

さて、これらの事例を踏まえたうえで、もう一つの問題を提起してみることにしよう。そこに奇妙なパラドクスがみえてくるはずである。

(3)　社会があらかじめたたりの原因を予測したり災厄をさけるのは可能だろうか。

けれどもそれはこれまでの議論と事例、そして次のもう一つの事例などに照らしてみれば、明らかに不可能である。

〈事例九〉　信州・遠州の国境付近、遠山谷一円にはどこの神社にも「八社の神」がまつられている。これは往時の領主遠山土佐守とその一族の霊をまつったものである。土佐守は年貢の取立がきわめて厳しく、たまりかねた農民たちは一揆にたちあがって彼らをことごとく打ち殺してしまった。そのうちにたたりがあると評判になり、八人の怨霊を神にまつったのがそれである。（長野県）(17)

なぜならばたたりは社会がなした行為によって引き起こされたのであり、しかも多くの場合、その行為は社会にとって正当な行為、それなくしては社会が危機に陥ってしまうような防衛的な行為だったからである。人々が、攻撃をしかけてきた山伏や六部、領主の一族を排除しなければ、たたりの表出をまつまでもなく、その社会は崩壊してしまったにちがいない。だがその行為が次の危機をまねきよせてしまうのである。人間たちはいやおうなしのパラドクスのなかにいる。さらに、もし人々が異人たちにたいして周到にたたりの芽をつみとったとしても、次には地下に隠された骸骨が、供養が十分でないという。つまり怨霊は圧倒的に有利な場所から社会にむけて不断の攻撃をしかけてくるのだ。先の「裂け目」とは、実はこうした社会にとって不可避の契機にほかならないのであり、外部からやってくる異人たちは不可避の「裂け目」を、みずからの死をとおしてあらわにしていくのである。

四　結　語

歴史書『愚管抄』のなかで崇徳院をめぐる一連のできごとを克明に記述した同時代人慈円は、歴史を動かしていくモメントおよびその担い手たる、たたりや怨霊といった現象に多大な関心をよせたといわれている。彼にとってのこうした超経験的現象は多分、今日に生きる私たちが考えるそれとはかなり異なったものであったろう。今日のたたりとか怨霊は、たかだか現世における合理的な説明がなりたちがたい場面で採用されるもう一つの、いわば現世を棚上げにしたうえでの説明にすぎない。いいかえればこの種の説明はあくまで裏側の領域でのみ可能なのであり、いずれは現世的・合理的説明によってとってかわられなければならない留保をはじめからおわされている。いっぽう慈円にとってのたたり・怨霊とはむしろ歴史を貫きとおしている原理、現世にまで侵入し支配する、いわば表裏一体となった世界の一部であったにちがいない。生活世界のこのような表裏の構造は民俗社会においても、さまざまな異人怨霊譚をもとに三節で検討したように、この伝承がむしろ表側で人間たちが生きている世界を裏側から切り離すことは不可能なのだという断念をメッセージしていると解釈できるのならば、慈円がイメージしていたのとかなりのところで共通しそうである。

たたりとはだから、怨霊たちにとってみれば彼らの個を社会と対等な地点にひきあげてくるための宗教装置であると同時に、（私たちにとっての）裏側の世界を表の世界からもみえるものにするための仕掛けにほかならない。そこにたたり神が存在する社会的根拠がある。国家レベルでしばしば怨霊が政治的不満の陰喩として民衆運動のシンボルにかつがれたり、反対に政治的不満を吸収する作用を政権によって果たさせられてしまうのも、民俗レベルで恐るべきたたり神があっというまに招福祈願の流行神に変身してしまうのも、いかにたたりという霊威の発動をとおして怨霊に期待するところが大きかったかを雄弁に語っているのである。

注

（1）　折口信夫「『ほ』・『うら』から『ほがひ』へ」（『折口信夫全集16・民俗学篇2』）。

（2）主な業績としては、水原一「崇徳院説話の考察」（『平家物語の形成』一九七一年）、矢代和夫「古代最後の天皇御霊」（『境の神々の物語』一九七二年）、原水民樹「崇徳院の復権」（『国学院雑誌』八七―八、一九八六年）などがあげられる。
（3）前掲注(2)原水民樹。
（4）堀一郎『我が国民間信仰史の研究（宗教史編）』一九五三年。
（5）大野功「平安時代の怨霊思想」（『日本歴史』一一四、一九五七年）。
（6）前掲注(2)原水民樹。
（7）引用は『保元物語　平治物語』（日本古典文学大系）所収の金刀比羅宮本による。
（8）五味文彦は院政を天皇の家の問題として捉えなおそうとする。「院政―人間・天皇からの帰結」（『週刊朝日百科日本の歴史』六五、一九八七年）。
（9）岩崎清美「伊那地方に於ける御霊の社」（『旅と伝説』八―三、一九三五年）。
（10）『山村生活の研究』。
（11）中村浩「能登灘五郷地方採訪（一）―主として鹿島郡南北大呑村」（『民俗学』一―六、一九二九年）。
（12）斎藤槻堂編『若越民俗語彙』一九六〇年。
（13）『山村生活の研究』。
（14）川野正雄『小豆島今昔』一九七〇年。
（15）愛知県教育会『愛知県伝説集』。
（16）高木誠一『磐城北神谷の話』（『常民文化研究』七五、一九五五年）。
（17）前掲注(9)岩崎清美。なおこの伝説は、今日も遠山谷一円に伝承される霜月祭（遠山祭）の由来としてもよく知られている。

補論　民間信仰論から民俗宗教論へ

――仏教民俗論の前提として――

一　はじめに

近年、「民間信仰」なる語にかわって、もっぱら「民俗宗教」という表現がとられるようになってきた。[1]これはただたんに使用する用語の変化にとどまらず、実は民俗学が対象としていた、もしくは対象としうる信仰（宗教）現象なるものにたいする認識の枠組みそのものが大きくゆらいできた結果だと考えなければならない。小稿はこの間の変化がなにに基づいておこり、また宗教研究になにをもたらしつつあるのか、そしてさらに民俗宗教論が捉えようとしている宗教世界とはどのようなものなのかといった問題を、もう少し広い民俗学の動向を視野に入れつつ整理してみようとするものである。

二 民間信仰論の意義

かつて民間信仰論は日本の民俗学諸領域のなかでもっとも豊かな沃野とみなされてきた。もちろん今でもなおそうした状況に大きな変化が認められるわけではない。ただここで、「かつて」とわざわざ時期をかぎったのは、たんに民間信仰論という領域の研究に大多数の人々がたずさわって実にさまざまな事実を掘り起こし、日本の民俗文化論に幾つもの理論と視点とを提供しえたというにとどまらない、もう少し先の意義があったと思うからである。

すなわち日本民俗学にとって民間信仰論とは、民俗学諸分野のさまざまな理論や説明の体系が最終的に到達すべき、いわば究極の理論であった。たとえば昔話の研究において、あるいは人名や地名の分析において、個々のモティーフや名称の背後に信仰的なるもの、とりわけ「固有信仰」と名づけられた宗教観念の影を広範に認めようとし、しかもそうした説明が与えられてこそはじめて一つの理論として完成されたと——理論上明示されるわけではないけれども——納得する傾向など(2)に、その特異な性格はよくあらわれている。ここで一般論としてそうした方法論の正当性を云云することはほとんど意味がないだろう。なぜならそのような見方に立つことによってはじめて見えてくるというものもいっぽうには確かにあるのだろうから。実際たとえば、きわめて限られた広がりしかもたないかにみえた切腹という習俗に関する千葉徳爾の仕事が、私たちのまえにどんな世界を開示してくれたかを思い出してみよう(3)。まして今は過去に示されたさまざまの民間信仰に帰着していく議論の一つ一つをあげつらって、その当否を検討してみようというのではない。ようするに極論が許されるならば、民間信仰のさまざまなあらわれかたとして民俗学上の諸領域があった、といっていいすぎでないほどの思いが幸か不幸か民間信仰論には込められていた。「究極の理論」という少少奇妙ないいまわしは右のような事態のことをいっている。そしてこのような理論パラダイムが理解していた（民俗）社会とは、少なくともその理論が理解するかぎりにおいて、いわば民間信仰により「聖化」されている社会、生活上のあらゆる領域に民間信仰が浸透し、影響力をおよぼしうる社会であったと、いささかの比喩を含意させながら規定することもできよう。

それではいっぽう民俗宗教論の登場がもたらしたものはなんだったのだろう。この概念の内容は論者によって多少のニュアンスはあるものの、民間信仰論が従来民間信仰の対極においてきたいわゆる成立宗教、つまり固有の宗教イデオロギーに支えられた創唱的宗教と、土地に根生いの民間信仰との相互交渉の様相のなかに捉えようとする点ではおおむね一致しているといってよい。文化や社会の根がここに帰着していくだけの規定力を、だから「民俗宗教」はもうもっていない。多かれ少なかれ「民俗宗教」は半根なし草なのだ。すなわち端的に要約すればこれまでの民間信仰論のありかたと対照的に、民俗宗教論とはある種の宗教（信仰）現象を民俗のなかの、そして宗教一般のなかの一つの領域として限定的に捉えようとする視角であったとでもいえる側面をもっているのではないか。先の比喩の延長上でこのことを表現するなら、脱民間信仰化、つまり民俗学理論の、したがってこれまたその理論が捉えたかぎりにおいての民俗社会の「世俗化」(4)であったということになろう。

三 「共同体」からの離陸――ムラの消滅とともに――

前節のように総括するならば、確かに民俗宗教論の登場にともなう民俗社会の「世俗化」云々は、実在のレベルでの議論というよりも、民俗学における宗教研究の関心の対象があるものからほかのものへと移っていった結果としてのみかけ上の現象、いってみれば言葉のたんなるアヤにすぎないかのようである。しかしまたいっぽうで次のように考えることはできないだろうか。

つまり現代とは、社会の最深部でその社会の仕組や人々のもろもろの行動を支配していたある種の観念の集合――それを民間信仰の名で呼ぶことにしよう――そのものが全面的な解体をはじめ、かつて誇っていた圧倒的な影響力を喪失しつつある時代なのだと。そうした社会自体の大掛りな変動のただなかで民俗学という一つの経験科学の領域においても「民間信仰」の枠組みの有効性に疑問の念がなげかけられ、新たに「民俗宗教」なる概念枠組みが生み出されるにいたったのではなかったか。(5) 少なくとも内容にはまったく手をつけず、ただ言葉のおきかえだけで右の移行がもたらされたのではないはずだ。いかにいつも遅々とした歩みしかみせないかのようでも、民俗学的認識もまた時代の一つの産物として揺れ動くのである。

ではこの観点からの議論をすすめてみることにしよう。さしあたって鍵となる概念は二つ、「民俗的基盤」と「地域社会（もしくは共同体）」である。

たとえば「民俗宗教」論の主唱者の一人である桜井徳太郎も、その初期にはしかしながら伊勢参宮の風習をとりあげるなかで、その「民俗的」性格を次のように論じるのである。

このように見てくると、民間に広く伊勢参宮が流行した契機は、近世初頭から盛んになったお蔭参りの風潮に求めることができるけれども、その源流をさらに遡ってみると、在来から行なわれていた山岳登拝や社寺巡拝の信仰習俗がその母胎であり基盤となっていたことがわかる。抜参りの民俗は、一見、奇異という印象を与えるために、一般にはお蔭参りの派生的形態だと思われている。しかし実際はそうでなくて、日本民族の成年式の秘儀として、古くから伝承されてきた習俗をもとに、そこから発生したものである。それが社寺巡拝の習俗に採用されていたことから、たまたま抬頭してきた伊勢参宮の風と結合してきたのである。したがって伊勢信仰としてそれが全国的信仰圏に拡大発展することができたのも、このように民間に伝承されてきた在来の民族信仰をその基盤として採用摂取してきたからに外ならないと思うのである。

以上の一節は論文「抜参りの源流——民間における伊勢信仰成立の一面——」(6)の最後の部分である。ここで要約されたように桜井は伊勢神宮への参詣習俗をめぐって、民間の伊勢参宮—お蔭参り—抜参り—山岳登拝・社寺巡拝—成年式、という論理的な連鎖を想定した。そして桜井は伊勢参宮の代表的な様式として、いまあげた「お蔭参り」「抜参り」とならんで「代参」を数えているのだけれども、この鎖の一方の端におかれた「民間の伊勢参宮」については、たんに代参講を母胎とする民間習俗としての参宮にとどまらず、右論文の冒頭でとくに言及されたように、地方神職家を把握した吉田神道の隆盛や、外宮神職家たちの宣伝普及活動や御師職たちの宣布運動などによって成長してきた側面を見落してはならない。つまりこの連鎖の一方の端には、ある一定の宗教イデオロギー——従来の民間信仰論が常にその反対の極においてきた、いわゆる成立宗教や創唱的宗教のそれほどに明示的でないとはいえ——によって領導されながら成立してきた一つの宗教集団の存在とその聖地への参詣行動があり、他方の端には共同体を共同体たるままに次の世代へおくりだしていくための成年式という習俗が対置させられるのである。

また先の連鎖と平行して若者入りの、ことに信仰行事に着目した成立段階に関して次のような鎖も想定される。

①人間の生活領域がさほど拡大されておらず、若者入りの際の宗教的対象も山の神、田の神、あるいは産土神のような在地の神々にかぎられている。社寺参詣の行動をともなわない段階。

②特定信仰の伝道者が布教宣伝に入り込むなどして地域社会外の信仰対象に眼をむける機運が生じ、地方地方の霊山が若者の参詣の場となる段階。

③若者たちの参詣につかやされる時間が一〇日とかそれ以上に長くなり、その対象地もまた七岳めぐりや三山詣で、あるいは札所めぐりや伊勢参宮などへと拡大されていく段階。

桜井の論理がこの第一と第二の連鎖を（もっともどちらか一方を逆の順序に再配列しなければならない）重ねあわすことで完成するものであるのはいうまでもない。

つまりもうすこし一般的な文脈で表現するならば、ある宗教的な行為が創唱的教理に裏づけられ、またいかに地域社会のスケールをはるかにこえる規模をもったとしても、それだけでは習俗として地域社会や共同体に定着することはできない。地域社会のなかに前者の受け皿となるべき習俗なり民間信仰なりが存在するかどうかがその分れ目となるのである。いいかえれば、成立宗教が宗教習俗としてある社会に根をおろしているとき、地域社会のさらに奥底には、それが相似形に投影されうる構造が必ず存在するはずだというのが、民俗学による文化理解の基本的な枠組みであったといえるのではなかろうか。

そしてこのことは同時に、民間伝承というときの「民間」という言葉が、捉えどころのないままに庶民だとか民衆だとかに直ちにおきかえられてしまうのではけっしてなく、地域社会とか共同体などと呼ばれてきた第一義的な社会集団と切り離すことのできない概念であるということ、いいかえれば「民俗的基盤」なるものは「地域社会」や「共同体」のなかにこそ存在する、という理論的前提をも意味しているのである。

右のような見取図について、桜井は別のところではもう少し率直に表現する。(7) ここではその言葉を引いておくだけにとどめよう。

こんにちではまったく真言宗の独占場となり、真言寺院の一手販売の観すら呈する本行事（引用者注―淡路島の「回り弁天」祭をさす）も、その内容を子細に検討してゆくと、初めから仏教行事として出発したものではなく、地域社会に発生した在来の民俗行事が中途で仏教信仰と習合し、ついで換骨奪胎して寺院中心の儀礼と化した、そうした事情があきらかになる。

のであると。

以上、桜井徳太郎の所論を例にとりながら、ある求心的な構造をもつ地域社会のうえにこそ民間信仰という文化要素が存在しうるとする、従来の民間信仰論の基本的なパラダイムについて論じてきた。

さて、このようなパラダイムは果たして今日どこまで有効なのだろうか。

と問うてみるならば、冒頭に述べた「民俗宗教」という用語への移行こそが実はその一つの回答にほかならない。そしてその変化をもたらした主な要因として二つのことが考えられる。すなわちその第一は、民間信仰＝固有信仰とまでみなしてはばからない民間信仰絶対視がつきあたった論理的限界であり、もう一つは外的要因たる地域社会そのものの衰退もしくは崩壊である。

実のところ固有信仰論がもっと早い時期に破綻をきたしてしまっていたのは確かなことであった。(8) ただ多くの人々が柳田の遺産に固執していただけのことなのである。その意味で、「固有信仰」概念の放棄を表明した桜井徳太郎の

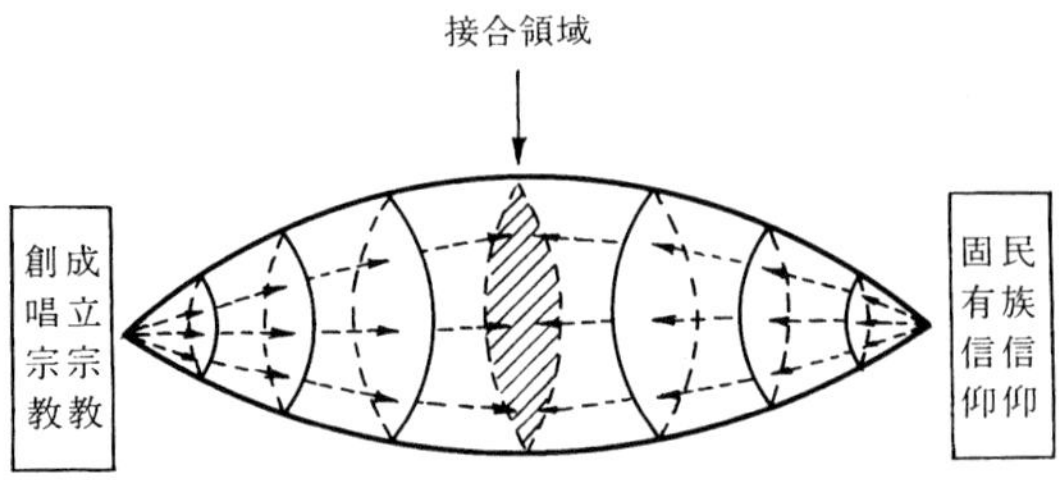

図　桜井徳太郎の概念図式

第6表　出生の場所別にみる年次別出生数，出生率

年次	出生総数	施設内分娩		自宅・その他での分娩	
	人	人	%	人	%
1947	2,678,792	64,180	2.4	2,614,612	97.6
1950	2,337,507	106,826	4.6	2,230,681	95.4
1955	1,730,692	305,127	17.6	1,425,565	82.4
1960	1,606,041	804,557	50.1	801,484	49.9
1965	1,823,697	1,531,812	84.0	291,885	16.0
1970	1,934,237	1,858,738	96.1	75,501	3.9
1975	1,901,440	1,879,404	98.8	22,036	1.2
1980	1,576,889	1,569,643	99.5	7,246	0.5

第7表　死亡の場所別にみる年次別死亡数，死亡率

年次	死亡総数	施設内死亡		自宅・その他での死亡	
	人	人	%	人	%
1947	1,138,238	104,860	9.2	1,033,378	90.8
1950	904,876	100,518	11.1	804,358	88.9
1955	693,523	107,139	15.4	586,384	84.6
1960	706,599	155,038	21.9	551,561	78.1
1965	700,438	200,342	28.6	500,096	71.4
1970	712,962	267,292	37.5	445,670	62.5
1975	702,275	328,101	46.7	374,174	53.3
1980	722,801	411,970	57.0	310,831	43.0
1981	720,262	430,537	59.8	289,725	40.2
1982	711,883	445,746	62.6	266,137	37.4

次の文章はきわめて深刻な〝事件〟でさえあったといわなければならない。(9)

柳田国男が生涯にわたって追跡した日本民族の「固有信仰」、それは柳田民俗学が辿りつく最終の目標点を示すものであった。けれども、結局は、永久に把握することのできない抽象概念であり、実体の伴なわないユートピアに類するものであった。（中略）それは「真理」などと同様に、永遠に具体化されることはないとみてよい。仮りに論理的推理によって結論づけられたとしても、実体ではなくて幻想に過ぎない。

ちなみに、この文章に先だつある論文のなかで、彼は一方の極に成立宗教・創唱宗教を、他方の端に民族信仰・固有信仰をおき、両側から地域社会における現実の生活面にむかって次第にふくれあがっていき、やがて接合するという図式を提示していた(10)。この接合領域において、成立宗教の側からみれば土着化が行われ、民族宗教・固有信仰からは多くの要素がここに枝をのばしている。そしてこの地点こそが民間信仰の実際に機能する範囲、もっとも活発な作用を示しているところであり、民間信仰論はこの接合領域をこそ対象にしなければならない、というのである。

右の見解はそれまでの民間信仰論に比べてより現実に即す豊かな内容をもつものではあったが、概念の範疇に先の引用でみずから指摘したごとき不整合をともなってもいたために、ある程度の批判はやむをえなかった。彼の転回はそうした反省点を踏まえてのうえだったと理解できよう。ともあれここで踏み出した一歩に比べれば、次の「民俗宗教」概念の提唱まではほんのひとまたぎにすぎなかったはずである。

しかし論理的な経緯にはそれなりに理解がおよんだとしても、もう少し一般的な文脈のもとで考えてみれば、この桜井をはじめとする大掛りな転回は、先に指摘したような今日の日本社会の構造的な変動と関連づけて理解されるべきだろう。

そのための一つの例として、現代日本人の出生と死亡の場所の変化に関する数字をあげてみる（第6・7表）(11)。一瞥して了解されるように、出生・死亡の場所がともに家庭からそれ以外の施設――その大部分は病院と考えてよいだろう――へと急激かつ大量に移動しているという事実が認められる。この地すべり的大変動の背景をなしているのはいうまでもなくあの高度経済成長の時代である。そしてこの種の変化は民俗学ばかりでなく、人文社会諸科学のフィールドワークにたずさわっている者ならばだれでも肌身で知っている事実にちがいない。それゆえ、ここであげた事実と生活習俗との相関を具体的に追跡した調査は残念ながら管見にはいったことはないが、いくつかの想定は可能であろう。目下の課題との関連でいうならば、イエもしくは家族というもっとも基礎的な社会集団の、習俗からの後退である。というのは、その時代のなかにあらわれた医療保健制度の相対的充実、医学の発達といった領域での変化に加えて、かつて誕生や死亡の主たる場であった家庭の側での変化、具体的にいえば、構造的には一組の夫婦とその子供のみからなるいわゆる夫婦（核）家族化を基本に、少人数化、共働き夫婦の増加、職住分離の一般化と遠距離化、平均年齢の伸長など一般的には都市化にともなってあらわれる諸現象、あるいは農山村部ならば過疎化の結果としての家族の老人世帯化、などなどをその要因としてあげうるからである。これらの変化がいずれも家族を基盤とする習俗に大きな影響をおよぼすだろうことは改めて指摘するまでもない。

しかしおそらく問題はそうした社会的な水準にはとどまらないはずだ。なによりも強調しなければならないのは、ある意味で現代の家族がもう、人間たちの生や死を受け止めきれなくなってしまったという現実をも、この数字は示しているにちがいないということである。人々が家族にたいしてそうした役割をもはや期待せず、また期待されたところですでに述べたように家族はそれだけの力をもっているわけでもない。いいかえれば人々のなかに中産階級意識を植えつけることによって急速な経済成長を実現した社会は、その社会にみあった家族・家庭、さらには人間の死生観や生命観そのものまでも同時につくりだしてしまったのであった。この現実はしたがって生と死の場であるイエや家族、そしてそのイエ・家族を舞台に展開していたさまざまな習俗、という風景の全体が大きな見直しをせまられたということをも意味している。

そしてこうした変化はなにもイエ・家族という場にだけおこったわけではない。一九六〇年代以降、日本の都市はより膨大なものになり、ときには人間のコントロール可能な規模をはるかにこえた怪物へとふくれあがってしまったし、その都市化の波は当然のことながらムラにもおよんでいき、民俗や民間信仰にはかりしれない影響を与えた。しかもその波が過疎という姿でおそいかかった場合には、民俗の〝変化〟などというなまやさしい様相などではなく、それこそ民俗が根こそぎにされてしまうのであった。

もちろん民間信仰論の理論自体と民間信仰という現象そのものが今日さらされている状況との間に論理的なつながりが表向きあるわけではない。だから形式的に考えると、都市化以前の社会を対象にした研究ならばこれまでのパラダイムは依然として有効なはずであった。しかしたとえば今日の都市民俗論（学）が、有体にいって、ムラが消滅する、日本の社会から民俗がなくなってしまうという危機感の申し子にほかならなかったのと同じように、民間信仰論の内容もまた大きくかわっていかざるをえなかったのである。

四　ヒジリへの関心

右に論じたような経過をとおして民俗宗教論提唱の条件が整ってくるなかで、顕著になってきた一つの傾向があった。それは小文の冒頭で述べたように、宗教現象を、一方は根生いの生活習俗や宗教的儀礼群と、他方は特定の世界観・価値観にみちびかれた聖なる意味の集合との間の相互交渉――たんに親和的な関係ばかりでなく、変容・孤立・排除といった葛藤的関係をも含んだ――の産物として理解しようとする視点である。その際、共同体のなかの宗教から出発してきた民俗学は、「聖なる意味」の供給者もしくは管理者として、宗教結社よりも専業または半専業の、ときとしてヒジリとも呼ばれる宗教者たちに強い関心をいだいた。

このヒジリへの関心が民俗宗教論に許されたただ一つの道筋であったわけではもちろんないし、それゆえに問題となる点を含まなかったわけでもないのだが、おそらく正しい選択の一つではあっただろう。というのは、宗教現象をほかの社会的・文化的関係におきかえてしまうことなく、また宗教結社自身の主観的な言葉と論理でそれを語ってしまいもせずに、その世界を正確に描き出すためには、布教者であるヒジリと信者たちとが直接に相対する信仰の現場にまずは立ってみなければならないはずなのだから。実際に民俗学が果たしえたかどうかはともかくとして、客観的な関係を媒介に宗教を理解しようとするにあたってヒジリへの視点は不可欠であった。(12)

ここでヒジリとは、教団の側からみれば、布教の最前線における当事者であるにもかかわらず、しばしば異端的教説の発生源でもあったために、けっして好ましくも扱いやすい存在でもなかった。けれどもいつでも歴史の周縁におしやられ続けていたというわけでもない。

たとえば今日一般に鎌倉新仏教と呼ばれる中世前期のさまざまな新宗教運動にしても、ヒジリ（聖）の活動を除外して正確な理解はおそらく不可能なはずである。一般にこの運動は古代末期の不安定な世相を背景に、終末観や浄土観が帰結するところの一種の思想運動として捉えられるのが常であった。したがってその関心はまず浄土宗・浄土真宗の二派、および日蓮宗の庶民救済思想に集まり、ついでやや異なった角度から禅思想の純粋性がとりあげられ、また戒律復興という側面から南都旧仏教の一宗派たる律宗へとむかっていく、というのが一般的であったといえる。しかし一方で浄土・法華の二つの思想運動にしてみても、古代末期から活発化してきた念仏聖や持経者の活動をその前史として考えなければならないはずであろうし、(13)禅宗・律宗の僧侶にしてみても同様に中世以前の仏教界における行者的性格に注目する必要がある。実際、禅宗や律宗に宗派化された寺院のなかの僧とは別に、禅律僧は一般の大規模な中世寺院機構のなかでは禅衆・律衆として学侶的な僧侶の下におかれ、行者的な性格を依然として持ち続けたのであった。(14)だから近畿地方における中世民衆の葬送習俗の実態では、浄土系の念仏聖もさることながら、律僧の役割を見落すことは許されないほどの存在ともなっていた。[15] また中世後期にはいって禅宗がいちはやく、その形而上的完成度とはおよそかけはなれた葬送という分野に進出していく背景にも、彼らの古代以来の聖的出自があるのかもしれない。ようするにおしなべて、いわゆる鎌倉新仏教は――律宗も含めて――ヒジリもしくは行者的仏教の中世的独立という色彩をきわめて濃厚に呈していたのであった。[16]

だからヒジリとはたんに教団組織の最末端にある聖職者にすぎないのではなく、比較的つよい自立性をもって信者（受容者）の前にたつと同時に、まさしくその故に信者たちの要求や価値観・世界観をみずからのうちにフィードバックしていくための内部機構をもつ存在でもあったから、そこに独特の宗教世界が生まれることになるのであった。それを異端と呼ぶのはひとえに教団側の論理にすぎない。

しかしながらヒジリたちの活動が、いつでもその時代の宗教思潮を主導するほどまでに力強いものになりえたわけでないのはもちろんである。その時代の社会体制に適合的かつ安定的に機能していた宗教システムのバランスがくずれるなど、なんらかの外的条件はやはり必要であった。そうした条件としてまず指を折らなければならないのは、時代の転換とでもいったもっとも根底的、かつ急激な変動であろう。こうしたいわば危機的なときにあたって、既成の肥大化した組織がほとんど無力なのはいまさら言をついやして論じることもない。先の鎌倉新仏教の成立とはまさにそのようなときであったし、また近世幕藩体制下での宗教制度の一つの柱であった檀家制とは、中世後期の農村において仏堂を拠点にして真に庶民仏教と呼びうる宗教状況をつくりだしたヒジリたちの教化体制を制度的に追認したという側面をもつことをも想起しておいてよいだろう。さらにしばしば脚光をあびるのは十九世紀のいわゆる幕末維新期である。この時代には金光教・天理教・丸山教・黒住教といった諸結社がそうした民間の宗教家のもとにつどうかたちで成立し、のちにこれらは教団と呼ばれるにふさわしい規模と教理とをそなえるにいたった。これらの教団の基盤はどちらかといえば農村にあったといってよいが、かの時代に農村が経験した状況を考えるならば、これらの諸宗教が伝統的な農村的価値観の延長上に成立したとみなすのはけっして当をえた見方ではあるまい。

そう考えてみるときもう一つ考慮しなければならない条件とは、前節ですでにいいおよんだ都市化もしくは都市的文化の共同体への浸透という問題である。というのは、かつて共同体のなかにつつみこまれ、その共有する世界観のもとで民間信仰をつくりあげていた人々は、都市的文化やそれにともなう共同体の解体という状況においてはもはやきれぎれの個人の集積でしかなく、したがってヒジリと信者という直接的な関係のなかでしか宗教的諸観念をつくりだせないだろうからである。

大阪東郊の生駒山地はその意味でまことに現代的な宗教空間だといわなければならない。大阪・京都・奈良の三府県にまたがるこの山塊には古くから実にさまざまな宗教者たちがわけいり、今日もなお三都市を中心に近畿地方の住民をマーケットとする一大宗教センターをなしていることでしられるが、近年、宗教社会学の会が大掛りな調査を試みた。[17] そしてこの調査で彼らがもっとも関心をよせたのは、著名な寺院神社もさることながら、むしろきわめて小さな宗教結社とその核となった各種霊能者たちであった。生駒の山なみには有名な生駒聖天（宝山寺）、毘沙門天信仰の朝護孫子寺、腫れもの治癒祈願の石切神社をはじめ、観音・不動・妙見・大黒・稲荷といった表面上は比較的伝統色のこい諸神諸仏の霊験をもって信者にアピールしようとする大小の寺社教会がそれこそ軒を連ねているのだが、いっぽう幾つもの小さな谷川にそって数知れぬほどの滝行場や民間医療の道場、シャーマニックな祈禱師・呪術師たち、さらにはいわゆる朝鮮寺などなどが生成消滅をくりかえしているという。

さて本研究会がまとめるところによれば、信者たちのありかたについては大寺社の場合と零細な宗教結社のそれとではかなり異なった様相のもとにおかれているようである。前者においても、農山村を基盤とする信仰ならば地域をこえた大寺社はまず講組織を整備し、定期的に配札を行ったり参詣に誘致したりするのが標準的な方法となるのだが、近畿地方の都市住民を対象とする生駒山地の場合は不特定の参詣者が大部分を占めることになる。したがってここでは講集団の発達はきわめて未成熟であり、むしろ時代表象としてなかば確立されているご利益の評判をいかに効率的にシステム化するかということのほうがより枢要な課題たらざるをえないことになる。宿坊の経営なども その一つで、重要な収入源でありながら布教行為と直ちに結びつくわけではない。この点は四国霊場における札所のありかたと非常に近似しているといえる。四国霊場もまた四国遍路という集合表象化された信仰行為に依存する面が大きく、またその宿坊が札所寺院の経営にとっては重要な要素であることも同様である。これはこれで現代の宗教の一つの典型的なありかたといえる。

いっぽう、谷あいに点在する零細な宗教施設に不特定の信者が訪れることはまずない。こちらでは行者個人の霊能と人格とカリスマ性にひかれる信者たちがつてをたどりながら集まってくる。山内の各所にかよって行をおさめる人人のなかで、なんらかの霊感をえたり通常の能力をこえたなにかを発揮する者を中心に形成されてきたこのような小結社は、ときには講組織をつくり、さらにもっと大きな集団へと発展していくこともないではない。しかし多くの場合、行者対信者という一対一のパーソナルな関係を軸として広範囲の信者層がひきつけられてくる。そしてここに集まった信者たちのなかからまた次の結社への核が芽ばえていくことも稀ではないだろう。石切神社の場合、全体のなかでは少数派ながら講元の個人的なつきあいを基盤に結成された百余りの小規模な講があるのだが、そのうちには「拝み屋」と呼ばれるような女性講元たちが少なくない。彼女らはその通称にふさわしく講元としての活動のいっぽうで、石切・生駒聖天・高野山・伏見稲荷などの教師資格をもち、自宅でシャーマン的な活動にもたずさわるのだという。ここにはいわば信仰組織の二重構造が見出せるのである。その際、天地教道会の項で述べられたことだが、既成教団の伝統的な教義の枠を逸脱する面を少なからずもっていることも信者をひきつける一つの要素となっているという点は、正統と異端、もしくは教理・教団の継承と創意の間の弁証法を考えるうえで重要な指摘だといわなければならない。

ともあれ本研究会はこのような民俗宗教と都市大衆を結びつける集団形式は、人々の日常のつきあいや対人関係のネットワークから、各種の霊能者を媒介にして形成されてきたギャザリングとでも呼ぶべきものだという。このような集団の特徴とはたとえば、不治の病↓特定神仏への祈願↓奇蹟的な治癒↓〈恩〉と〈報恩〉という形式での神仏への感謝↓たび重なるご利益↓他者への霊験の伝達↓結講、といった形成過程のなかに具体的かつ典型的にあらわれてくるといってよいものだろう。ここではヒジリと信者、つまり意味の与え手と受けとり手の間の一般的な関係が霊験の伝達という行動を介して微妙に未分化の状態におかれている。同様な霊験の伝達方式は四国遍路などの巡礼習俗にも広くみられる現象であるが、両者の間の流動性こそが一つの宗教的意味体系の推進力として有効に作用しているといえるだろうし、とりわけ都市にあってはきれぎれに孤立した個をたばねる重要な契機になっていると考えられるのである。(18)

五　結　語

かくして今日の都市はヒジリを媒介にして宗教と出会うのである。しかしその出会いは、かつて戦国末期〜近世初頭のヒジリたちが村への定着に成功したときのように安定したものにはついになりえていない。聖なる意味の管理機構としての教団、その意味の信者への供給に実際にたずさわるヒジリたち、そしていまもなお共同体を腐蝕させつつ膨脹とどまらない都市、という三者の関係はすでにみたようにどれをとりだしてもきわめて不安定である。したがってその不安定な三者の間をめぐる意味の体系もまた常に生成変化をやめることなく、不安定である。少なくとも現代の民俗宗教はかつての民間信仰がそうであったように、人々の生活の総体を秩序づけ意味づけてしまうような生の領域ではなくなってしまっている。

いっぽうヒジリによってみちびかれる都市の信仰の世界は、たとえば近年盛んな水子供養の風習のように、宗教者や寺社側の自作自演のにわか芝居にすぎないといわれてしまおうが、それぞれがあるかぎられた舞台のうえで役割ゲームを演じているといっても許されるような側面をかいまみせてくれる。そして民俗学は、これから先もなお従来のようにフィールドワークの科学としてあり続けようとするかぎり――たぶんそのとおりになるのだろうが――、右にみたような社会と宗教との関係のなかで仕事をすすめていくよりほかないのだ。

さらに言いおよんでおくならば、都市概念の一種の捉えなおしともいうべき、歴史的世界における最近の都市への関心のありようにも注意をむける必要がありそうに思える。というのは従来の「都市」とはたんに農村の延長にすぎず、またはたかだか農村が担っている生産力の調整機構にすぎなかった。それにたいして、まったく異質な社会的観念的空間としての都市が存在するに違いないという主張、すなわち都市をまさに都市としてあらしめる「らしさ」というものへの探求が、今日のいわゆる社会史の流れのなかにあるのだろう。そのとき現在だろうが過去であろうが、この社会のあちこちの場所でたえず、かつさまざまに生起し続けている意味と情念の生み出し手として、ヒジリは大きな役割を期待されることになるはずである。

注

(1) ただし、早い時期からこの語の使用に積極的な意義を求めようとしてきた一人である島薗進は、いっぽうで「習合(シンクレティズム)宗教」とも表現するようになり、やがてこの用語に全面的に移行していった。島薗によれば、近年、民俗宗教という語が土着宗教や民間信仰とほとんど同義につかわれる傾向が強まってきて、特別の意味を含ませることはかえって紛らわしくなるためだという(同「習合宗教」〔圭室文雄外編『民間信仰調査整理ハンドブック　上』一九八七年一〇月、雄山閣出版〕)。

(2) ここでは一例をあげるにとどめておく。一九七五年七月の「柳田国男生誕百年記念研究発表会」の第六分科会「昔話の伝承と伝播」の一般討論において、フロアから「民話とか昔話とか……の背後にはどういうことがあったのか、……昔話や民話というようなもので話さなければならんような社会情勢とか……が何かしらあるのではなかったろうか……。ただ昔話として聞き流しておっていいのだろうか……」という発言があった。この意見はこのときのパネリストの一人の野村純一が理解し、かつ、強く反発したように昔話の奥にあるなにか、具体的には古代日本人の信仰を、それをとおして明らかにすべきだという立場だと考えられる。なお桜井がこのあとに発言して、柳田にもこうした方向での意欲が一面きわめて強かったことを認めている(日本民俗学会編『日本民俗学の課題』一九七八年一〇月、弘文堂)。

(3) 千葉徳爾は、日本人の腹もしくは腹わたにたいする特異な感覚が切腹という風習の背後にあるといい、さらにそうした感覚をはぐくんできた前提には、稲作農耕生活にはいってもなお前代の焼畑農耕民の遺習として、生命の源泉である内臓をカミに供える動物供犠の風習の残存があったとした(『切腹の話』一九七二年八月、講談社)。

(4) この用語はいまや拡散しきってしまっていて、もう分析のための道具としての使命をおえてしまったといってよいかもしれない。また元来この概念は制度的宗教=教会と社会との関係の変化を解釈するためのものであり、それを民間信仰に適用するのがそもそも不適当だという批判もあるだろう。しかしいっぽう、ヤン・スィンゲドーはかつて現代における伝統的なシンボル体系の解体と新しい宗教意識の発生という現象を世俗化の文脈で捉えようとしたことがある(「世俗化―日本と西欧」〔柳川啓一編『現代社会と宗教』一九七八年九月、東洋哲学研究所〕)。この理解は民間信仰にもあてはまりうると考えたい。ただしその適用はいまのところはあくまで対象認識の方法のレベルにあるのであって、民俗学が民間信仰をめぐる環境の変化を世俗化の概念で理解しうるという認識に立っているわけでは必ずしもない。民俗学が捉えようとしているのは、おそらく今日でもほとんど、かつての民間信仰の残存なのである。

（5）井門富二夫は、世俗化とは社会秩序の源である宗教的宇宙観がイデー化したあと、社会的に機能分化する過程だと捉えようとする。すなわち世俗化された社会にあっては、人間世界の価値観は大多数のものが「読みとり方」をともにする、比較的に普遍的ではあるが、しかし相対的な価値の併列状態によって特徴づけられる。そのなかで少なくとも日常生活の行為のすべてを宗教がおおいつくす状況はなくなってしまった、という（「現代社会と宗教」〔井門富二夫編『講座宗教学3　秩序への挑戦』第一章、一九七八年二月、東京大学出版会〕）。のちにもう少し詳しく議論することだが、民間信仰が果たしてイデー化したのかどうかは別にしても、共同体の解体とともに民間信仰のような全宇宙的包括性をもった宗教概念がほとんど現実性をもちえなくなってしまったことは確かである。いっぽう民俗宗教はそれぞれ固有の理念の枠組みに強くしばられる分、いちじるしく機能的にはなりえても、日常生活の一部にとどまらざるをえないことになったであろう。

（6）神道宗教学会『神道宗教』一一、一九五六年三月、のちに『日本民間信仰論』一九五八年五月、雄山閣出版、に再録。

（7）桜井徳太郎「村落寺院の信仰的機能―仏教と民間信仰―」（『民間信仰』一九六六年一〇月、塙書房）。

（8）民俗学の目的は民族固有のエトノスを明らかにするところにあるという信念をめぐる理論的諸問題については、主に福田アジオによって追求されてきた（『日本民俗学方法序説』一九八四年一一月、弘文堂）。

（9）桜井徳太郎「民間信仰の機能的境位―創唱宗教と固有信仰の接点―」（同編『日本宗教の複合的構造』一九七八年七月、弘文堂、のち『日本民俗宗教論』一九八二年一一月、春秋社、に再録）。したがって本来ならばこの一文はもっと大きな反響をよばなければならないはずであったが、なぜか日本民俗学の大勢はこの部分をすどおりしてしまったようである。もっとも、伝承的信仰が宗教的実修者によってもたらされる新宗教と接触する際におこる緊張関係に注意をはらう必要があると述べた程度で、「固有」の枠をとりはらったあとにどんな宗教の姿がみえてくるのか、さほど考察が深められなかった点、桜井自身にも限界がなかったわけではない。それにしても『日本民間信仰論』なる書名からはじまった桜井の宗教研究が、およそ四半世紀ののち『日本民俗宗教論』にいたったとは、民俗学の歩みにとってなんと象徴的なできごとであったことか。

（10）桜井徳太郎「創唱宗教と民間信仰」（駒沢大学宗教学研究会編『宗教学論集』八、一九七七年一二月、のち『日本民俗宗教論』〔前掲注（9）〕に収録）。

（11）厚生省の人口動態統計により高度成長を考える会が作成したもの。高度成長を考える会編『誕生から死までの物語』（一九八五年二月、日本エディタースクール出版部）所収。

（12）ヒジリの社会的・宗教的意義に関して、くわしくは萩原龍夫・真野俊和編『仏教民俗学大系2　聖と民衆』（一九八六年一一月、名著出版）所収「総論」（真野執筆）で論じたことがある。

（13）井上光貞『日本古代の国家と仏教』（一九七一年一月、岩波書店）。

（14）たとえば東大寺において法華堂・中門堂に止住して禅学律学を学ぶ僧侶たちは禅衆・禅徒・律衆・律学衆・夏衆・堂衆などと呼ばれ、仏に花をそなえたり各種法会に勤仕するとともに入峰苦行も行った。中世寺院における同様の性格の僧侶集団としては、高野山では学侶にたいする行人、比叡山の学生にたいする東堂・西堂・横川の堂衆、興福寺で学侶にたいする東金堂・西金堂の堂衆などがよく知られている。彼らの寺内での地位や活動についてはなお不明なところも多いが、必ずしも一寺に専従していたのではなく、縦横に禅・律院間を移動しうる、いわば〝層〟としての存在であったとされる。平岡定海『日本寺院史の研究』（一九八一年七月、吉川弘文館）、ならびに永村真「東大寺大勧進職と『禅律僧』」（『南都仏教』四七、一九八一年一二月）等を参照のこと。

（15）葬送習俗の成立に果たした浄土系念仏聖の役割についてはいくつもの文献があるが、ここではその様相を概括した田中久夫の「鎮魂の聖―阿弥陀聖―」（萩原龍夫・真野俊和編『仏教民俗学大系2　聖と民衆』〔前掲注（12）〕）をあげておく。いっぽう律僧と葬送習俗のかかわりは近年になってようやく関心が寄せられるようになってきた比較的新しい領域である。細川涼一は中世唐招提寺系の律僧の一部が斎戒衆として律宗寺院内外の勧進と葬送にたずさわった状況を「中世唐招提寺の律僧と斎戒衆―中世律宗寺院における勧進・葬祭組織の成立―」（『ヒストリア』八九、一九八〇年一二月）、「中世大和における律宗寺院の復興―竹林寺・般若寺・喜光寺を中心に―」（『日本史研究』二二九、一九八一年九月）等で論じ、また元興寺文化財研究所編『中世葬送墓制の研究調査概報』（一九八四年三月）、同『中世葬送墓制の研究調査概報（昭和五十九年度）』（一九八五年三月）の二冊はともに大和平野の広域共同墓地である惣墓を中心にした中世墓地の研究であるが、ここでも律僧の関与がより具体的に明らかにされた。

（16）船岡誠は古代・中世の仏教の展開過程のなかに、学団の成立として八世紀の南都六宗の成立、山岳仏教（行的仏教）の公認として九世紀初頭の平安二宗の成立、さらに行的仏教の独立たる十三世紀の鎌倉新仏教の成立、という三つの画期を認めようとし、禅宗にたいしても従来のように中国からの伝法だけでなく平安時代からの伝統の継承という側面を重視しようとする（船岡誠「平安時代の禅僧—日本禅宗成立前史—」〔『駿台史学』六三、一九八五年一月〕）。

(17) 宗教社会学の会編『生駒の神々—現代都市の民俗宗教—』（一九八五年一〇月、創元社）、および『日本宗教の複合的構造と都市住民の宗教行動に関する実証的研究—生駒宗教調査』（一九八七年三月、科学研究費成果報告書）。

(18) 島薗進は前掲注(1)論文で、大正期以降都市化の進展とともに既存の習合宗教や新宗教の影響をうけた小規模な宗教結社的集団が都市を中心にたくさんあらわれてくると指摘する。なおこうしたヒジリを媒介とした宗教結社の成立と活動に関する具体的な事例研究としてはほかに、宮家準編『修験者と地域社会—新潟県南魚沼の修験道—』（一九八一年九月、名著出版）、吉田恵子「日蓮宗の祈禱師と祈禱講—千葉県中山法華経寺の場合—」（萩原龍夫・真野俊和編『仏教民俗学大系2　聖と民衆』〔前掲注(12)〕）などがある。

あとがき

あいかわらず旅をする宗教や巡礼にくいついている。前著『旅のなかの宗教』(日本放送出版協会)からもう一一年にもなるけれども、どれほどの進歩があったといえるのだろうか。その後、住まいも仕事も二度ずつ変り、今は学生に民俗学を教えている。以来七年間、これが民俗学だという確信をもてるようになったといっこうに思えないのだが、それなりにぼつぼつ考えてきたものがないわけでもない。「あとがき」の気楽さで、最後にそのあたりを少し語っておきたい。

学問とはレファランスのシステムだ、という意味のことを言ったのは、たしか梅棹忠夫氏だったと思う。それはそうだろう。自分が文章のなかで言おうとすること、そしてその拠り所となる事象のすべてを、自分だけで考えたり、調べたり、確認したりすることはとうてい不可能なのだから、アイデアや知識を貸し借りするしくみがなければ、一本の論文たりとも普通は書けるはずがない。本書だって例外ではないのだから、それが学問の専門性を支えるという意味でなら、私にも異存のあるはずはない。しかし問題は、専門化が往々にして一種の学問共同体ともいうべき閉ざされたシステムの形成に行き着いてしまうところにある。もちろん職業的な専門家たちがジャルゴン(専門用語)を駆使して緻密な議論を展開するうえで、それはある程度まで必要なことではあった。

けれども、みずからを閉ざすことによって成功してきたシステムは、閉ざした分だけ失ったものも小さくなかったのではないか。たとえば個々の学問共同体の自足性を保証する専門用語の体系が、精巧な寄せ木細工を作れば作るほど、その成果を日常言語と通底させる作業は反対に低い位置におとしめられる。この方向での仕事を俗書などとおぞましい名で呼ぶ感覚が、私の身のまわりにもないわけではない。しかしジャルゴンを駆使してこのうえなく精密に組み立てられた理論の整合的な美しさと、その理論が私たちの現実世界をどこまで広く、かつ正確に掬いあげているかどうかは、あくまで別の問題であろう。共同体の外に目を向けたこれらの仕事を切り捨てることによって、学問は自分自身がどこにいるのか見失ってしまう結果になった。

第二に学問共同体は、それ自体が寄り集まって一種の学問宇宙をつくりあげてしまう。通常アカデミズムと呼ばれるその宇宙は、世俗を睥睨してそびえたっている。いわば神々の国でもある。しかもそのなかの縄張秩序はそれなりに安定していて、容易に新入りの参入を許そうとはしない。とりわけ、トマス・クーン言うところの「科学革命」を体験することの少なかった人文・社会科学にはこの秩序意識が強烈である。しかし考えてみれば、十九世紀におおむねは成立していたこれらアカデミズム宇宙のなかの国境線が、いったい二十一世紀に向けてどれほどの有効性を発揮しえるというのだろうか。十九世紀の学問が、十九世紀の社会的現実を背景に成立したように、二十一世紀には、二十一世紀なりの現実を踏まえた学問世界が必要になるはずであろう。前世紀の遺物で立ち向かうには、現代社会はあまりにも複雑になってしまった。あるいは先人たちが苦労の果てに切り開いて見せてくれた人間の深淵は、皮肉なことに、彼らの拠り所でもあったアカデミズム自体では対応しきれないほどに奥深いことがわかってきたといってもよい。今日、学際的研究の必要が叫ばれる所以である。

話が固くなってきた。要は物事を考えるにあたって、その人がどこの学問共同体の市民であるかということは、これから先、いかなる助けにもなってはくれないし、保証もしてくれない、というごく当り前のことを言いたいだけである。しかし、なまじっかの沽券に頼るかぎり、よほどの天才でもなければそのあたりを見通すのは至難にちかい。

確立した学問の、確立した方法論による思考の経済性が、かえって硬直化を招いてしまう状況だってないとはいえない。反対に、なにをするにしても物事の底の底までおりたっていく作業を強いられる分だけ、もしかしたら民俗学はよほど大きな可能性を秘めているかもしれない、などといってしまったらいくらなんでも買いかぶりすぎである。民俗学だって沽券に堕してしまう危険があるのだから、最後には自分自身の論理と感性だけを頼りにするしかない。それがどれほどの説得力をもちえたかは、読者諸兄姉の評価にまかせるしかない。

ここまで書いてきたら、これではまるで本書の「緒言」で述べたヒジリではないか、ということに思いいたってしまった。少々都合のよいオチがついたところで、妄言の筆を置くことにする。最後になったが、本書をまとめる機会を設定してくださった宮田登・福田アジオ両氏にはお礼の申し上げようもない。私はこれまでお二人の尊敬すべき先輩を目標にやってきたし、これからもそうだろう。また若手（中堅?）民俗宗教研究者の集団である木曜会の仲間が、私自身の思索を側面から刺激し続けてきてくれたこともつけ加えておきたい。

一九九一年三月

真野俊和

成稿一覧

本書に収録した諸論考の初出誌・年代等を参考までに記しておく。ほぼ書き下ろしとなった第二部第二章を含め、全体に字句・文章表現および明らかに誤謬と認められるところなどは改めた。しかし論旨に大きな変更はくわえていない。

序　章　日本宗教の遊行性と聖　『図説日本仏教の世界七　聖と救済』所収「聖と霊場」（一九八九年、集英社）を改題。

第一部　巡　礼　論

第一章　近代における旅と宗教　宗教社会学研究会編『現代宗教への視角』（一九七八年、雄山閣出版）。
第二章　講と霊場参詣　宮家準編『大系仏教と日本人九　民俗と儀礼』（一九八六年、春秋社）。
第三章　巡礼行者の宗教的達成　萩原龍夫・真野俊和編『仏教民俗学大系二　聖と民衆』（一九八六年、名著出版）。
第四章　弘法大師の母　『研究紀要』第五巻第二分冊（一九八六年、上越教育大学）。
第五章　四国遍路の行者とその宗教活動　桜井徳太郎編『日本宗教史の複合構造』（一九七八年、弘文堂）。

第二部　民俗宗教論

第一章　室町期における宗教の風流化と寺社参詣　山本世紀編『論集日本仏教史五　室町時代』（一九八六年、雄山閣出版）。
第二章　山の法師と里の勧進　書き下ろし。ただし「四国遍路の寺と海沿いの道」（『地方史研究』一七三号、一九八一年、地方史研究協議会）、および「山からみた里と海」（『歴史公論』一一一三号、一九八五年、雄山閣出版）の一部を含む。
第三章　冥界からの救済　日本宗教史研究年報編集委員会編『日本宗教史研究年報』Ⅲ所収「現世と冥界」（一九八〇年、佼成出版社）を改題。

第四章　たたり・怨霊・異人　『民俗宗教』（一九八九年、東京堂出版）。
補　論　民間信仰論から民俗宗教論へ　桜井徳太郎編『日本民俗の伝統と創造』（一九八八年、弘文堂）。

〈日本歴史民俗叢書〉
日本遊行宗教論（オンデマンド版）

Digital Publishing

2017年10月1日　発行

著　者　真《しん》野《の》俊和《としかず》
発行者　吉川道郎
発行所　株式会社 吉川弘文館
〒113-0033 東京都文京区本郷7丁目2番8号
TEL 03(3813)9151(代表)
URL http://www.yoshikawa-k.co.jp/

印刷・製本　株式会社 デジタルパブリッシングサービス
URL http://www.d-pub.co.jp/

真野俊和（1944～）
ISBN978-4-642-77352-2

「日本歴史民俗叢書」刊行に当って

近年の日本史学と民俗学の動向は、それぞれのテーマが接触領域に展開する状況を一層拡大させるに至っている。民俗学が歴史科学の一翼をにない、豊かな歴史像を描くことに努力をつづけている一方、地域史や生活文化史をはじめ「日常性」を基点とする歴史学は、ごく普通の人々の生活意識や日々の営みなどを視野におさめながら、歴史を動かす原動力の発掘を行おうとしている。

日本の民俗学は、柳田国男や折口信夫らの唱導により、現代の私たちの日常生活に伝わってきた慣習や、儀礼あるいは口承文芸などの民間伝承を主要な資料に用いながら歴史を再構成してきた。また文化人類学や宗教学・考古学などの隣接諸科学の学際分野からも学ぶところが大きかった。

本叢書は、以上のような近年の歴史学・民俗学の流れと、隣接諸科学とのかかわりを踏まえ、主として民俗学側からのアプローチを活用した形でまとめられた新しい歴史像の諸成果を、一堂に集めて世に問おうとするものである。本叢書が、今後の歴史民俗学派の一つの潮流となることを、大いに期待していただきたいと念じている次第である。

吉川弘文館

著者略歴
一九四四年　静岡県生れ
一九七四年　東京教育大学大学院文学研究科修士課程修了
現在　上越教育大学学校教育学部教授

〔主要編著書〕
旅のなかの宗教（一九八〇年　日本放送出版協会）
四国遍路〈共著〉（一九八一年　佼成出版社）
仏教民俗学大系2　聖と民衆〈共編著〉（一九八六年　名著出版）

日本遊行宗教論

平成三年六月十日　第一刷発行
平成四年五月十日　第二刷発行

著者　真《しん》野《の》俊《とし》和《かず》

発行者　吉川圭三

発行所　株式会社　吉川弘文館
郵便番号一一三
東京都文京区本郷七丁目二番八号
電話〇三─三八一三─九一五一〈代〉
振替口座東京〇─二四四番

印刷＝平文社・製本＝石毛製本

索　　引

あ　行

赤子塚の伝説……………………………… 101
あこう御前…………………………………97, 100
阿古屋…………………………………… 106
あこや御前………………………… 95, 98, 104
旭大師講……………………………… 51, 58
旭大師霊場……………………………………50
足利義教………………………………… 156
足摺岬………………………………………9, 83
阿刀氏…………………………………… 104
阿弥陀信仰……………………………… 112
阿弥陀如来……………………………… 104
行　脚…………………………………… 129
安　寿…………………………………… 239
イエ・家族……………………………… 278
生駒山地………………………………… 282
生駒山………………………………………19
異　人………………………… 260, 262, 265
異人怨霊譚……………………………… 266
異人殺し………………………………… 261
いするぎ法師・石動法師…… 191, 198, 200, 202
石動山……………… 191, 197, 199, 201, 203, 206
伊勢御師………………………………… 151
伊勢講………………………………17, 150
〈「神明講」も見よ〉
伊勢参宮……………………………………17, 272
伊勢神宮…………………………… 148, 149
伊勢信仰………………………………… 151
伊勢塔勧進……………………………… 165
異　端…………………………………… 284
市　聖………………………………………68
一　揆…………………………………… 265
一向俊聖……………………………………71
一遍（智真）……………………68, 70, 71, 119
『一遍聖絵』……………………………119
イナバツ…………………………187〜190
乾千太郎………………………………… 106
井上光貞……………………………… 233, 244
祈りの主体……………………………… 239
今伊勢…………………………………… 162
今神明…………………………………… 162
弥谷寺（讃岐国）……………………… 102
イヤダニマイリ………………………… 105
岩　屋…………………………………… 119
院　政…………………………………… 257
雲石堂寂本→「寂本」
詠　歌…………………………………… 120
越知山…………………………………… 204
『越知山年中行事』…………………… 203
絵解き…………………………………… 242
恵日寺………………………… 186, 187, 189, 190
役小角……………………………………77, 176
往生伝………………………………………74
大磯の虎………………………………… 227
大久保俊昭……………………………… 214
オオゴ…………………………………… 123
大護摩供養…………………………………56
大野功…………………………………… 255
大めぐり……………………………………53
大淀三千風……………………………… 120
岡田喜秋……………………………………24
拝み屋…………………………………… 283
岡山県笠岡市………………………………45
岡山県真庭郡落合町………………………50
お国祭…………………………………… 189
おこもり……………………………………51
御　師……………………………17, 148, 149
『落合町史』………………………………50
落武者…………………………………… 261
乙　姫…………………………………… 239
折口信夫………………………………… 251
お礼参り……………………………………45, 133
怨　霊……222〜224, 253, 254, 257, 263, 265, 266
怨霊・憑物の調伏……………………… 258
怨霊化…………………………………… 227

か 行

悔焉房証禅………………………………… 119
海岸寺………………………………………… 105
海岸漂着譚………………………………… 101
『蚕の草子』………………………………… 101
外者歓待…………………………………… 260
開創縁起……………………………………99
廻　檀………………………… 192, 198, 202, 212
開　帳……………………………………… 161
加賀前田家………………………………… 205
覚　海……………………………………78
笠揃え……………………………………46
花山法皇………………………………… 165
霞………………………………………… 213
過　疎…………………………………… 279
『桂川地蔵記』………………………………… 155
桂地蔵……………………………17, 153, 154, 168
角川源義………………………………… 226
神奈川県厚木市…………………………39
鉦打聖……………………………………70
鎌倉新仏教……………………………… 280, 281
神憑り…………………………………… 260
萱堂聖……………………………………99
『苅萱』……………………………………84, 96
河原院の聖天…………………………… 157
勧　化…………………………………… 212
勧　請…………………………………… 162
勧　進……………………126, 204, 208～210, 212
鑑　真…………………………………… 179
勧進活動………………………………… 122
勧進猿楽………………………………… 158
勧進相撲………………………………… 159
勧進聖…………………………… 126, 141, 142
勧進平家………………………………… 158
勧進奉加………………………………… 184
勧進米…………………………………… 212, 213
巻　数…………………………………… 197
巻数札…………………………………… 209
観　音……………………………………13
観音講……………………………………45
観音菩薩…………………………………… 9
『看聞日記』…………………………153, 156, 163
『紀伊続風土記・高野山之部』……………… 107
祈　願…………………………………… 259
菊池仁…………………………………… 102
季瓊真蘂（蔭涼軒主）……………………… 156
義　山……………………………………73
「紀州高野山沙門寂本伝」………………… 128
『吉記』…………………………………… 256
祈禱札…………………………………… 199
木峯中宜………………………… 121, 124, 125
救　済…………………………69, 229, 230, 235
経沈め…………………………………… 256
行　者……………………………… 8, 175, 185, 283
行者的性格……………………………… 280
教　団…………………………………… 281, 285
共同体…………………………………… 274, 275
境　妙……………………………………80
『玉葉』…………………………………… 254
金魚丸………………………………………97, 100
空　海………………………… 7, 82, 91, 176, 182
〈「弘法大師」も見よ〉
『空海混本縁起』………………………… 106
空性法親王……………………………… 119, 125
『空性法親王四国霊場御巡行記』……… 119, 125
空鉢上人………………………………… 179
空　也……………………………………68
『愚管抄』………………………………… 253, 265
九条兼実………………………………… 253
曲　舞…………………………………… 159
『功徳記』→『四国徧礼功徳記』
求菩提山（豊前国）……………………… 210
求菩提修験……………………………… 210
『愚昧記』………………………………… 253
『熊野年代記』……………………………10
供　養…………………………………… 228
供　料…………………………………… 184
経　範…………………………………… 182
けがれ…………………………………… 134
下　向……………………………………45
化他師…………………………………… 237
気多社…………………………………… 206
気多神社（能登国）……………………… 205
結縁寺…………………………………… 110
玄　海……………………………………78
『元亨釈書』………………………… 12, 177, 179
現世利益………………………………… 155
見物人…………………………………… 169
『源平盛衰記』…………………………… 254

賢明（伊予国菅生山大宝寺）……………… 119
験　力…………………………………… 181, 199
講………………………………17, 38〜42, 44, 150
好　延……………………………………………78
講　親……………………………………… 148
『弘化録』………………………………… 179
翔之恵鳳………………………………… 165
講　衆…………………………………… 148, 149
高知県土佐清水市市野瀬…………………… 124
高度経済成長の時代……………………… 277
弘法清水の伝説…………………………… 138
弘法大師…………………………91, 122, 123, 137
〈「空海」も見よ〉
『弘法大師御母君之御文章并大師御返事章』
…………………………………………… 109
『弘法大師御行状集記』……………………11, 182
『弘法大師賛議補』……………………… 129
弘法大師信仰……………………………92, 184
弘法大師誕生所の伝承…………………… 106
弘法大師伝………………………………………98
弘法大師伝説……………………………… 131
弘法大師入定信仰………………………… 108
弘法大師の母親…………………………… 100
弘法大師の霊験…………………………… 114
高野行人…………………………………… 113
高野山……………………………………… 122
『高野山順礼記』…………………………………84
講　宿…………………………………… 148, 149
「高野の巻」…………………………… 96, 98, 101
高野聖………………………………… 70, 99, 112
郡渡し……………………………………… 209
粉河寺（紀伊国）…………………………………13
『粉河寺縁起』………………………………… 13, 85
虚空蔵求聞持法………………………………… 6
虚空蔵菩薩……………………………………… 6
乞食（こじき）………………………………35, 264
乞食観……………………………………………34
『古事談』………………………………… 176
『御巡行記』→『空性法親王四国霊場御巡
行記』
後崇光院（貞成親王）………150, 153, 154, 166,
170
乞食（こつじき）………………………… 184
五之室谷真蔵院…………………………… 109
小　聖…………………………………… 208, 209
護　命………………………………………………4
虚無僧狩…………………………………………33
御免勧化…………………………………… 212
『御遺告』………………………………… 108
固有信仰……………………………… 270, 275, 277
五来重………………………………… 122, 181
ご利益の評判……………………………… 283
御　霊……………………………228〜230, 238
御霊信仰…………………………………… 255
金剛頂寺…………………………………… 182, 184
金剛定寺……………………………………11, 183
金剛定寺の御乞食…………………………………11
『今昔物語集』……11, 82, 118, 224, 231, 233, 234,
243, 244

さ　行

西　行…………………………………………… 119
西国三十三ヵ所観音巡礼…………………………11
西国金………………………………………………48
西国巡礼……………………………………………45
賽の河原…………………………………… 243
西院河原地蔵和讃………………………… 243
災　厄………………………………… 259, 264
サカムカエ・坂迎え…………………… 47, 49, 163
桜井徳太郎…………………………272〜275, 277
作　善……………………………………… 122
作善行……………………………………… 125
『撮壌集』………………………………… 165
里　人……………………………………… 216
讃岐院（のちの崇徳上皇）………………… 253
三角寺……………………………………… 106
参　宮……………………………………… 148
参　詣………………………………17, 149, 153
参詣講……………………………………… 42, 44
参詣者……………………………………… 152
『三教指帰』……………………………… 182
三山講……………………………………… 213
『讃州剣御山弥谷寺略縁起』……………… 104
三十三ヵ所観音巡礼…………………………15
三十三観音霊場…………………………… 164
三三の札所……………………………………85
『讃州多度郡白方屏風浦迦毘羅衛院海岸寺縁
起』……………………………………… 106
『讃州府誌』……………………………… 178
『三宝絵』………………………………… 176

山林修行…… 4, 6
山林抖藪…… 7
慈　円…… 253, 265
塩井の話…… 138
持経者…… 181
地　獄…… 231, 232, 241, 247
『四国八拾八ヶ所山開　全』…… 95, 98
四国八十八ヵ所霊場……10, 86, 91
四国八十八ヵ所霊場案内記…… 118
地獄観…… 233
地獄観の深化…… 244
地獄受苦譚…… 231
四国巡拝…… 123
地獄蘇生譚…… 231
地獄の恐怖…… 240
地獄の信仰…… 246
地獄の絶対性…… 238
四国の辺地……2, 11
『四国徧礼功徳記』……93, 120, 121, 123, 124, 127〜130, 134, 140, 142
『四国徧礼霊場記』……95, 104, 120
四国遍路……25, 45, 93, 138
『四国辺路海道記』…… 120
四国遍路行者…… 141
『四国遍路日記』…… 103, 119, 178
『四国辺路道指南』……94, 118, 120, 125, 127
四国遍路霊験譚…… 130
地獄冥界譚…… 231, 232, 244
地獄巡り…… 245
四国遊行…… 119
四国霊場…… 124, 283
四国霊場開創縁起……96
四国霊場説話…… 140
死　者…… 264
寺社参詣……49, 147, 167
時衆聖…… 226
慈　信…… 12, 13, 179
地神講……41
地　蔵…… 229, 234, 243
地蔵観…… 233
地蔵地獄説話…… 247
地蔵信仰…… 155, 222, 224, 226, 237, 247
地蔵信仰の易行化および他力化…… 236
地蔵説話…… 224, 225
地蔵専修…… 247
地蔵の救済…… 240
地蔵の慈悲…… 235, 238
地蔵の救い…… 235, 247
地蔵の霊験…… 246
地蔵菩薩…… 230, 233
『地蔵菩薩霊験記』…… 222, 224, 229, 231
慈尊院…… 107, 110
慈尊院別当中橋家…… 108
『慈尊院弥勒菩薩略縁起』…… 109
七観音…… 156
七仏薬師…… 156
『実賀記録』…… 187
四天王寺巡礼……84
自然智宗…… 5
島四国……56
社　会…… 263, 265
社会史…… 285
寂　本……95, 104, 120〜122, 128〜130, 139〜142
『沙石集』…… 233
沙　弥…… 181
沙門善法……79
『拾遺往生伝』……78
宗教結社…… 282
宗教現象…… 279
宗教世界…… 269
習　俗…… 274, 278
宿　業…… 235
宿　坊…… 283
修　験…… 204
呪　物…… 137
俊乗房重源…… 119
巡拝記…… 119
巡拝者…… 136
巡　礼……24, 45, 67, 71, 72, 130
巡礼歌…… 120
巡礼記…… 119
巡礼者…… 131
巡礼納経帳…… 137
巡礼の霊場……86
巡礼宿…… 120
巡礼霊場…… 59, 76
浄　蔵…… 176, 181
浄　土…… 9, 14, 85
唱　導…… 109

小豆島八十八ヵ所霊場……57
小豆島霊場……56
定　宿……198
松例祭……207
女性の遍路……133
庶民仏教……281
白井加寿志……120
白方屏風が浦……105
白比丘尼……160
神　叡……4
真言宗……7, 91
新四国霊場……51, 62
信　者……282～285
新城常三……42
神　仙……78
『信徳丸』……84
真念（宥弁真念）……93, 94, 111, 118, 120
～122, 124～131, 139～142
真念庵……124, 125
『新編会津風土記』……188
神明講……147～149
〈「伊勢講」も見よ〉
神明社……162
『人倫訓蒙図彙』……113
鈴木正三……72
頭陀行……122
頭陀抖藪行……122, 142
捨　聖……69
崇徳院……255
崇徳院の血書経……256
成人儀礼……44
正　統……284
成立宗教……271, 277
世界観の転換……244
関　所……185, 186
説　経……96
説経節……84, 99
接合領域……277
殺　生……235
接　待……25, 27, 45, 136
接待所……55
善光寺の聖……70
善　根……126, 136
善根宿……120
先　達……55
善通寺……106, 119
禅律僧……280
僧正廻り……192
曽我兄弟……223, 224, 230
曽我兄弟怨霊譚……225
曽我兄弟の霊……238
曽我十郎・五郎兄弟……222
『曽我物語』……224, 227, 229, 241
即身成仏……7
『続本朝往生伝』……176
薗田香融……5
尊　応……4

た　行

他阿真教……75
大　講……53
大黒天……164
代　参……18, 135
代参講……42, 44
大師送り……59
大師講……57, 58
『大師御行状集記』→『弘法大師御行状集記』
大師信仰……124, 140
大師堂……125
泰　澄……77, 177, 181, 199
大頭・小頭……187, 188, 190
大日如来……7
『大日本国法華経験記』……70, 77, 175, 242
高群逸枝……29
托　鉢……29
『只今御笑草』……113
たたり・祟り……251, 253, 259～266
立山地獄……244
立山の地獄……242
『立山曼荼羅図』……242
頼母子講……41
旅……23
旅　僧……262
玉依御前……93
玉衣姫……94
『玉藻集』……104, 178
檀家制……281
檀　那……213
地域社会……272, 274, 275
知識米……193, 195, 200, 204～206

知識米勧進……………………… 191, 197, 201
知識廻り………………………… 192, 199, 205
秩父霊場……………………………………15
『竹居清事』……………………………… 16, 165
千葉徳爾…………………………………… 270
治病の霊験………………………………… 133
中算上人……………………………………77
澄　禅………………………… 103, 105, 178
『朝野新聞』………………………………… 34
直接生産者の救い………………………… 236
鎮　魂……………………………………… 227
鎮魂行事…………………………………… 253
追善供養…………………………… 229, 238
照手姫……………………………………… 239
『天陰語録』…………………………………16
田　楽……………………………………… 158
天　狗……………………………………… 255
伝　説……………………………………… 259
堂……………………………………………51
道　璿……………………………………… 5
道　栄………………………………………80
同行集団……………………………………48
道　乗………………………………………79
藤新太夫…………………………… 104, 106
道祖神……………………………………… 243
道　振……………………………………… 149
『遠野物語』………………………………… 216
戸川安章…………………………… 207, 210
徳　一……………………………………… 5, 186
徳道上人…………………………………… 106
徳　本………………………………………81
『土佐国編年紀事略』……………………… 183
都　市……………………………………… 285
都市化……………………………………… 278
都市概念…………………………………… 285
都市民俗論（学）………………………… 279
都率天往生………………………………… 238
飛神明……………………………………… 162
友石孝之…………………………………… 211
『土陽新聞』…………………………………25, 29
虎…………………………………… 228, 239
『とはずがたり』……………………………10, 83

な　行

中務茂兵衛………………………………… 126
中原康富…………17, 147, 149, 157, 159, 163, 167
『南無阿弥陀仏作善集』…………………… 119
南無大師遍照金剛……………………………54
『南路志』……………………………………83
『二月堂縁起』………………………………85
日本百観音……………………………………15
『日本行脚文集』…………………………… 120
『日本往生極楽記』…………………………78
日本社会の構造的な変動………………… 277
日本民俗学………………………………… 270
『日本霊異記』……………………………… 77, 233
入定伝説…………………………………… 123
女　人……………………………………… 235
女人禁制…………………………………… 133
女人結界の地……………………………… 109
女人高野…………………………………… 110
念　仏……………………………… 112, 159
念仏踊………………………………………52
念仏聖……………………………… 19, 70, 228, 280
納経掛軸…………………………………… 137
納骨習俗…………………………………… 112
納　札……………………………… 135, 136
『能登名跡誌』……………………… 198, 202
『教言卿記』………………………………… 150

は　行

配　札……………………………………… 192
羽黒山……………………………………… 207
『羽黒山年中行事』………………………… 210
羽黒修験…………………………………… 213
鉢叩き………………………………………70
八社の神…………………………………… 265
初穂米……………………………………… 211
速水侑……………………………………… 244
流行神……………………………… 260, 263
流行仏……………………………………… 157
原水民樹…………………………………… 254
番外札所…………………………… 125, 139
磐梯山……………………………………… 186
磐梯明神…………………………………… 190
繁多寺……………………………………… 119
坂東霊場……………………………………15
『半日閑話』………………………………… 139
般若心経……………………………………54
日金山（相模国箱根）…………………… 245

飛行往生……78
飛行する行者……76
『比丘尼縁起』……110
ヒジリ・聖……1, 5, 12, 122, 181, 280, 281, 284, 285
聖の住所……2, 3
ヒジリへの関心……279
比蘇山寺……4
秘伝薬……199
日野西真定……93, 109
飛　鉢……175, 176, 178
飛鉢譚……184
飛鉢法……12, 180～182
『百錬抄』……253
病気治癒譚……130
標　石……124, 125
福神信仰……164
普化宗廃止……33
賦　算……68
藤原経房……256
藤原頼長……253
札　所……55, 119, 120
補陀落世界……9
補陀落渡海……10, 83
不断念仏……228
仏　堂……281
仏道修行……73
冬の峯……207
風　流……168, 169
『平家物語』……254
辺　地……10, 82
遍　路……10, 30
遍路狩り……29
遍路切手……27
遍路乞食……26
遍路排斥……26
遍路排斥決議……27
遍路札……135
辺路扶持米……31
遍路保護……31
辺路屋……31
遍路屋……124, 125
報恩大師……77
法住寺（能登国珠洲郡）……204
法　談……166
法道仙人……177
法華経……237
『保元物語』……255
法華経談義……166
『法華験記』→『大日本国法華経験記』
堀一郎……255
本樹軒洪卓……120, 122
『本朝神仙伝』……77, 175～177
本立和尚……80

ま　行

前田卓……136
松浦義則……214
松　会……211
松勧進……207
松　聖……207～209
『松聖旧事記』……207
祭……259
真鍋広済……225
マレビト……260
満済准后（醍醐寺座主）……154
曼荼羅……86
曼荼羅寺……119
水子供養……285
『道指南』→『四国辺路道指南』
三日市場太夫太郎……148
密　教……7, 257
密教修法……6
宮家準……83
宮田登……52
弥勒信仰……112, 184
弥勒菩薩……104, 107
民間信仰……269, 271, 272, 275
民間信仰論……270, 271, 277, 279
民　俗……279
民俗学……272
民俗宗教……269, 271, 272
民俗宗教論……271
民俗宗教論提唱……279
民俗的基盤……272, 275
無縁所……184, 185
無尽講……41
ム　ラ……278
ムラ組……43
室戸岬……82, 182

や 行

八百比丘尼………………………………… 160
屋島寺（讃岐国）………………………… 178
『康富記』……………………………156, 160, 165
矢田地蔵………………………………… 155
柳田国男…… 23, 35, 94, 100, 101, 123, 216, 227, 275
柳水庵…………………………………… 139
山口弥一郎……………………………… 189
山科教言………………………………… 156
山　人…………………………………… 216
山　伏……………………………… 258, 264
幽明の境………………………………… 243
遊楽化…………………………………… 168
遊　行……………………………… 69, 71
遊行僧…………………………………… 122
遊行聖……………………………… 119, 141
湯　立…………………………………… 163
陽勝仙人……………………………76, 175
養老寺（越中国射水郡二上山）……………… 204
頼　朝…………………………………… 228

ら 行

律師無空…………………………………78
立　願…………………………………… 135
霊　威……………………………… 136, 141
霊威の発動……………………………… 266
『梁塵秘抄』………………………… 1, 10, 82
留守見舞…………………………………47
霊　験…………………………………… 153
『霊験記』→『地蔵菩薩霊験記』
霊験所…………………………………… 246
霊験譚…………………………………… 138
霊験の伝達……………………………… 284
霊　場……………………2, 3, 6, 8, 16, 18, 82
『霊場記』→『四国徧礼霊場記』
霊場巡拝………………………………… 165
霊能者……………………………… 282, 284
六地蔵詣………………………………… 156
六十六部の禁止…………………………33
六　道…………………………………… 230
六　部……………………………… 261, 264

わ 行

和歌森太郎………………………… 243, 260
和多昭夫………………………………… 108